大展好書　好書大展
品嘗好書　冠群可期

大展好書　好書大展

品嘗好書　冠群可期

佛學系列 1

無門關
譯解

宋・無門慧開　撰
王坤宏　譯解

大展出版社有限公司

序 言

　　自古以來，禪即被視為「不立文字，教外別傳」的佛教。所謂不立文字，意即不以文字傳習之意。

　　一般說來，凡思想或信仰，欲表達或流傳，都是藉著文字、語言來傳達，然而，禪卻極端否決以語言或文字來傳遞真理。因為禪宗認為，語言和文字，不適合傳達佛教的真諦。

　　當然，這種思想並非始自佛教，而是印度古來的傳統思想之一，然後傳到中國。中國的禪僧們，則較諸其他的佛教宗派，更強烈主張這樣的思想。如此，佛教究竟是要採何種方式，來傳達真理呢？此即下一句的「教外別傳」；以文字立下教義之外的方法，來傳達真理，也就是「以心傳心」的方法。

　　然而，很有趣的是，像這般極力否決以文字傳達真理的禪門，卻遠較其他佛教宗派，著有更多禪學方面的書籍，這些都是由弟子們，將其祖師生前的言行，集錄成書，此稱為祖錄。

　　直至宋代時，弟子們才自數目繁多的祖錄中，選出益於修行者的精粹故事，將之編纂成集，這種故事集就

稱為古則公案。這些公案集的代表作有《碧巖集》《從容錄》《無門關》等。《無門關》則是集錄四十八種公案集的禪書，也是本書所要介紹的。

首先，簡略介紹《無門關》的由來，在編寫無門關之前約於百年前的南宋建炎二年（1128年），有一位禪師圓悟克勤，將前人雪竇所集錄的公案──《雪竇頌古》一書，做為傳習弟子們的講義，後再記錄編寫，重新出版，這就是《碧巖集》。

《碧巖集》原是由雪竇、重顯等人，於百則故事裡，加附清雅的禪詩（稱為頌），之後又由圓悟克勤，加上評論編纂而成的。然而，如前所述禪的傳統思想是，「不立文字、教外別傳」的，而出版此書，明顯的與其思想大相逕庭。因為據聞憂心這種與禪理相悖行為的圓悟弟子大惠，就在南宋紹興十一年（1141年），將師父所著的《碧巖集》焚化掉。

依中國古來的習慣，當個人欲改變其思想體系，會將自己所著的書付之火炬，以明心志。而《碧巖集》也不例外，雖然其書是大惠的師父，圓悟和尚所編寫，但為表態其思想的改變，仍將之焚燒掉。

大惠向來著重於美辭麗句的修飾功夫，而忽略了更重要的禪學修行，也因此可知，當時禪界的流弊，才會有大惠焚書的行為。此後約百年間，再沒有這種公案集出世。

《無門關》全稱《禪宗無門關》，書名中的「無門」二字，是作者慧門禪師依據「佛語心為宗，無門為

法門」，強調禪宗的修行方法和修行境界。其四十八則公案集的完成，已經是《碧巖集》焚書事件，約百年後在南宋紹定二年（1229年）正月五日的事了。在體裁方面雖和《碧巖集》相似，卻不及《碧巖集》的精細，而且所收集的公案，僅四十八則。

這些公案，就由宋代禪僧無門慧開（1183—1260年），俗姓梁、字無門，附上稱為評唱的注釋和頌（禪詩）。且前後經四次改訂，最後才於淳祐六年（1246年），完成現在的格式。

《無門關》深含禪趣，由於文章簡潔易懂，且公案則數少，和其他的祖錄相較之下，顯得較淺易，因此很多禪僧常以此書做為對一般人講禪的範本，是禪界最盛行之書。

6

目　錄

第一則　趙州狗子

趙州和尚因僧問。狗子還有佛性。也無。州云無。

【無門曰】

參禪須透祖師關。妙悟要窮心路絕。祖關不透。心路不絕。盡是依草附木精靈。且道。如何是祖師關。只者一箇無字。乃宗門一關也。遂目之曰禪宗無門關。透得過者。非但親見趙州。便可與歷代祖師。把手共行。眉毛廝結。同一眼見。同一耳聞。豈不慶快。莫有要透關底。麼將三百六十骨節八萬四千毫竅。通身起箇疑團。參箇無字。晝夜提撕。莫作虛無會。莫作有無會。如吞了箇熱鐵丸。相似吐又吐不出。蕩盡從前惡知惡覺。久久純熟。自然內外打成。一片如啞子得夢。只許自知。驀然打發。驚天動地。如奪得關將軍大刀入手。逢佛殺佛。逢祖殺祖。於生死岸頭得大自在。向六道四生中。遊戲三昧。且作麼生提斯。盡平生氣力。舉箇無字。若不間斷好。似法燭一點便著。

【頌曰】

狗子佛性。全提正令。纔涉有無。喪身失命。

【譯解】

趙州，是地名，位於今之河北省。以前那裏有位名

叫從諗的和尚，其生年是唐末至五代初，即西元七七八年至七九七年，享年一二○歲，因他住在趙州，後代的人便稱之為趙州和尚。

在唐朝時代，有臨濟、德山等和尚，他們是十分嚴厲的禪僧，時常會謾罵、處罰弟子，然而，趙州和尚卻不如此，他受其師父南泉和尚的影響，以平易且日常化的事情，深入淺出的說禪。

有一天，趙州和尚問南泉師父：「什麼是道。」南泉師父答之「平常心就是道」。日常人的吃飯、走路、讀書、睡覺……這即是禪，也就是道。像這般簡易的說明禪道的門派，就稱為南趙宗。

又一次因問「什麼是佛」，則答之「喫茶去」。此即意味著「你去喫茶清醒一下」，這樣的答案，實在令人摸不著頭腦。然而不論如何，便是以這種淺顯簡單的字句說禪，使禪學因而有名的。

有位僧侶問趙州和尚，「狗有沒有佛性呢？」所謂佛性是中國在禪尚未興盛前的佛教哲學，這也是佛教學者間非常重視的問題。當初釋迦開悟時曾說：「山川草木國土皆成佛。」來表示他的開悟境界，同時，也證悟山、川、草木、國土，一切原來都是佛，因此才說一切眾生皆俱有佛性，任何人都有佛性，也都可以成佛。

至於狗是否有佛性，根據部份人的說法，認為一闡提（無緣眾生）是不成佛的，也就是說，貓狗是沒有佛性的。

然而如果這種論點是正確的，那不就和「山川草木

皆成佛」的定論相悖，這兩者間的對立究竟為何？而當時趙州和尚答「無」，其禪意又為何？

可是，這個公案的原貌還有後續。第二天，又有另外一位僧侶，問趙州和尚相同的問題，這一次卻答「有」。昨天的答案是「無」，今日卻成為「有」，到底那一個才是真的，其意義又為何？我們無法解釋成詭辯論者的理論。

事實上，不單為狗是否有佛性令人困惑，即是盛俱煩惱障的眾生到底有無如釋迦所說的有佛性，可成佛，也都叫人迷思，因此，我們應該先理解趙州答「無」的涵義。

如果就「無」這個問題，請教修行中的禪僧，恐怕他們也要花上半年左右的時間潛心坐禪，才能洞悟其中禪機，而這也才是真正禪門的修行法。

「參禪須透祖師關」，這就是說要想達到參禪的目的，必定要通過祖師的關門。據傳中國禪宗的始祖，是以菩提達摩大師為首，而後至二祖、三祖、六祖慧能大鑑，南嶽懷讓等數位禪師將佛法薪傳至今，而能透過這一關，才能得妙悟。

然而妙悟是必須要「窮絕心路」。心路就是以前的意識世界，也就是要忘卻自己。無我的時候，天地也不屬於自己，如此才能現出妙悟的世界來。

這樣的說明或將啟人疑團，因為這非一般的學理知識，而宗教是超乎哲學、道德之上的，無法以理論性的學識來詮釋，主要是親身去體驗，否則無法獲得真正的

開悟。

這好比學習游泳一般，無論你瞭解多少理論，或以多長的時間做地面上的練習，如果不親自下水潛游，都將永遠學不會游泳，參禪也是如此的。

「祖關不透。心路不絕。盡是依草木精靈。」這就是如果不通透祖師這一關，無法窮究人生的真義，如依附於草木上的精靈。像這般無真實的修行，日本天龍寺的第一代祖夢窗國師曾嚴苛的說：「如同空衣架和會吃飯的糞袋。」

「且道。如何是祖師關。只者一箇無字。乃宗門一關也。」此句是言如何才是祖師關，要通過怎樣的關門才能大悟。

對於這點，無門慧開答以：此關門即趙州所說的一個「無」字，這也是禪宗的第一關門。

由此可知「無」乃是宗門的一關，能夠透得過此關的，不但是親自得見趙州和尚，並且可以和達摩及歷代的祖師們手挽手的同行，藉著祖師們的禪定，好像把眉毛廝結在一起，可以用同一的眼睛看，同一的耳朵聽。──「透得過者。非但親見趙州。便可與歷代祖師。把手共行。眉毛廝結。同一眼見。同一耳聞。豈不慶快。」能達到此境界，豈不是最為快樂的嗎？

「將三百六十骨節八萬四千毫竅。通身起箇疑團。參箇無字。晝夜提撕。」要透關底的有無，須將周身都起個疑問，去參透「何者為無」？

「三百六十骨節八萬四千毫竅」是印度醫學的表現

法。據說人的骨節共有三百六十個，且得聞現在的針灸也是三百六十。毫竅就是毛孔，傳說人的毛孔有八萬四千孔，當然並沒有一一數過它們，但是也都說人的煩惱，都是由這些毛孔滲透出來的，因此，人也就有八萬四千煩惱障。三百六十骨節和八萬四千毫竅，都是說明全身全靈之意。

俗謂「疑心生暗鬼」，人一旦起了疑心，就會衍生出許多的猜忌疑團。現代人很少會去思索：「我是否具有佛性？」也不會深思死後的意境，因為現代人都忙於鑽營，然而一些商界名人，為了商務經常扮演空中飛人的角色，而當他們搭乘飛機，在起飛的瞬間都會有心悸緊張感，這也就表示在剎那間會意識到死的問題，會思慮著如果墜機，年邁的雙親及妻女的未來該如何？如此胡亂思想，直到飛機安全抵達陸地，浮懸的心才會平定下來。

現代人的生活步調十分緊湊忙碌，彷彿忘卻死亡的威脅，然而一旦面臨危機，又會思索死亡的世界，如同乘坐飛機，於瞬間切身感受到死亡的脅迫般，這令人想到：有機會各位不妨於就寢前，對死或無的問題「通身起個疑團」（全身全靈，謂之疑惑之心）就像閑翁老人般，徹夜思索探討。

「莫作虛無會。莫作有無會。」此即要參透這個無字，值得注意是不能解釋為老莊學說中「虛無」的無，也不要當作是「有」「無」的「無」。

「如吞了箇熱鐵丸。相似吐又吐不出。」此謂在思

慮「無」的問題時，好像吞下了一個熱鐵彈子，是吐又吐不出，吞又吞不下的。也就是說：一旦起了疑惑心，又無以解決，進退兩難之意。

也因此「蕩盡從前惡知惡覺。久久純熟。自然內外打成。」將從前所起的種種妄想雜念皆蕩除淨盡，如此長久持續用功，自然就會形成「內和外──意識和對象，自己和萬境等純熟真實的境界，溶入內外合一的狀態」。

這種意境的達成，如同各位對自己工作的執著一般，當你十分投入自己所從事的工作時，久之，便會有與工作合為一體之感，也就是成了聖職者。聖職者一詞乃出自於基督教，意即宗教家或教育者。肯從事一般人視之為污穢粗鄙的工作，可稱是聖職者，此外，能熱衷投入自己所從事的工作，也是聖職者。

然而，想要內外何處，皆成一片，則需「久久純熟」，也就是要長年累月專一用功方可達成。總之這個公案是無與我合而為一，能有這樣的體驗，才能自然天地皆成一片。

「一片如啞子得夢。只許自知。」像啞子做夢，只有自己清楚，卻無法對人說出來的。相同的，當我們十分投入工作中，久之與工作融為一體的那份喜悅，卻無法讓他人感同身受。

「驀然打發。驚天動地。如奪得關將軍大刀入手。逢佛殺佛。逢祖殺祖。於生死岸頭得大自在。向六道四生中。遊戲三昧。」猛然間將此體悟向外發展出來，此

一勢力真可驚天動地，彷彿像奪取了關公的青龍刀一樣，在我當前是無有任何的，即如遇佛也要斬佛（突破佛縛），見到祖師也要殺祖（破祖師縛），雖生於生死無常之世，卻能得到無生死的大自在，雖處於六道四生之中，而能得其遊戲的真訣。

　　關將軍就是關羽，是三國時代蜀國的著名武將，他和張飛一起追隨劉備，是一代的英雄。傳說當年的關羽，手持大長刀，率先衝陣殺敵，氣勢如虹，無人可與之匹抗，立下赫赫戰功。

　　「逢佛殺佛。逢祖殺祖。」這是臨濟和尚的名言，記載於《臨濟錄》，想要逢佛而殺佛，事實上卻無法遇佛，只有不再有佛存在之時，才是真正的佛世界，因為佛就是自己，自己就是佛，也只有達到去我執、無我時，才是見真佛，而祖，即是達摩，意即能和達摩成一體（「內外打成一片」之意）。

　　能達此境界，才能「於生死岸頭得大自在」，也就是在面臨死亡的時候，能從容淡然而死，如此即可獲得大自在。但是，想在生死岸頭獲得大自在，是很困難的。

　　「六道四生」的六道即輪迴的世界，也就是天道、人道、阿修羅道、畜生道、餓鬼道、地獄道。四生即卵生、胎生、濕生、化生等的迷惘世界，六道輪迴之說是由古印度傳至中國。

　　曾經有位溈山靈祐禪師，在他臨終前，將眾弟子聚集一起說：「我即將往生到另一個世界裏，屆時必落入

畜生道中變為牛，如果你們在街上看到一頭駝滿重物，汗流浹背的牛，那就是我。」

果然，潙山死後，弟子們真的看到一頭牛負載重物，辛苦的在街上行走著，弟子們認為此牛約是他們師父轉生的，遂驅前觀看，發現在其左後腿竟有潙山靈祐的字樣。

這則故事的真假不得而知，然而各位對自己死後將往何處？又轉生為何？全然無法預知，或者會認為現在是科學時代，以上所述乃為無稽之談，然而請諸位試想：現世的動物有口不能言，又如何能斷定牠們前世非人所轉化而成的呢！

再謂若能「於生死岸頭得大自在」，那麼即使墮入地獄道也能安之若素，和無奈河上的眾小鬼們捉迷藏玩樂的。也就是「向六道四生中。遊戲三昧」。

那麼，應該如何修持才能全身全靈貫注於「無」境呢？此即「盡平生氣力。舉箇無字。若不間斷好。似法燭一點便著。」亦即盡到畢生的精神，一點無餘的去成就這個「無」字，且無間斷的修行，則會豁然大悟，於剎那間在心中燃起法燈（開悟之光）而大放光明。

頌曰：「狗子佛性。全提正令。纔涉有無。喪身失命。」意即「犬！佛性是佛祖的提綱正令，即就是一個『無』字，若將之視為有無相對之無，那就喪失了身命」。所謂的「頌」，是佛教自印度東傳以來，表現佛法的一種詩文體裁。

以「狗子有無佛性」為引子，引出佛法的「全提正

令」，而若將此一關係有無二字，則喪失生命。無門禪
師將無的世界稱之為虛無，而虛無的境界，即是不著一
物虛空的世界，而這般虛無的世界，亦非趙州所言的
無，其實無一詞也是語障，只有真正不思及無的時候，
那才是無，而為了成就我人，不過暫時借用這無字罷
了，若因此執著起分別心，則功虧一簣而喪身失命了，
當然此處的喪身失命非一般的死掉或自殺之意。

　　在禪中常有大死一番或喪身失命的字眼，而這種意
義並非指肉體的死，而是徹悟的了生死，趙州的無字即
著眼於此。

　　事實上，在日常生活中，對自己的心境乃至工作能
大死一番，即如前述當自己與工作合而為一，至忘我之
境時，即和趙州的無字同。所謂的無心，非指一般的無
意識狀態，也非神人合一般的恍惚狀，而是心識透澈清
淨的內心活動，此即為無心的世界。

　　禪的究絕就是人能參悟去迷性。而非催眠術，日本
鎌倉時代著名禪師──道元，稱這種本心根源為「身心
脫落」，經此一番徹悟脫落的身心即為無心的世界，能
有這樣的體悟，才能透過趙州「無」字這一關，也才能
夠稱得上為宗門的能者。

第二則　百丈野狐

　　百丈和尚。凡參次有一老人。常隨眾聽法。眾人退老人亦退。忽一日不退。師遂問。面前立者復是何人。老人云。諾某甲非人也。於過去迦葉佛時。曾住此山。因學人問。大修行底人還落因果。也無。某甲對云。不落因果。五百生墮野狐身。今請和尚。代一轉語。貴脫野狐。遂問。大修行底人還落因果。也無。師云。不昧因果。老人言下大悟。作禮云。某甲已脫野狐身。住在山後。敢告和尚。乞依亡僧事例。師令維那白槌告眾。食後送亡僧。大眾言議。一眾皆安涅槃堂。又無人病。何故如是。食後只見師領眾。至山後巖下。以杖挑出一死野狐。乃依火葬。師至晚上堂。舉前因緣。黃蘗便問。古人錯祇對一轉語。墮五百生野狐身。轉轉不錯。合作箇甚麼。師云。近前來與伊道。黃蘗遂近前。與師一掌。師拍手笑云。將謂。胡鬚赤更有赤鬚胡。

【無門曰】

　　不落因果。為甚墮野狐。不昧因果。為甚脫野狐。若向者裏著得一隻眼。便知得。前百丈贏得。風流五百生。

【頌曰】

　　不落不昧。兩采一賽。不昧不落。千錯萬錯。

【譯解】

百丈和尚就是住在百丈山上的唐朝禪宗懷海禪師，為馬祖道一門下，生年西元七二〇年至八一四年，人稱百丈懷海。

在禪宗初期，一位禪師身旁常有多位弟子伴隨著，在全國各地行腳托缽，修行佛法。然而達摩祖師開始至第五代的弘忍大滿禪師期間，隨行的修行者增至三、五百之眾，如此一來，弟子無法再跟隨師父四處行腳，遂建築精舍供眾僧修行佛法，而這般的集團生活就須制定清規來維持秩序。

將禪僧們所須遵守的戒律，有系統的整理出來的即是百丈和尚。各位如果曾至禪寺參加法會，即可瞭解這些規律有很多，包括拖鞋的穿置也有一定的規矩，此外，對於違規者要加以處罰，這種教育方法就口口相授，傳襲至今而為教育的雛型。

但說釐定禪道規律的百丈和尚，又被稱為「百丈清規」，至今仍是禪寺中的傳統主流。

一般說來，東方的教育法是先設立一模式，人人就套入此模式，如茶道師傅會先教授入門者泡茶方法，也就是說先學規則。然而，事實上學習是經由模倣而來的，這樣的教育，顯得太呆板而囿於形式化，因此禪道是用「入於格，出於格」的方式，即在未開化之前，先套入既定的模範中，而後再突破模式。

西方的教育法則大不相同，一開始就無固定模式，東方人的教育一詞英語是 education，德語為 erziehen，

都是引導之意,而引出其潛能也正是西方教育的原則。

由此觀之,相形之下西方的教育方式較自由奔放,然而以另一角度來看,如果沒有相當的自主性、自律性,則會呈現混亂無主。

百丈和尚在參佛講道時,常有一位老人也隨著大眾聽法,眾人退堂,老人也退堂,忽然有一天他沒有退堂。原文的「百丈和尚。凡參次有一老人。常隨眾聽法。眾人退老人亦退。忽一日不退。」即此意(忽是突然之意,但在此應譯為有一次)。

不解其意的百丈和尚遂問他說:「面前立者復是何人。」老人答:「諾某甲非人也。於過去迦葉佛時。曾住此山。」(我不是一個人,我過去在迦葉佛時,就曾住在此山中。)有關過去迦葉佛,讓我們來進一步了解。

釋迦被稱頌為人天的大導師,是最偉大的真理者,他不僅教導人道,也指導天上諸神,因此被讚為人天大導師,釋迦在其前七世皆行善業,至第八世時才呈現釋尊身於世,而將其前世最初的佛,就稱為過去迦葉佛,迦葉佛即是釋迦以前的佛,亦表無限久遠的古代。

老人在久遠的過去,曾被問及「因學人問。大修行底人還落因果。也無。」(有大修行根底開悟的人,還會墮入因果輪迴道中嗎?)有關因果問題在六道輪迴中,已有敘述,古代的印度人深信:人死後不是墜入地獄、重返人世就是上升天國,生死輪迴於苦海世界中。而如何跳脫這輪迴之道,就是聖人賢者所深思探索的大

問題了。

　　老人答覆修學人為「不落因果」，因此「五百生墮
野狐身」，因他答以有修行之開悟者，不再落入因果輪
迴中，於是自己就墮落成為五百世的野狐之身了，且無
法脫除野狐身。

　　依此則公案，而將似是而非之禪者，稱為「野狐
禪」，常被禪宗用來諷刺那些妄稱開悟而流入邪僻者。
如今，野狐化成老人，來聽百丈和尚的說法。

　　「今請和尚。代一轉語。貴脫野狐。」意即請求和
尚代為作一轉語，使我脫掉野狐之身。一轉語就是能逆
轉情況的言語。隨後又問道「大修行底人。還落因果。
也無。」百丈和尚答以「不昧因果」，即「無人可脫除
業力的因果輪迴」意即墮狐成狐，墮狸成狸，投生為人
即是人身，無論墮入何道，都任其因果不稍動心，則是
萬全之計。

　　一語棒喝，老人當下大悟，作禮而後說：「某甲已
脫野狐身。住在山後。敢告和尚。乞依亡僧事例。」作
禮即和尚深深的鞠躬之謂。由於百丈和尚的開示，老人
頓悟後說「我已脫卻野狐身，就住在山後，懇請和尚按
照亡僧的儀式，為我追薦接引一下」。

　　化身為老人的野狐，在請求以亡僧葬禮接引後，隨
即消失不見，百丈和尚就令「維那白槌告眾。食後送亡
僧。」維那，今解釋為於誦經時，第一個發聲引導唱和
的人，然而，以前對違反禪堂規則的禪僧，處以罰則的
僧侶即稱為維那。百丈和尚告訴維那師敲白槌示眾說：

「吃完飯後舉行亡僧葬禮。」此時大家都議論紛紛，其中有一個禪僧說「我們都很健康，涅槃堂裏又沒有病人，舉行什麼亡僧葬禮？」（「一眾皆安涅槃堂。受無人病。何故如是。」）

「食後只見師領眾。至山後巖下。以杖挑出一死野狐。乃依火葬。」飯後，百丈和尚率領大眾，到山後巖崖下，以杖挑出一隻死了的野狐狸，當下就把牠火葬了，僧侶們至此方知，原來要葬的是一隻野狐狸。

這則公案很神妙，先是老人答以修行僧「不落因果」因而自己落入因果，而後百丈和尚答之「不昧因果」隨即使老人大悟而跳脫因果。究竟「不落因果」和「不昧因果」有何差距？這真是一大難題，至此方是序幕而已，接下來再說中幕的事。

「師至晚上堂。舉前因緣。」百丈和尚到了晚上上堂說法，才說明野狐以前的因緣，及舉行葬禮的意義。這時，百丈和尚的第一優秀弟子，黃蘗希運禪師就質問。

黃蘗是臨濟宗的宗祖，臨濟義玄和尚的師父，身高六尺，體格魁梧，因經常從早到晚參佛禮拜，額前有一拜參的肉瘤，故喚「黃蘗禮拜瘤」，他參拜至誠，從不間斷，因此有人問他：「你是向佛禮拜、向佛教（法）禮拜，還是向僧侶禮拜？」據說他答以：「我不求佛、不求法、不求僧只是如是禮拜。」

黃蘗便問道：「古人錯祇對一轉語。墮五百生野狐身。轉轉不錯。合作箇甚麼。」此即「那老人只因答錯

一句話，就墮落成五百世的野狐身，那麼如果轉語沒錯，那應當會作個什麼呢？」

　　百丈和尚回答：「近前來與伊道。」意即「你過來，我告訴你」。黃檗於是向前就給了百丈和尚一耳光（「與師一掌」），眾僧都呆住了，那有弟子摑師父巴掌的，然而，百丈和尚卻拍手笑說：「將謂。胡鬚赤更有赤鬚胡。」這句話很難意會，勉強可直譯為「我以為紅鬍子的達摩僅一人，卻不料尚有鬍子紅的呢！」

　　此言古來即解釋為「我以為我很了不起了，然而你卻也毫不遜色」，這就有如師父在苦心鍛鍊門徒，於不經意中被弟子摔倒在地，而後仰頭看著已成長的弟子的喜悅之情。

　　人變狐，狐變人，好像是怪譚中的故事一般，然而觀當今之世，利慾橫流，人面獸心者不知凡幾，社會敗壞糜爛至此。接著來看無門禪師的解說。

　　「不落因果。為甚墮野狐。不昧因果。為甚脫野狐。若向者裏著得一隻眼。便知得。前百丈贏得。風流五百生。」

　　何以答不落因果就墮入野狐之道呢？而答不昧因果卻能脫離野狐身呢？「若向者裏著得一隻眼」（者裏即此中之意），而得著隻一眼，非肉眼乃正法眼（頂門上的一隻眼），其意為若能擁有這正法眼，那麼就可理解「前百丈」這風流五百世的因緣了。而這「前百丈」又意味著什麼？

　　其實這老人就是百丈和尚的前世，亦即百丈和尚的

前身曾墮入野狐道五百生，因此其風流鼎盛是所當然的，在剎那間隨因果墮入六道，任其因果輪迴而不動其心，才是極樂三昧的境地，也才能跳脫因果業習的輪迴。

當我們處於順境時即感快樂無比，而處逆境時則痛苦不堪，若不論處於逆境順境，皆能安然自得任它脫落境化，而心不隨物轉，如此才能得圓因果滿，也才能「不昧因果」。

頌曰：「不落不昧。兩采一賽。不昧不落。千錯萬錯。」不落不昧，就是不落因果和不昧因果，是兩般彩色一同賽目（「兩采一賽」）說不昧不落，都是錯誤的意識執著。

我們都一直在苦樂的情境中浮浮沉沉，常為如何離苦得樂而起煩惱障，古人嘗言：「什麼是苦？」答以「樂」，再問「什麼是樂？」答以「苦」，由此可知「苦樂一如」，因為有苦才會有樂，有樂才生苦，而這人生也因著苦樂的交迭才風流，人類的演變史也是如此，總是一忽兒平世，一忽兒戰亂，如此轉換輪迴至今不息。

所謂的因果律或業習，並非指過去世或來世的課題，而是現世裡我們在苦樂的業中生存。

第三則 俱胝豎指

俱胝和尚。凡有詰問。唯舉一指。後有童子。因外人問。和尚說何法要。童子亦豎指頭。胝聞。遂以刃斷其指。童子負痛號哭而去。胝復召之。童子迴首。胝卻豎起指。童子忽然領悟。胝將順世。謂眾曰。吾得天龍一指頭禪。一生受用不盡。言訖示滅。

【無門曰】

俱胝并童子悟處。不在指頭上。若向者裏見得。天龍同俱胝并童子。與自己一串穿卻。

【頌曰】

俱胝鈍置老天龍。利刃單提勘小童。巨靈抬手無多子。分破華山千萬重。

【譯解】

俱胝是人名，《陀羅尼經》中有一句「七佛俱胝佛母心陀羅尼」，此亦意謂著俱胝和尚於端然坐禪中，口裡猶喃喃誦經的形態。

根據《景德傳燈錄》的記載，俱胝和尚生平傳記不詳，約當唐武宗時代人。

有一日，俱胝和尚仍如往日般坐禪誦唱著「七佛俱胝佛母心陀羅尼經」時，有一位尼姑戴斗笠、穿草鞋來

到俱胝和尚的寺廟。

依據當時僧堂的修行習慣，二月和八月是雲水僧的制間中，也就是僧堂的閉關期，這段期間僧侶不能留客宿於寺中，因為雲水們要到全國各地名利寺院走訪，行腳時的裝束仍沿襲至今，即是穿著雲水衣，以繩子將行李綁在兩肩上。

行李前方是裝置袈裟文庫，其間還有三衣一缽，一般的雲水僧擁有三件衣服，即使是嚴寒的冬季，也不能穿裌衣，因此除了單衣和誦經時所穿的袈裟，加上其他的衣服即稱為三衣。而用以盛裝飯食的缽就叫持缽，這是置於文庫上的。

背後放置雨具，手上戴手甲，足裝腳絆穿草鞋，頭頂笠帽，如此的裝束行腳。

至於禪寺的規則，倒無如此嚴格化，一般而言要在午後三時到達禪寺，向裡面喊著「有人在嗎？」然後跪於玄關處鞠躬，這時住持就會應聲而出，並同意其請求留宿一晚。

投宿一夜後，要於隔晨六時起床，後將總堂打掃乾淨，終了，即會有人送早餐來，用罷早餐隨即要告別，這時在玄關處已備有一雙新草鞋，和少許的零用金。

拿了這些東西，不用言謝即可快步離去，這樣的習俗仍持續至今。

其實行腳時的裝束，都因襲中國的傳統，中國的禪僧也是將行李扛於肩上，並戴笠帽，此外，拜訪他人的寺院時，走入山門要取下斗笠，上寺院要脫去草鞋。

　　再說這位尼姑，來到俱胝和尚的寺廟既未取下笠帽，也未脫下草鞋，就這樣繞著俱胝和尚坐禪的禪床走了三圈，後將手持之杖用力蹭了一下，這種杖叫做錫杖，現在的行腳僧都不再使用，此杖敲一下會發出聲響，而蟻、蛇等卵生類動物，一聽到此聲會紛紛走避，這也是為防止於行走中，不經意的踐踩了小昆蟲，而犯了殺生業。

　　這位尼姑對禪坐中的俱胝和尚說：「你能告之道，我就取下笠帽，以禮相待。」

　　正一心專誠坐禪的和尚，無以應答這突如其來的問道，這時尼姑又說：「此漢不足以語。」後隨即走開。由其背景可推斷其為妙齡女尼。

　　「稍待一會兒，天快黑了，你以女流之身在夜裡行腳太危險了，不妨在我的寺院住一晚。」

　　「只要你能以一言告之，佛法為何？我即住下。」然而俱胝和尚仍是無言以對，尼姑就說「你這俗漢」即拂袖而去。以上為《傳燈錄》中所記載。

　　當晚，俱胝悲憤不已，心想以堂堂丈夫之軀，卻受辱於此一年輕女尼，並怨自己每日潛心專一的誦經坐禪，以為已具有相當的開悟心得，不料對女尼的問道，卻無以為答。

　　慨然嘆曰：「我雖是丈夫形，卻無丈夫氣。」如此一夜未眠思索，於是決定捨棄寺院遍訪各地，窮究根本的開悟世界。

　　為探究人生真理，而精進不懈的打禪修行，直到體

悟天地和自己皆為無的境地，一般都將此境界稱為開悟的世界。

「俱胝和尚。凡有詰問。唯舉一指。」這也就是指天地與我同根，萬物與我一體之意。

「後有童子」，在俱胝和尚的寺廟裡，有一小童當了小僧。

「因外人問。和尚說何法要。童子亦豎指頭。」後來有一小童僧，因為有人問他說：「和尚說的是什麼法要。」近來一提及法要，都被視為第幾回的法要，或稱誦經得到布施稱法要，然而法要的真正意義卻是佛法的中心教示是什麼？

因此，來客是問小僧：俱胝和尚如何講述佛教的中心思想。而小僧也效法俱胝和尚豎起一個指頭來答覆。

「胝聞。遂以刃斷其指。」俱胝和尚後來聽到了這個消息，就喚來小僧：「客人問你我說法內容，你如何回答的呢？」小僧志得意滿的說：「我和你一般豎起一指。」俱胝隨即以刀把小僧的指頭剁斷了。

「童子負痛號哭而去」，小僧痛得大哭而去。

「胝復召之。童子迴首。胝卻豎起指。」俱胝又叫住他，小僧回首一看，俱胝再豎起他的手指，小僧見了忽然大徹悟。

「童子忽然領悟」，據聞因而開悟的小僧，是年僅十二、三歲的童子。

「胝將順世。謂眾曰。吾得天龍一指頭禪。一生受用不盡。言訖示滅。」示，即現死亡而入涅槃。

　　小僧倣效俱胝而賣弄禪法，所以俱胝只好斷掉他的一指。如同打棒球一般，當全心貫注於打球時，則渾然忘卻身在球場中；若一心念佛，心無雜念，則已無念佛的意識，如入空境。

　　因此，若有禪僧言「我已開悟」，那並非真的開悟，開悟一詞也是語障，我人真正不思及悟的時候，才是悟，為了成就我人，那也只是暫時借用的一種方法罷了，俱胝斷小僧一指的意義即在此。

　　頌曰：「俱胝并童子悟處。不在指頭上。若向者裏見得。天龍同俱抵并童子。與自己一串穿卻。」

　　意思是說俱胝和童子所悟之處，並不在指頭上，那是錯誤的。如果向這裡著眼，悟入的話，你就知道天龍、俱胝、童子，甚至和你在內，都被一條無形的繩子貫穿著。

　　頌文大意：俱胝膽大妄為，才會接受天龍和尚的處置。利刃斷指這一招，也只對小童有效。俱胝一指，就像巨靈以神力把首陽山和華山一劈兩半，這種力量固然讓人目瞪口呆，其實佛法只是平常，並沒有多少秘密。

第四則 胡子無鬚

或庵曰。西天胡子。因甚無鬚。

【無門曰】

參須實參。悟須實悟。者箇胡子，直須親見一回始得。說親見。早成兩箇。

【頌曰】

痴人面前。不可說夢。胡子無鬚。惺惺添懵。

【譯解】

這則文章很短，是講述或庵和尚的故事，編纂《碧巖錄》的圓悟克勤禪師的御弟子為護國景元和尚，護國景元和尚就是焦山師體禪師，或稱庵師體禪師，據傳他生於西元一一〇八年至一一七九年間，是十二世紀的南宋人。

他要圓寂時，仍禪坐著，書偈辭眾曰：「鐵樹開花，雄雞生卵，七十二年，搖籃繩斷。」說完即入滅，這是他僅有的傳記記載。

或庵和尚常與修行者說「西天胡子。甚因無鬚。」以佛教的觀點言，西天指的是印度，因為以中國的地理而言，印度是在其西方之故。

胡就是夷人，中國國境的東西南北，古來均為蠻人

所圍，而牽繫著中國一脈文化的，即中華思想。只有漢民族才是文化人，其周遭的民族則以東夷西戎南蠻北狄稱之，意指他們是未經開發，文化層次低的民族。

有如今之越南，在古時是塊瘴癘之地，每到夏季下雨，濕氣寒重，氣候乾旱，是中國領土中最貧瘠之處，當地的原住民即稱為南蠻。

相同的，印度人也屬南蠻之境，如眾所皆知：禪即是由達摩所創始，而來自印度的達摩也是胡人，因此就稱達摩為胡子。

據傳，達摩是在紀元五二〇年出家為僧，隨即渡南支那海，登今之廣東省，而後在廣東北方的金陵（今之南京）行腳。這是《祖堂集》和《景德傳燈錄》等的禪宗史籍中，記載有關菩提達摩的生平事蹟。

當時的金陵附近，有一國家叫梁國，時值武帝當政，武帝是位虔誠的佛教徒，常常著袈裟親自講解放光般若經，因此當時人稱佛心天子，對其備加尊敬。

此外，《傳燈錄》及《祖堂集》裡還記載著，武帝普通元年時，達摩穿著襤褸破舊的僧衣，從印度遠來南京，在寺院裏面壁，也僅是面壁坐禪，並無解說或翻譯任何的佛教經典。

當時是紀元六世紀，佛教已流傳至中國四百多年了，而在紀元一百年間，由中國及來自印度的僧侶，攜來大量的大小乘佛教經典，這些經典則由中國官員受命翻譯。

此外，彼時的印度已有論部一書，是以邏輯性的字

義來解釋這些經典類書籍，這類的論述書很多，如：
《中觀論》《十二門論》《大乘起信論》《攝大乘論》等
等。而為使大眾能理解這些深奧的經典，又由龍樹、世
親等人加以理論性的註解，隨後這些典籍也陸續被譯成
漢文。

事實上，在紀元三到五世紀中，中國的僧侶即以無
比的熱忱，兼容並蓄外來的印度宗教文化，然而，在佛
教剛傳到中國的那幾年，在翻譯經典方面有許多的錯
誤。原因之一即為印度人與中國人的民族差異性大，印
度的地理位置雖屬於亞熱帶國家，但是在民族學上卻是
屬亞利安語族，也就是和歐洲人同一支族，這一點可由
印度人的高鼻、深眼得到證實。

而全然不同於印度民族的中國人，其習俗、思想也
大異於印度人；印度人是好沉思哲學的，常在僻靜的地
方冥想坐禪。相反的，中國民族一般都認為古來即無哲
學性，若說老莊及儒家思想就是哲學，倒不如說是道德
思想，所謂的老莊、道家學說，所提倡的是道德，並非
是純粹的哲學，也非形上學的理念。

反之，印度在佛教興起之前，形上學已頗具規模，
而佛教的華嚴思想即是這些形上學的集大成，此外，印
度民族重冥想哲學，而中國人則是重實踐的民族，因
此，較難理解印度人的這種特質。

有別於印度學術性的佛教，另一種以中國民族性為
特徵，以實踐為主旨的實踐佛學，在六～七世紀中興起
了佛教獨立運動，當時擔任中國實踐佛教的獨立運動旗

首是中國禪宗，或者可說是後世人將中國禪宗實踐佛教的特色，依附在一位杜撰為菩提達摩的苦行僧上。

在《碧巖錄》第一則中，也有記載梁武帝和菩提達摩在金陵的質詢問答，為世人尊稱佛心天子的梁武帝，曾致力於佛教哲學，對教義有相當的體認。他問達摩：「聖諦第一義何在。」意即佛教最為殊聖的真理是什麼？答以「廓然無聖」，也就是並無最殊聖的存在。若以相同問題請教一般的佛教學者，則需費時一夜或一週，甚至一個月來說明其義，在《法華經》《華嚴經》和《中道實相論》等書中對此都有詳細的講解。

這般冗長的說明達摩卻僅一句「廓然無聖」為答，而乍聽到這句全然不同於平素修養的佛學知識的梁武帝，猛然間無法理解，遂又問：「果如此，那麼與朕相對的為誰？」意即如果一切俱是虛無，那麼坐在我面前的你又是那一位？達摩卻妙答「不識」。

依《傳燈錄》一書所載，在這番問答之後，達摩即思「此人不足以語之」。梁武帝雖然被尊為佛心天子，然而他只重視論述；向來學者只鑽研學理古今皆然，因此，達摩云「廓然無聖」，武帝無法體悟這無的意境，以為既是無，那萬事萬物也當是虛，故會有「與朕相對為誰」的質問。

卻不料這位唐代禪僧中最具代表的達摩答以「不識」，而後即拂袖離去，渡揚子江入嵩山少林寺，面壁靜坐達九年，直至南北朝普通八年（紀元527年）才遷化。有關達摩的生平書籍很多，而一言及其生年卻眾說

紛紜，無一詳實考據。

《傳燈錄》一書記載：達摩九年面壁中，曾有一位自稱神光的中年男子，至少林寺請求入門為達摩弟子，他為表自己堅誠之心，更在深夜立雪以刀斷自己左臂，方成達摩弟子，賜名慧可。

達摩問他：「來此啥事。」

神光答以：「內心不靜，想祈得安心之道。」

「將不靜之心帶來吧！」

「難，心無法掏出。」（即求心不可得）

達摩又言：「你心靜了嗎？」

神光當下頓悟，他，也就是第二代的禪師。

九年面壁靜坐後，達摩在嵩山少林寺裡圓寂，弟子們將其遺體置於棺中，葬在少林寺後山裡，過了三年，有位中國使者，宋雲越蔥嶺從印度歸中國，據他說在途中會遇到達摩，禿頭、無牙，衣著襤褸，隻手執草鞋搖搖晃晃的走向印度。

少林寺的弟子們聞言說：「不可能，你看錯人了，達摩已於三年前遷化，其遺骸還葬在後山中。」

「我真正在蔥嶺曾見到達摩往印度方向行去的。」

最後，大家決定開棺以證其言，開棺後果見只餘一只草鞋，而達摩的遺骸卻不見了。

據傳，達摩在中國停留期間，屢遭迫害，而每次遇有凶險，頭髮及牙齒都會脫落，以致最後成了禿頭，牙齒也僅剩一顆，而在其面壁靜坐九年間，從不剃鬚，因此有滿臉的鬍鬚。

　　當今在禪寺中，常可見到衣著破舊，隻手拿鞋的僧像，此即越蔥嶺回歸印度的達摩像。又或者是乘葦渡江像及和梁武帝問答後，渡揚子江至少林寺的圖畫，這種種畫像，可說是以各種傳說為經緯，描繪達摩的藍本。

　　而將有關達摩的生平事蹟，或庵師體禪師的故事集錄成交，即本則「西天胡子。因甚無鬚」，事實上，胡子並不代表為達摩，有時是隱喻釋迦。鬍鬚指的是煩惱等的名相，有鬚也是無鬚，為「無」之大者。

　　無門慧開又言：「參須實參。悟須實悟。」禪，是自己能與諸佛溶入無的實境，才謂之參或參入，能達此境即參究，進而才能理解禪是什麼，也就是參禪要實實在在的去參，悟道要實實在在的悟。

　　「者箇胡子」，者箇是這個之意，胡子即指達摩。「直須親見一回始得」，要親自見到達摩才能對禪有所得。有關達摩離開中國後的去向傳聞很多，或說他後來到日本去了，又有一說，他後來成了與禪全無關係的道教祖師，眾說紛紜莫衷一是。

　　達摩菩提即開悟之意；達摩是法，事實上，印度人之達摩與我們無關，癥結在各人內心世界的達摩為何法罷了。

　　猶如達摩此刻即在此，在花園大學禪文化研究所的禪堂，有數百位的達摩都在坐禪，他們就如平常人的生活，吃飯、上學、看電影……等，其實每個人本身即是達摩，如能領悟這點，即可回應或庵師體的「西天胡子。因甚無鬚」。

「說親見。早成兩箇。」意即一說親見達摩就成了兩個，達摩見著達摩，見者也是被見者，是親見的時候，即非親見；完成的時候就不是完成了，物與我即成為二者。

總之，人人都想親見活達摩，因此才「說親見。早成兩箇」，而鬍鬚的有無都是煩惱的表相，據傳人有八萬四千的煩惱，此乃源於人有八萬四千毛孔，從每一毛孔會滲出一迷、煩惱，由生至死共有八萬四千迷，亦即無明煩惱障。

以佛教教義來詮釋，這種無明煩惱是起於八意識，也就是由人心田中的八識所造成，簡言之，即佛家所謂「三界唯一心所造」。前五識和第六意識、第七的末那識、第八之阿賴耶識纏結成人的情念和意識，以此意識為基礎而衍化出哲學、美術、藝術、文化等。反之，若分散這八意識，則一切成空和無。

雖謂一切皆空，然人心田中的諸識時時糾結，日日有著八萬四千的迷惘，在看到可口的食物即起食慾，見到美麗的事物即起美識，而不論起任何意識，對任一事物皆須透過自己的眼睛，才會成為自己的意識，繼之起各種意識。

縱是八識各自分離，但以眼視之，必使之結合而產生美好、厭惡、喜歡、討厭、悲、喜、苦、樂等的人間情操意識，因此，在般若心經中即載明，無明即煩惱。

本則是藉達摩的鬍子，以喻色空一如的世界，不論是有、無（空）鬍鬚的達摩，都是充滿煩惱的眾生表相。

第五則　香嚴上樹

香嚴和尚云。如人上樹。口啣樹枝。手不攀枝。腳不踏樹。樹下有人。問西來意。不對即違他所問。若對又喪身失命。正恁麼時。作麼生對。

【無門曰】

縱有懸河之辯。總用不著。說得一大藏教。亦用不著。向若者裏對得著。活卻從前死路頭。死卻從前活路頭。其或未然。直待當來。問彌勒。

【頌曰】

香嚴真杜撰。惡毒無盡限。啞卻衲僧口。通身迸鬼眼。

【譯解】

香嚴和尚號香嚴智開禪師，是潙山靈祐禪師門下，為唐末人，非常聰慧。

某日，其師謂：「你雖聰明伶俐，卻無智慧了生死根本。」

意即你只是在學識上比別人聰敏，並無大智慧，若仗此而自恃自己有過人的才智那就錯了。

事實上，有著極大成就的專才，通常只熟諳其所專攻的術業，對其他事項則不清楚，換言之，以第一名之

優畢業於台灣大學者，俗稱秀才，而這正如未開悟前的香嚴禪師，因為聰明才智愈高者愈易起困惑心，而進入迷惘境界。

當時的靈祐禪師對香嚴和尚說：「你雖聰明伶俐，卻無智慧了生死根本，否則試道父母未生你前的真面目。」學淵識博的香嚴智閑為之尋思良久，翻閱儒、道、老莊等哲學思想書籍，仍無以應答此問題，因而自慚遂辭別溈山靈祐禪師去尋找答案。

南陽慧忠國師是香嚴最敬仰的尊者，他在六祖慧能的指導下悟道，而後四十年間都隱居於南陽的白崖山黨子谷中，由於他德高望重，因此為朝廷封諡為慧忠國師。

香嚴和尚因答覆不上溈山靈祐所問，父母未生以前的真面目是什麼，而又素仰慧忠國師的德行，因此入山尋覓國師的遺跡，結庵於墓前，矢志終生守其墓，每日清掃國師之墓。

某日，他掃墓時候，一顆石子碰擊了竹樹嘎然作響，於是豁然大悟。他脫口而道：「一擊忘所知，更不假修持。動容揚古路，不墮悄然機。」即當下天地即成一元，而頓悟。即刻他朝向溈山靈祐禪師所居位置遙拜磕禮。上文記載於其傳記中。

參悟後的香嚴智閑禪師為開導弟子即以此則香嚴上樹為本，「如人上樹」比方有個人攀上樹上，「口啣樹枝」口中銜著樹枝，「手不攀枝」兩手不攀握著樹枝，「腳不踏樹」兩腳也不踏著樹幹，「樹下有人。問西來

意」這時候在樹底下有人問道佛法，西來意即「祖師西來之意」，所謂的祖師是指禪宗師──菩提達摩，傳聞其為印度人，於紀元五二○年渡海到中國，而以地理位置言，中國在印度之西故謂之西來。亦即西方來之心，也就是達摩究竟以何種思惟來中國，又在中國獲得什麼而致從印度渡海來廣東。

　　「問西來意」換言之是傳授何法要給二祖慧可，簡言之即「何者為禪」，佛是什麼？禪又是什麼？這是初入佛門者的疑惑，很多的僧侶或禪僧終其一生坐禪證悟，也一直欲理解佛境真理，而這一直是個難解的疑題。

　　終生尋求開悟之道的精神，已獲得證悟的意義，所謂開悟的境地並無特定的存在，一切繫乎內心的明心見性。

　　然則，「問祖師西來意」、「如何是禪」為何尋求禪。「不對即違他所問」，若不回答他則有違身為佛教徒或禪僧。

　　「若對又喪身失命」，如果不答覆就違背了樹下的人的發心詢問，但是，要是開口回答則失去口中銜著以助平衡的樹枝，那將落地而死，真是進退兩難。

　　「正恁麼時」，就是正如是，正在此時之意，「作麼生對」，即在這個時候應當如何回答？

　　達摩以不立文字、教外別傳為禪宗義旨，事實上，這是後世人藉達摩之名所杜撰，所謂不立文字是不依靠文字來詮釋佛或禪，因為禪、佛是超越語言文字所能表

達的範圍。

若單以書本中的文字來理解佛教，則未免太無知了，或者僅默誦法相、唯識、天台、華嚴、五時八教，甚或熟記《無門關》四十八則，進而逐字句加以批記，如此也是無法參悟禪境及體悟佛理的，只有實際的坐禪修行才能悟脫，因此，禪師們在指導弟子們入禪時，是無法以一定的模式來傳習，這也就是教外別傳的意義了。

那麼，究竟應以何方式來傳習呢？即以心傳心之法。任何一本書寫開悟證道的書籍，都是作者自身的體驗，而只有自己也有相同的經驗才能獲得禪境悟道，因此，佛教極不重視語言文字式的傳習。

而這也正是「口啣樹枝。手不攀枝。腳不踏樹。樹下有人。問西來意」的寫照。

於此情境下又非得答覆，然須以他法傳習，因此會產生種種的表態來，而每一種表態方式都無法完全表明，總是尚餘二、三分說不盡，以致產生出各種語言文字，這樣永遠無法說盡的二、三分，終於導致一部《大藏經》擴展至五千四十餘卷。

由是得知，潛心鑽研前人所餘留下來的二、三分是無意義的，最簡單的參悟之道是身體力行的坐禪。

「不對即違他所問。若對又喪身失命。」若不答那只是修行個人的德業，屬小乘佛教，而大乘佛教是欲渡天下蒼生的，所以會有這樣的矛盾情形發生。

對於回答與否的矛盾兩難間，無門慧開評道：「縱

有懸河之辯。總用不著。」

懸河是指由山頂澗入谷底的瀑布發出永不斷絕的轟隆之聲，也形容人的口才好，能滔滔不絕的說話，如口若懸河。「不著」是不用之意。

「向若者裏」，者裏是朝向這裏，「對得著」此處著字無意義，意即若是針對此問題，就是對得著。

「活卻從前死路頭。死卻從前活路頭。」此意味大死一番方得徹悟，所謂死的世界是指人世間的理念、學識、感情等的煩惱世界，在此煩惱世界徹悟即活卻死路頭。

另一說法謂之，生的世界即煩惱世界，能斷然捨去這迷惘大千世界，即稱之大死一番。當然此處所謂的生死非指肉體單純的生或死，而是身心俱死去般，了然徹悟又再生之意。

「其或未然。直待當來。問彌勒。」在佛語中當來即未來、將來之意，如果這樣還不能了悟，那只有等待將來彌勒菩薩出世的時候，再問個明白吧！

彌勒菩薩會在五十六億七千萬年後出世，祂將救渡所有生靈，而後宇宙將會壞滅。

頌曰：「香嚴真杜撰。惡毒無盡限。」香嚴和尚是杜撰之人，其典故緣於中國古代有位名喚杜默的詩人，作品甚多。

頌是為了以口相授而應運而生的，在尚無文字的時代裡，釋尊的弟子們為了能方便記憶釋尊所開示的教義，便將其義理口編成詩來記誦，宗教詩即是以這種方

式產生，然詩須押韻以利口誦，而杜默的作品很多，卻全無依照詩的體裁規則，因此後人將杜默所作的詩稱杜撰，也就是意味香嚴也是草率之人。

「無盡限」是無限長久之意。「惡毒」是心眼狠毒，也就是無限的惡毒。

此表示香嚴以本則來磨鍊修行者使的痛苦，猶如兩腳踩在門檻上後問他人「你看我是要進來或是出去」，若答進來，則跨出去，反之則進來，使人莫衷一是十分地惡毒。

「啞卻衲僧口。通身迸鬼眼。」衲僧即指修行僧，修行僧在遇此情境也無以為答，是謂啞卻衲僧口，而此時全身都已冷卻，只有露出鬼眼來了。

各位不妨試想該如何回答香嚴的這則故事，才算圓滿，這是個很有趣的題目，它讓我們明白太專注於學識，將使人際關係有缺失，太過專情則為情所縛。

香嚴所提出的質詢充滿矛盾禪機，而這也反映在現世，無論如何唯有平衡人世間的種種矛盾，少點成敗得失心，多點及時努力的精進心，成功機率自然會增加，人生才具有意義。

第六則　世尊拈花

世尊昔在靈山會上。拈花示眾。是時眾皆默然。惟迦葉尊者破顏微笑。世尊云。吾有正法眼藏涅槃妙心實相無相微妙法門。不立文字教外別傳。付囑摩訶迦葉。

【無門曰】

黃面瞿曇傍若無人。壓良為賤。懸羊頭賣狗肉。將謂。多少奇特。只如當時大眾都笑。正法眼藏作麼生傳。設迦葉不笑。正法眼藏又作麼生傳。若道正法眼藏有傳授。黃面老子誑謼閭閻。若道無傳授。為什麼獨許迦葉。

【頌曰】

拈起花來。尾巴已露。迦葉破顏。人天罔措。

【譯解】

世尊乃釋迦牟尼，意即為世人所尊敬者，釋迦尊者共有十個稱號，除了世尊一詞外尚有如來、應供、正遍知、明行足、善逝、世間解、無上士、調御丈夫、天人師、佛世尊等。

釋迦是生於印度貝那拉斯族中釋迦族的王子，他貴為王子過著榮華富貴的生活，卻於二十八歲時因見人世疾苦百態，頓感人生無常，遂毅然捨去王子之尊、及其

嬌妻幼子，而剃度出家，當時有五位隨從與他入大雪山（今之喜馬拉雅山）和苦行僧們一起生活求道。

在六年的苦行生活中，隨從逐一離去，最後只剩釋迦一人仍精進不懈，儘管如此，釋迦仍不得開悟，渡脫永世真理，便於六年後的十二月間下山，而後在恆河邊的菩提樹下潛心參坐，進而悟道。

佛教在紀元前五世紀間即已立教開宗了，其後四十九年中，釋迦四處弘法近三百六十餘回，將他自己的信念悟脫相機說法。

靈山是位於孟加拉洲的拉希集爾，因其為釋尊第一次為弟子們說法之地，因此成為膜拜追懷其御德的朝聖之地，至今仍存有其遺跡。

「世尊皆在靈山會上」，從前釋迦在靈山集會，御說法之時。這是經典中所記載的，為無門慧開所引用，其後之文如下：

梵天之天部神，手持金波羅花（亦即蓮花），行至釋迦面前，將之捧獻給釋迦。

「拈花示眾」，釋迦本在靈山上說法，而當梵天神將花捧獻給他後，釋尊即將此金波羅花展現於大眾面前不再說法。

「是時眾皆默然」，此時大眾都默然，不知釋尊此舉究表何意。

事實上，這枝呈現於大眾面前的蓮花，隱含著天地宇宙；能因此悟解天地的契機，才是開悟的境地。

所謂「一點梅花蕊，三千世界香」亦即此意，只要

有一株梅花的馨香，可使三千大世界充滿梅花香，這樣的境界也就是無我之境，猶如「天地與我同根，萬物與我一體」般，永恆的天地生命，萬物的根源都和自己源同的，這樣的體驗並非長期坐禪才可獲得，日常的品茗、插花生活，無處不蘊藏著佛理禪機。

而釋迦以此花示眾，正昭示著這種契機佛理，只是當時聞法的八萬大眾，皆無法領悟「天地與我同根，萬物與我一體」的真機，是以不明表釋迦此舉的意理。

「惟迦葉尊者破顏微笑」，在釋迦眾多弟子中，尤以迦葉尊者最具智慧根器，因此只有他在見到釋迦的拈花示眾裡，明白釋迦心意而會心微笑，此亦即以心傳心之境。

釋迦的弟子常被喻為四天王八神足，每一高足皆具有獨特異能，如文殊菩薩為智慧第一，而迦葉尊者則是頭陀行第一，他蓄著鬍鬚，經常穿著破舊的衣服，釋迦曾就他的衣著而告之「你常著破舊的服裝，現在有人供衣，你可以去更換新衣了」，迦葉尊者卻答「我這樣的穿著很適意了，因為首先我素來安貧樂道，如此的衣著於我已很幸福，再者修行者本當素質淡泊，如此也正給予日後弟子為模範。」其後，釋迦不再以此題談論。據傳他十分聰慧努力，在十年的修行間，也進入開悟的境界。

承繼釋迦佛法的是阿難尊者，和迦葉尊者相反的是，他是個非常鈍根的人，隨著釋迦修行二十載仍未悟道，在釋迦圓寂佛法傳襲給迦葉尊者後，繼續跟隨師弟

迦葉尊者修行方悟正道。

阿難尊者出身於貴族世家，面貌俊美。一日，阿難尊者問釋迦「我努力修行，何以仍未臻開悟之境」，釋迦答以「你一直無法開悟的因素之一乃因你是女人寵幸的對象，常為女人所惑」，「那我應當如何？」「去迷惑女人」。

色不迷人人自迷，寧可不自由也就自由了，阿難尊者出身自貴族，常著華服，面容俊秀，故常獲女人青睞，相對的，迦葉尊者著蔽衣、態度嚴正較無女性緣，因而更能精進修行。

當釋迦以花示眾時，即默然不再繼續說法，而此時在座弟子只有迦葉尊者能悟得其意，因此會心微笑，事實上，此時言語已是多餘，佛法的傳襲，語言只是工具，真正的是以心傳心。

以上為佛教的故事，以故事性做為教義是禪宗法門，禪，可謂是「笑之宗教」亦可謂之哄笑宗教。

由「寒山拾得」一圖中即可窺出，圖中二男，蓄著長髮、身著破舊衣物，將掃把丟置於地，開口大笑的畫面即為哄笑。

有關拾得的身世，相傳是國清寺的豐干禪師某日在寺院門前，拾得一棄嬰，即將之撫育成人，故命其名為拾得，他經常著破舊衣服，是個開悟的修行者，而寒山則是位詩人，過著貧困的生活，至今仍遺有寒山詩集，許多禪僧最好畫此二人之圖，而這幀二人哄笑的圖畫，也最具禪意境的風格。

現代人很少能開懷大笑，人人汲汲於營利生活，而電視上的喜劇，也僅是鬧劇無法使人哄笑，能開心歡笑的人可謂是幸福的人兒。

古來即傳言佛教是不立文字、以心傳心來承襲佛法，迦葉尊者即因洞悉釋迦心思，因而成為佛教的第二代尊者，然而以西方人的知見是無法理解此真理，因此基督教信徒將神的言行一一記錄，並將聖經逐字推敲注釋，藉此領會神跡，因而興起神學論。

反之，東方的宗教，尤其是佛教，不重語言、文字，首重傳心，語言文字只是藉以啟發本心的工具，因此佛教並無基督教般的盛行神學、哲學，這是東西方最大的不同處。

「世尊云。吾有正法眼藏涅槃妙心實相無相微妙法門。」正法眼藏，即正法眼融和正法藏之意，正法眼非一般的肉眼，而是記悟的法眼，正法藏則是正確的教示，亦即正信佛法的教義，藏乃是受用不盡之義。

然則正信的教示內容為何？此可以「涅槃妙心」來明示。古來在印度，稱開悟的世界為涅槃，簡言之即無上的妙道。

世人的心，有種種慾念，如憎恨、可愛、喜惡等等，因執著於這些無明，而起各種煩惱障，能掃除心田中的無明煩惱障，就是根本妙心。

佛法上將人之心，視為明鏡，鏡子本身明亮無色彩，若以紅色映照，即出現紅色，以黑色、白色，乃至各種顏色觀照即呈現其各色，反之，人不著於相，以無

色照之，則其鏡為透明無色，此亦即涅槃妙心。

事實上，心乃實相無相，並無一定形態，無相即無心，心本身並無憂、喜、悲、慾等姿，然而人們困於無明中無時無刻莫不起心動念，一顆心不斷轉念思想，無法平定下心，所以稱為無相，這樣的教示也就是微妙法門，是不可思議法門，甚深微妙。

這種實相無相微妙法門，不是文字言語所能表達的，這是「不立文字，教外別傳」以心傳心之道，即由釋迦將佛法傳給第二代的迦葉尊者。

「黃面瞿曇」，黃臉的瞿曇。瞿曇是釋迦年輕時的名字，因其為印度人故膚色是黃色。

「傍若無人」，傲然自得，無視於身旁的人的存在。這乍看是罵釋迦佛的話，實際上卻是讚譽釋迦，禪宗素來是不稱讚人的，大體上說來有出口即訓人的習性，然則，不論褒貶都是無謂的，世間人當受到他人惡口相向時即感忿恨不已，反之，為他人讚譽則自視偉大，這都是我執我見的錯覺，事實上，他人的毀譽都是一體兩面的，因此，勿為怒罵而苦，或為佳譽而喜。

「涅槃妙心實相無相……」這幾句看似深奧，實則為釋迦咐囑給予迦葉尊者，故被評為旁若無人。如此猶不足，更云「壓良為賤」，此為中國諺語，意即誘拐良家婦女販售為奴僕。

「懸羊頭賣狗肉。將謂多少奇特。」意謂掛的是羊頭，賣的卻是狗肉，多少總不免令人覺得奇怪，其意義乃為無門慧開自信其德行並不遜於釋迦，甚而青出於藍

而勝於藍地超越了釋迦。其深意即在於此。

「只如當時大眾都笑。正法眼藏作麼生傳。」假如當時在場聞法的八萬大眾都笑起來，這正法眼藏又是要如何傳法，傳給誰呢？

「設迦葉不笑。正法眼藏又作麼生傳。」當時迦葉尊者若不笑就好了，可是若不笑則正法又如何能傳諸後世？如是說之後又再說一次。

「若道正法眼藏有傳授。黃面老子誑諕閭閻。」黃面老子指的是釋迦，佛的肌肉是黃金色，所以稱之為黃面，閭閻是村里之門，亦即街坊鄰人，其意為若說是正法眼藏能傳授，那麼釋迦就欺騙了大家。

「若道無傳授。為什麼獨許迦葉。」若說正法無有傳授，又為何獨獨的傳給了迦葉。

這便又有了新省思。

「拈起花來。尾巴已露。迦葉破顏。人天罔措。」釋迦用手拈起金波羅花，就露出了真相，迦葉別具慧眼洞悉釋迦心意，因而跟著會心一笑。

這也就是說釋迦並無需以拈花來示意，祂也可以豎起一指，甚或乾咳一聲，不論以什麼行徑來表態，只要心能傳心即能立刻達意。

此也是何以迦葉能明其正法，而其餘大眾卻茫然無所措足，無法明白釋迦所表為何。

第七則　趙州洗缽

趙州因僧問。某甲乍入叢林。乞師指示。州云。喫粥了也未。僧云。喫粥了也。州云。洗缽盂去。其僧有省。

【無門曰】

趙州開口見膽。露出心肝。者僧聽事不真。喚鐘作甕。

【頌曰】

只為分明極。翻令所得遲。早知燈是火。飯熟已多時。

【譯解】

在第一則公案中出現的趙州和尚，本則又再度現身說法，據傳他八十歲時才入接化，其後至一百二十歲的四十年間均過著禪僧生活，他曾說：「此我先開悟者，即使僅是三歲孩童我也會向之禮拜，反之，就是比我年長者而修行卻劣於我，也要去奴役他。」

大體上說來，禪宗中如臨濟和尚及德山和尚等，都喜歡以棒打人或喝罵，令人誤以為禪宗具有暴力性，惟獨老來方修行的趙州和尚，素以日常生活事件來談述禪機，且不以棒向人也不謾罵，誠可謂深諳禪味，風格與

眾不同之人。

「趙州因僧問」，此處的僧指的是無名僧，然而也有其他書籍記載其為已有相當悟性之僧。

「某甲乍入叢林」，乍入是突然之意，後引申為新進人員謂乍入，相傳禪宗是達摩於六世紀間傳入中國的新興宗教，而當時的禪師皆有二、三弟子隨從習法，至多也僅十至十五名弟子，其後約一、二百年後禪宗在中國非常盛行擁有龐大的勢力，中國禪寺的修行者遽增，而將修行者們聚集之處即稱為叢林。

實際上，這是印度語，也是其古來的傳統——將僧侶們聚集修行之所稱叢林，其由來可能是印度人集數人之力，在森林中建築小屋以利修行，因此，森林常是聖者修行之處。

然而中國的風土民情、地理天候不同於印度，無法如同於森林中築屋，遂建築寺院、精舍以供修行，因此，這類的建物即稱之叢林。

此外，新加入的修行者即稱為乍入叢林，因此「某甲乍入叢林」，意即我是新進的修行者。

「乞師指示」，懇請師父開示指導。

「州云。喫粥了也未。」趙州說：你吃過稀飯了嗎？

「僧云：喫粥了也」「州云。洗缽盂去。」僧人答稱：吃過了，趙州又說：去洗缽盂吧！當下「其僧有省」，省除了有反省外，尚有除去的意義，因此，此處意味著其僧的疑惑當下即除去而悟道。

這一段洗缽的故事十分有趣，且蘊含禪機無限，所謂的粥，已隱含開悟之機，喫粥了，亦即表示已有開悟的根器，既已明心見性，那洗缽盂去，將一切煩惱、塵垢一應洗淨。

趙州以此是要昭示，禪坐而悟並非很困難，我們日常生活中處處可見禪機，處處可行佛道，趙州的師父是南泉普願禪師，他將在「南泉斬貓」一則中出現。

當趙州跟隨他修行時曾問道：「何者為道。」南泉普願答以：「平常心是道。」由此可知，一般人視佛、禪是深奧難解的宗教是不正確的，凡人都將之以哲學思想或意識形態來研究，而事實上，佛教不是一般的思想學問，只是在日常生活中教化人心罷了。

簡言之，日常生活的行住坐臥，均是佛道，均含禪意，因為日常生活也是永恆生命的一種型態。

猶如基督徒，他們在平日裡也是信仰神、讚嘆神，人生是很短暫而珍貴的，生命是永恆不滅，不斷地輪迴於六道中，道元禪師謂「生死佛之命」，意謂著凡人都俱有佛性，佛是不生不滅的存在於日常生活中，因此，不重視日常生活中的修行而坐禪，則非禪修的本源。

「洗缽盂去」，缽在梵語叫缽多羅，譯作應量器，古印度人都使用鐵製大缽，當他們手持食缽到街上托缽時，口中會唸著「缽盂、缽盂」，隨後各戶人家會將食物傾倒入缽中，他們再帶回寺院溫熱食用。中國僧侶也沿用鐵缽。

一句「洗缽盂去」，僧人當下即悟道，這是由衷之

言，諄諄指示，亦即平常心罷了。

坐禪一、二日後，精神會不由自主地陷入無以比擬的特殊狀態，於心中更會產生奇特的靈界，這是一種禪病，如同著魔，若一直維持此狀態，則師父會喝罵或棒打，使其回復平常心。

一旦開悟不可就靜止修行，而是因更精進地修持戒定慧，這時的坐禪境地就全然不同於前，此時會感周身如水晶般呈透明瑩潔狀，此乃心之本源，開悟後更要以慈悲智慧來濟助世間人；在這七轉八倒的俗世中持續修行、渡化世人，至死不息修行。

常常可聽到「釋迦仍在修行中」這句話，以其開證悟道的尊者，仍在修行，遑論我們俗夫，這也說明了煩惱根難斷，在有生之年，因貪、瞋、癡、慢、疑等無明所衍生的諸煩惱不曾一日稍斷，即連溘目長逝五慾煩惱猶未息，因此，欲捨棄無明煩惱障，唯有修持戒定慧，日日不懈修行，而這修行道場即日常生活，亦即我們的心。

釋證嚴法師也說：「去除無明的貪、瞋、癡，才能預防人心土石流。」

接著，我們來研讀無門對本則故事的提示。

無門曰：「趙州開口見膽。露出心肝。」意謂趙州和尚一開口即顯示出真膽、心肝來，此言亦即一言即將佛道真理給昭示出來。

「者僧聽事不真。喚鐘作甕。」此謂在「喫粥了也未」「喫粥了也」「洗缽盂去」而仍未見悟，則如同將

鐘看成甕，桌子視為麥克風一般糊塗。

「其僧有省」，意謂僧人當下有了省悟，如果僅將吃粥、洗缽視之平凡無奇，那就是「喚鐘作甕」了，事實上，平凡中也蘊含無限生機，有道是「平凡中見偉大」「平凡即福」，而當今社會人人追求刺激新奇，視平淡為腐朽，卻不知日日無奇的生活，才是人世珍福。

所謂要到西方極樂世界，才能過著幸福快樂的生活，果真如是，那麼這種幸福也就不是福了，反倒是令眾生困厄苦難的世界，才是真正的極樂世界，因為在這般紛擾苦厄的世界修行，方能鍛鍊出真正勇猛精進慈悲心，也方能真正持戒，而由戒生定，定中生慧，有道是不經一番寒徹骨，焉得梅花撲鼻香，所以只有真正去體驗忍受艱苦，才是人生最高的幸福境界，且實際上苦果是一體兩面的。

因此，以另一超然立場觀之，日常生活所行種種皆蘊含有宿世的佛命，誠然十分珍貴，此亦「平常心是道」「洗缽盂去」的意境。

此外，以詩為體裁的頌中又言：

「只為分明極。翻令所得遲。」只因為太過於分別，反而使所得遲緩了。無門謂：過於尋常為大家所熟知之事理，反為人們所自圍執著，而無法開悟。

步行依靠雙足，開門首賴雙手，吃飯也須以手持筷，這些都是人類的基本生活，然而隨著時代的演進變遷，現代的社會一切都自動化了，出門以車代步，也發展出自動門，更有電鍋、洗衣機等的電化製品，可以

說文明帶來了進步，也改善了人類生活品質，然而相對地，也使人喪失了某些基本生活要素。

據傳當今美國人十分盛行的二句話，其一是：「Back to nature」（回歸自然）。不駕駛汽車，改以騎馬，以柴薪炊飯，旨在回復人類墾荒的開拓精神。一般說來，所謂的專業人士均十分重視基本要領，例如棒球選手就很重視基本姿勢，和揮棒動作；稍有失誤即會為教練要求重複基本動作，由可知任何一種工作，基本要素是專業的特徵。

另一句話是「Master the key points」（掌握重點），也就是話要精簡扼要。反觀當今，說廢話的人太多了，常常可見有些人一拿起電話即佔線不斷，造成他人諸多不便，乃至於有些婚禮上的主持人，台詞往往冗長枯燥。事實上，話應該說的簡明、親切能切入主題核心才是。「回歸自然」「掌握重點」正是目前美國社會所追求的新境界。

「早知燈是火。飯熟已多時。」早知道燈也是火，那麼飯就已煮熟好多時候了。對於洗鉢一句已見悟性，則燈即是火當下即悟了。人生也是如此，唯有累積日常生活中的定慧，方能成就不滅之道的禪境。

第八則 奚仲造車

月庵和尚。問僧。奚仲造車一百輻。拈卻兩頭。去卻軸。明甚麼邊事。

【無門曰】

若也直下明得。眼似流星。機如掣電。

【頌曰】

機輪轉處。達者猶迷。四維上下。南北東西。

【譯解】

釋善果（1079～1152年），俗姓余，信州鉛山（今江西鉛山東南）人，稱月庵善果，他是無門慧開的曾祖父，其生平傳記並無留傳下來，故無從考查。

奚仲，據《山海經》所載，是造車的名手，《古史考》一書中也載明他是黃帝以來，第一位發明以牛馬拉車的人。輻即輛之謂。「奚仲造車一百輻」即奚仲造了一百輛車。

「拈卻兩頭。去卻軸。」是去掉中心的軸頭，再除去兩輪車軸。

「明甚麼邊事」，這樣子成了什麼？又其目的為何？這則是月庵和尚藉車來代表佛法，一般而言，佛教以無我、空來表現悟，在無我的時候宇宙也就與我合一

了，無我則本來即空，我們不妨將空、無以圓來表示。

　　古印度人非常重視「無」這個課題，0也是由印度人所創見，因而才推展出數學這門學問，捨去了0，則現代數學無以成立，它雖表無，卻是一切數字的根基，阿拉伯或歐洲人並無深思0與無之關聯，然而，在中國的禪僧們早已有「無一物中無盡藏」的體悟，說明了空圓的境地。

　　釋迦甫出家時，先是跟隨著婆羅門求道，在此就簡單來介紹婆羅門教。

　　婆羅門教所信仰的是梵神，祂創造了天地宇宙，和凡間一切，在創造中祂將自己也溶入自創的生命裡，就是阿特曼神又稱為靈根，因此靈根已分別植入我們心田間。

　　這和基督教起源的神說大異其趣之處乃在於，基督教認為神是至高無上，祂創造了天地宇宙、人間一切，自己卻不融入此境，仍高居於天國全然不同於祂的子民。

　　印度人認為梵神是永恆不滅的，也就是說這永恆不滅之神一直存於我們心田中，我們的肉體雖死、靈根卻不滅，當軀體逝去時，靈根將再回歸梵神，如此輪迴不息，因此欲達不生不滅的境地，須喚醒自我心田中的阿特曼神，也就是不滅的靈根，然而人類因無量劫以來為無明所覆蓋，翻滾於五慾煩惱中，而混滅了清明的靈根，因此悟不出自己的根性，是以需不斷修行坐禪，才能悟性使發出自性阿特曼神的光輝。

　　釋迦依從婆羅門的教示，在喜馬拉雅山苦修六年，仍不見靈根光輝，因此祂與持著和婆羅門教相反思想的另一派人士，進修斷滅之見，亦即無的境界，他們認為人的精神如同陰陽二電的相接所產生的電流一般，當物質集中一起時會產生一定的作用，這也就是人的心靈活動或意識；相對地，當物質分解時亦表物滅，此時作用也隨之散失，因此，否認永恆不滅的靈根存在說，認為人的軀體一旦死去，則心靈意識活動也靜止，神識亦幻滅消失，猶如現代的虛無主義。釋迦在這派人士中修習一年，終因無所悟得，遂下山他去。

　　隨後復至尼蓮禪河沐浴，並在其旁的菩提樹下禪定，於十二月八日幡然徹悟，佛教界將之心路歷程稱為「去掉斷常二見」，意即抽離出斷滅及常住不滅之見因而悟道，因為執著於永恆不滅之見乃為煩惱的根元，又若偏執於斷滅之見認為世間一切皆為無或虛妄之念，亦非正信正念，而佛教也是以斷滅之見為基準，才導引出「一切空」的信念來，也因此將異於佛教以外的思想稱為「外道」。

　　在佛教的教義中，一再闡明人們要斷執著、愛染之心，因執著愛染於一切有形之物，終將化為虛妄，人世間的萬物俱是結合各種因緣而成，當因緣散去之後，一切復歸化為零；人生不過是戲劇舞臺，待到曲終人散，則臺卸復成原野，四大終歸是四大。

　　人們的智慧也是如此，任何的事物都需藉由眼睛所見才知其存在，若目無所見則否認其存在性，也就是說

人們皆執著於眼睛所見的物體，因此所謂的空，並非指一切俱無存在，而是要結合其他因緣，才能有此存在的事實，然亦非永恆的存在，終究有壞空的一日，故亦是無。

這也就是佛教「空」的思想，我們常說的一句話，無心，並非指沒有心，而是意味心存在無的境界，有如於靜室中聽著窗外的松風蟲鳴，內心平謐的品茗，此時，並非無心存在著，而是心處於最寧靜安然的狀態，這時候，再細微的聲音，如小蟲飛躍拍動翅膀的聲音都清楚可聞。人之本心都應是如此的清明，卻因五慾無明的覆蓋而起了種種的貪、瞋、癡、愛、憎、喜、惡的心，古人以一圓相、輪來明示。

事實上，萬物起於種種因緣，而人之心本無憎惡喜樂，卻染於外物而起心動念，一旦執著於怒、怨，而終生陷於其間就太不智了，反之，終生束縛於情執至死方休，也是愚癡，人的心是很不可思議的，當與愛妻死別時，其悲痛之情仍會為時間磨去，終至消失恢復笑靨。

每一個人的心原無染著、清靈無垢，卻為無明附著，日日紛轉不停、將本性混滅，為喚醒本心以達明心見性，就須靜心坐禪，而此點卻又和外人所謂的坐禪不同。

外道認為坐禪是追求自我永恆不滅的靈根，而佛教的坐禪，卻是要達到自覺無垢的本心。

無門曰：「若也直下明得。眼似流星。機如掣電。」直下是直接馬上之意，凡聽人講道或讀書而明

瞭，非直下明得，所謂的直下明得是經由自己的體悟當下明白。

就如同學習某項技藝，任由老師再細心認真教導，仍然不解，卻於不斷修鍊中瞬間當下悟出其訣竅道理，無論研習茶道、書道、舞蹈等皆是如此。

「眼似流星」，流星是稍縱即逝。「機」，是心的作用。「掣電」，即如閃電，皆是非常迅速之意。

「機如掣電」，其話機如同電光般迅速。

再以詩文的體裁來頌之——

「機輪轉處。達者猶迷。四維上下。南北東西。」機輪轉動之處，則雖是通達之人猶不免著迷，四處上下東南西北，都是自己的輪轉之機。

「機轉轉處。達者猶迷。」所謂的機輪是我們心活動之輪，達者即是通達的高人。

「四維上下。南北東西。」四維即南西、北西、東北、東南，加入上、下和東、南、西、北合稱十方，亦即所有空間，和過去、現在、未來三世稱十方三世，有著一切空間、時間之意。也就是心的活動能奔馳於一切的時空中。

本則是月庵善果藉奚仲造車，來說明人心難測可驚可嘆。

第九則　大通智勝

興陽讓和尚。因僧問。大通智勝佛。十劫坐道場。佛法不現前。不得成佛道時如何。讓曰。其問甚諦當。僧云。既是坐道場。為甚麼不得成佛道。讓曰。為伊不成佛。

【無門曰】

只許老胡知。不許老許會。凡夫若知即是聖人。聖人若會即是凡夫。

【頌曰】

了身何似了心休。了得心分身不愁。若也身心俱了了。神仙何必更封侯。

【譯解】

鄆州興陽山有位清讓和尚，被尊為興陽清讓禪師，此處省去了清字，其生於唐末西元八○○年左右。

「因僧問」，某日，有位僧人問讓和尚。

「大通智勝佛。十劫坐道場。佛法不現前。不得成佛道時如何。」

大通智勝是出於《法華經》化城喻品之偈語，《法華經》素為日蓮宗和禪宗所重視，是天台教學的基礎，此經典是釋迦圓寂後，二～三百年間由多位弟子，將釋

迦生前所開示的教義集錄成書，在文字發明前則由其弟子默誦於心，以口相授，代代相傳。

紀元一世紀左右，這些經典傳入中國譯成漢文，即現在之《漢譯大藏經》總計五千四十餘卷，是廣泛翻譯經典中之一部，《大藏經》又稱三藏經，因其包含經、律、論三典之故。

經是釋尊生前的說法內容，如同基督教之聖經。

律是戒律，在佛教中，許多僧侶聚集一起，每人根性氣質各異，為防止無謂弊端，而妨礙他人修行，因此訂下了規條，此即為戒，而律表示須執行實踐的行為，結合兩者就是戒律。

經典等書籍極為深澀，於其加以注釋，或擇其做為哲學性學問，以理論性來闡釋，此即論，結集經、律、論形成《大藏經》。

在此所介紹的《法華經》是較新的，最早以前佛經是以《般若經》六百卷為代表，次之才是《法華經》，其時是紀元前二〇〇年前後，也是印度古文化的全盛期，除了佛學外，尚有許多的詩集、古典劇、文學等問世，可謂是花開並蒂的時期。

《法華經》可說是集結古印度文學、戲劇、詩歌等文化之大乘，《法華經》共有二十八品，最為禪宗所重視之《觀音經》即普門品第二十五。

本則之大通智勝是出於《法華經》化城喻品，其來由是商旅行進於沙漠間，飢渴交迫無以為濟時，其中有一人以神通力在空中幻現出城市，而說：「看呀！前面

有座大城，我們到了那裡，必然有水喝，又可飽餐一頓，讓我們振作起精神，趕快前進吧！」疲憊不堪的商旅，隨即精神大振繼續前行，走出沙漠，此即化城喻品的內容。《法華經》的內容大多是各種故事來隱喻、烘托出其巧妙。

大通智勝佛是佛之名稱，又作大通眾慧如來、大通慧如來。即出現於過去三千塵點劫以前，演說《法華經》之佛名。佛典中記載大通智勝佛是生於釋尊之前的二億年，為渡化世人而現身於世，大通是四處通達，無處不佛之意，亦是當世的現實世界裡，每一寸土地都是極樂淨土。

在過去，大通智勝佛，曾於道場中，坐了十劫禪，劫印語稱Kalpa，是表長久的時間。相傳，有一百里四方的大岩石，每逢三千年，天女會自天上翩然飛舞下來，以衣服的裙襬輕拂大岩石，再翩然返回天上，如此每三千年一回返復，大岩石漸次減滅，直至百里四方的大岩石全部減滅為無，稱一劫，是無以想像十分長久的歲月，也是人世最長時間的計量單位，反之，最短的時間為剎那，是眨眼的瞬間，而眨眼時間的萬分之一即為一剎那。

十劫是一劫的十倍，因此是表無限長的歲月，而這般漫長的坐禪歲月，卻「佛法不現前」，仍無佛法、開悟出現。

「不得成佛道」，成就不了佛道，無以開悟。

在無限過去的世界中，有位大通智勝佛，坐了十劫

道場的禪，而仍未開悟，佛法仍然無出現，在《法華經》化城喻品中曾有這樣的記載。其用處中心又是為何。

此乃表此僧人認為大通智勝佛在長久之間坐禪仍未能成佛，因此，他疑惑了坐禪的功力和意義，因而發問。

何以不能開悟？是坐禪無用？修行無意？亦或有其他含意，所要追尋便是於此。

是時，清讓和尚言：「其問甚諦當」，問的很好。

曹洞宗永平寺的開山祖道元禪師，經常開示的一句話是「修證一等」，此為修行之意，證是經由修行而開悟，此開悟的境界即稱證的境界，又稱「修因證果」，修行是因，證悟是果。

一等，非一等、二等、三等的等級之分，而是相等之意，因此，修和證為同等——即「修證一等」。

不要認為坐禪就要開悟，更不要以為坐禪和修行即可成佛了，道元禪師如此的開示。

這道理便如同學習茶道，不可以為經過五年、十年的茶道磨練，即可成為茶道高手，只要用心學習茶道，就是茶道的高手，常見到軸卷上的「真心是道場」即是此意。

「孩童是一本書」，這是維也納著名幼稚園的標語，其意為養育孩童，遠比閱讀萬卷書更具哲學思想，的確，嬰兒甫出生，在無人教導下即懂得以口來吸吮母乳，當他咬住母親的乳頭，母親因痛使其口離其乳首，

因而學習了和他人之間關係的反應。此外，吸吮右乳，再撫觸左乳，使之分別左右的不同，由是可知，昔日的母親較男性更具有哲學及實踐力，然而當今的母親卻已不興此道，不明其理。

只是聽聞他人的演講，從中所獲得的智慧有限，因為那總是他人的經驗談，非自身的體驗，想要增長智慧唯有親身體悟外，別無他法，近世，是知識爆炸時代，所能獲得的資訊，遠比我們的時代豐富十倍，知識的取得更為容易，尤其是當今的年輕人比當年更容易獲得知識，然而這對其人生是否有助益呢？

在我們的世界裡，坐禪加上修行，就是開悟，也就是「修證一等」。

有名的希臘哲學家柏拉圖，在發表過諸多哲學論後，其最後的知見卻是，「我發現自己其實什麼都不懂」，因而稱其知見為無知之知的哲學，總之，真正有識之士，明白自己是真正什麼都不知的。

尤其，以人有限的生命，無法預知未來，看似十分了解，實則卻是無知，此即「佛法不現前，不得成佛道」之意境。

僧人又云：「既是坐道場。為甚麼不得成佛道。」既然一生潛修坐禪，何以成不了佛道。

清讓和尚答之：「為伊不成佛。」因為他是不成佛呀！

對此公案，無門慧開有更進一步的探討。

無門曰：「只許老胡知。不許老胡會。」老胡指的

是釋迦，胡是胡人，是中國古時的蠻人。此言乃是罵釋迦，意即只許那野蠻胡人（釋迦）知道，而不許其理會。

如前所言，知識不同於智慧，縱擁有豐富的佛教知識，卻不能視之為理解真正正信的佛教，只有自我不斷的修行、體悟才得以悟透佛機，而這般的證悟非為知識，乃為智慧。猶如將整部五千四十餘卷的《大藏經》，熟記於胸，此卻與開悟全然無關。

再如閱讀眾多有關茶道書籍，但這並非意味即已熟悉茶道禮儀，這只是知識，唯有親自操作品茗，才能真正理解茶道，這種經由磨練而得的體悟，即為智慧。

心隨境轉是凡夫；境隨心轉是聖賢。懂或不懂，不多說，踏實地走一步路，勝過一百句空洞的漂亮話。

這也就是「只許老胡知。不許老胡會」的意義，這般的問題，只是《無門關》中之第九則，而只有真正有修行，才能理解當中的真知。

「凡夫若知即是聖人。聖人若會即是凡夫。」凡夫和聖人是對比詞，然而在佛教中，凡夫亦俱佛的本質，任一凡夫皆可成佛，因此，凡夫與佛實無分別，要是能理會其間之殊勝，即為佛。

「聖人若會即是凡夫」，聖人是指開悟之人，佛本是凡夫，而凡夫即是顛迷之眾生，此二句有「佛凡一體」之意境。

因而頌曰：「了身何似了心休。」了心是清楚明瞭之意，了心則能理解此問題，亦即心體如一，如同研習

茶道，必須心體一致，深入研究茶杯的握法，掌杓之方式，茶匙的使用，切身去熟悉每一動作的拿捏，如此才真正理解茶道之道。

「了得心兮身不愁」，心能明白清楚則身無憂慮煩愁。

「若也身心俱了了。神仙何必更封侯」，「若也」是假如、假使之意，「封侯」則是獲得爵位，此頌是七言絕句的詩裁，是說身心脫落，自然無所恚礙，這就是不老不死的神仙，又何必在乎成佛作祖的封名。

公案個個都是神聖的說法，本則即著眼於勿執著於成佛或佛法現前的玄妙，只要忘我則天地莫不皆是自己。

第十則 清稅孤貧

曹山和尚。因僧問云。清稅孤貧。乞師賑濟。山云。稅闍梨稅應諾。山曰。青原白家酒。三盞喫了猶道。未沾唇。

【無門曰】

清稅輸機。是何心行。曹山具眼深辨來機。然雖如是且道。那裏裡是稅闍梨喫酒處。

【頌曰】

貧似范丹。氣如項羽。活計雖無。敢與鬥富。

【譯解】

曹山和尚俗姓黃，又名曹山本寂，謚號元證大師，泉州莆田（今福建莆田市）人，幼時學習儒學，十九歲於福州福唐縣靈石山出家，二十五歲時受具足戒。是禪宗曹洞宗之祖洞山良價的法嗣。

曹山本寂是生於中國泉州八百年代之人，他初習儒學，十九歲受戒出家，是洞山良價大師門下高足中的佼佼者，他和師父另創中國禪的另一派，曹洞宗因而著名日本的曹洞宗，亦為其派系之一支。

曹山和尚，因為有僧人問他「清稅孤貧」，清稅，其生平事蹟無史可考，故在此略去，曹山本寂和尚詳見

《曹山錄》，孤貧是孤獨又赤貧。

　　清稅孤貧無一物，「乞師賑濟」，賑是救濟之意，亦即請求救濟。

　　清稅是孤貧之人，因而求曹山和尚救濟他，此為有僧人問道曹山和尚，而此僧也許自名清稅，或是另有其人而與僧一起，乞請曹山和尚。

　　「山云。稅闍梨。」山，指的是曹山和尚，闍梨是古印度文的譯音，原是指學校裡的老師，或自己的師父等僧侶稱阿闍梨，而現在則是將頭戴阿闍梨笠，於比叡山行千日迴峰修行的僧侶稱為阿闍梨。因此，稅闍梨意即稅和尚。

　　曹山和尚說：「稅和尚」「稅應諾」，清稅就答了一個「是」字。曹山接著卻說：

　　「青原白家酒。三盞喫了猶道。未沾唇。」青原，是有名的造酒處，詳細位置已不清楚，而白家，指的是劍菱、月桂冠、加茂鶴等名酒，此言意即「喝了三杯著名的青原白家的酒，還說滴口未沾」。

　　這裡面究竟隱含著什麼禪機？何以曹山喚清稅，清稅只應了聲「是」，曹山又說：「你已喝了青原白家的名酒，還說未曾飲。」到底有著什麼意思，我們應當仔細的參悟。

　　古時代在印度已有不飲酒的戒律，嚴禁僧侶們飲酒，然而當佛教傳入日本，已由出家佛教轉換為在家佛教，相對地，戒律的觀念與持守，也起了變化，如不飲酒，不再視為絕對的不喝酒，其他如不殺生，在古印度

佛陀即教育不殺任一生靈，當外出行走時，手要持一掃帚，輕掃地面上的蟻類，以防被踐踏而殺生，然而，以今日的社會，若人人如此，則將引起交通事故。

日本天龍寺前任管長，關精拙老師曾訓示：「男子漢飲酒時，肘要端正，背要挺直。」這才是正確的飲酒之道，真正懂得飲酒的人，不會因酒而亂性，此種人稱酒仙。

中國著名的詩人李白，是有名的嗜好杯中物者，他即會自詡「李白一斗詩百篇」，「長安城裡酒家眠」，「天子喚來酒舟眠」「自稱臣為酒中仙」是如此的率性，不染俗的詩聖人啊！

一休和尚也是個詼諧的人，其終生都致力於與權勢相對抗，據說其母管教甚嚴，其父則是御小松天皇，他在幼小時被送至大德寺為小僧，長大後即在京都府和奈良縣境的田邊，以及大阪府泉大津的寺廟任住持，終生無再返回京都，他一生多采多姿，極富戲劇性，在他七十多歲時，和一位年僅十七、八歲的盲女戀愛，而寫下了著名的詩集《狂雲集》，他也是一位酒仙。

本則是藉曹山和稅闍梨的簡約對答，來闡述佛性，有關佛性在《般若心經》中已明白指出，佛性是不生不滅，不增不減的，有若現在地球上七十幾億人口，人人皆俱有佛性，眾生都是平等的，然而，唯有那些能自覺並喚醒本知的佛性，才是覺悟圓滿之人。

了透這份自覺的禪機，且來看無門慧開的拈提。

無門曰：「清稅輸機。是何心行。曹山具眼深辨來

機。然雖如是且道。那裏是稅闍梨喫酒處。」

「輸」字有失敗之意,「機」則是禪機,就是欲現而未現,將發而未發。「具眼」之眼是慧眼,非指凡夫之肉眼。

清稅輸卻了禪機,其心是作何打算,曹山獨具慧眼,洞悉其心思且明燭未來之機。以酒作譬喻是痛快淋漓,清稅請求救濟,而曹山只說稅闍梨,其禪理為何?各位不妨仔細參悟。

有關慧眼,中國有則趣話,在某山中,有一群俱是獨眼的猿猴,一日,有一隻外來猿猴闖入,在這群獨眼猴中牠成了異類,因牠具有雙眼,所以不斷被群猴排擠奚落,最後,這隻猴子竟弄瞎自己一隻眼,以期能加入猴群中,這隻猴子便是缺乏慧眼。

無門對本則又頌以:

「貧似范丹。氣如項羽。活計雖無。敢與鬥富。」范丹即范史雲,漢末桓帝時,曾被任命為萊蕪長。他一生刻苦儉樸,所址卑陋,常絕粒斷炊,自甘淡泊,是個廉潔窮官。他是一位有名的儒者,他讀書忘貧,有時盡糧無食,鄰居贈以釜、米,卻因無薪材炊煮,只在釜中加水,直至釜底生出孑孓,仍安然讀書快樂自若。「甑中生塵范史雲,釜中魚生范萊蕪」,正是他的寫照。

在逆境中成長學習,最能砥礪人的心志、磨鍊堅苦卓絕的精神,反觀當今的學子,受父母過度呵護照顧,冬天有暖氣、夏日有冷氣、沒有苦學的體驗,於其日後的人格成長助益不大。

　　一般而言，在修行的道場中，只有師父的房子裡有暖氣設備，當然，禪堂內備有大火爐，這是將一日三餐炊煮後殘餘的碳火置於其間，每次平均僅可燃燒三十分，就如此度過一、二月的嚴冬期，時至夏至，更無冷氣供應，因此，經常可見大家汗流浹背，然也因此，更能心無旁鶩的坐禪修行，心，為外物所執、惑於華屋美食，也就無法修行。

　　「貧似范丹。氣如項羽。」比喻稅闍梨雖一貧如洗似范丹，然其氣概節操卻與項羽同。項羽是漢高祖時的一位豪傑英雄。

　　「活計雖無。敢與鬥富。」雖然生計全無著落，卻敢和有錢人鬥富，這是讚譽稅闍梨，假借清稅來說明清貧下的骨氣。

　　人人都不喜歡貧苦的日子，有錢固然好，然而有錢常成為濁富，應努力提升自己的精神人格，否則寧可清貧如范丹、清稅，所以有錢是好，但應為清富莫為濁富。

　　天上人間樂與苦，自心造作自身受。一般人的貧，均非清貧，而是寒酸又卑劣的濁貧，令人唾棄，被譽為經濟大國表示有能力，然而要努力成為清富之國才好。

第十一則　州勘庵主

趙州到一庵主處問。有麼有麼主豎起拳頭。州云。水淺。不是泊舡處。便行。又到一庵主處云。有麼有麼主亦豎起拳頭。州云。能縱能奪能殺能活。便作禮。

【無門曰】

一般豎起拳頭。為什麼。肯一箇不肯一箇。且道。諸訛在甚處。若向者裏。下得一轉語。便見趙州舌頭無骨。扶起放倒。得大自在。雖然如是。爭奈趙州卻被二庵主勘破。若道二庵主有優劣。未具參學眼。若道無優劣。亦未具參學眼。

【頌曰】

眼流星。機掣電。殺人刀。活人劍。

【譯解】

禪，素來不尚冗長理論，而以簡短雋永禪理著稱，相同的一句話，卻蘊藏不同的禪機，有著死、活句之別，通常禪僧均以活句來觸機，而嚴禁使用死句。

趙州和尚在第一則「趙州狗子」，和第七則「趙州洗缽」中已有介紹，是釋迦以來三十七代的祖師，活了一百零九歲。

「趙州到一庵主處問。有麼有麼」趙州和尚到某一

庵主處拜訪。現在某些地區稱尼僧為庵主，然而此處的庵主指的是庵寺中的住持。

「有麼有麼」即「有人在嗎」。亦即趙州和尚見了庵主仍問「和尚在嗎？」

「主豎起拳頭」，指庵主舉起拳頭。

「州云。水淺。不是泊舡處。」趙州說：「此港水太淺，無以泊舟，也就是我無法再停留。」隨即離去。

「便行。又到一庵主處云。有麼有麼」他又前行，來到另一個庵主處，再問「有人在嗎？」

「主亦豎起拳頭」此時，這位庵主也是如前一位般舉起拳頭。

「州云。能縱能奪能殺能活。」「能縱」之「能」是表自律、主體性之意，「縱」即是放任對方之意，此乃趙州讚嘆此拳頭能收能放、能殺能活，得大自在之意。

「便作禮」，作禮是鞠躬禮拜之意，趙州在讚美了此庵主後，隨即頂禮而去。

自古以來，禪僧和拳頭即有密不可分的關係，一般而言在當小僧時，常會被和尚飽以拳頭，只要誦錯一句經律，就要當心兜頭而下的拳頭。即便是當今，在道場裡，若有下位者不從上令，也仍會被以拳頭相向的。

趙州走到了庵門問，「有嗎？有嗎？」而庵主舉起拳頭，趙州即說：「此和尚不值得與之談道。」遂離去。

趙州第二次又問另一庵主，此庵主依樣葫蘆，舉起拳頭。但是這一回趙州卻讚以大自在起來，加以禮拜，

同樣的豎起了拳頭，為什麼有完全不同的待遇，究竟所表為何？且看無門的禪釋。

無門曰：「一般豎起拳頭。」一般是相同、一樣之意，無門評道：「二位庵主都同樣的豎起拳頭。」

「為什麼。肯一箇不肯一箇。」相同的問答，趙州和尚何以一方評以「水淺。不是泊舡處」，一方卻讚以「能縱能奪能殺能活。」而加以頂禮，究竟是錯在什麼地方？

「且道。諸訛在甚處。」「且道」是好啊！說說看吧！「諸訛」之諸同皶，是雜亂意，訛是錯誤之意，簡言之，這也就是南北腔調的不同。

一般而言，南部人多言語，東北人則寡言談，舉例說台灣的台北、高雄人間的對話音調就不同，相同地，歐洲人也是如此，北歐的北方人較沉默，但是如法國、義大利等羅馬系民族，則顯得開朗活潑，終日喋喋不休，不是吹口琴即唱歌，熱情無比。

現在，禪學在歐美都極風行，根據他們自己習禪後的心得，坐禪非但使心神集中專一，且更能提高工作效率，若在紐約街頭上，見到年輕上班族，手撫胸口、眼睛微眸、輕移步伐，若問他在做什麼，則答以行進間坐禪，也因為坐禪有助於提高工作效率三～五倍，因此，禪極盛行。

當然能心神攝一、專注工作，會較散漫行事來得有效率，但是學習坐禪的目的，並非是為了提高效益的，然而不論如何，歐美企業界正吹起一陣禪風。

　　且說南方的民族性都較活潑多話，腔調也各個不同，舉例說，聽南部或東北地方民眾以方言交談，會令人以為身入他國，入耳盡是外國語言，這也可解釋為諸訛，趙州和尚對相同舉拳之舉，為何有截然不同的反應？但看無門如何解析。

　　「若向者裏。下得一轉語」，「者裏」意味著這裡。「一轉語」是扭轉原來狀況之意，有如在工作上、學術上有著不解之結時，聽聞到某句箴言，頓感豁然開朗，人生觀、工作態度為之一變，所獲得的那句箴言就是一轉語。

　　「便見趙州舌頭無骨」，舌頭無骨即靈活自在，因此可知趙州和尚能言善道，善於借物隱喻。

　　「扶起放倒」，顧名思義就是扶起來和放其倒下，在道場修行禪達十數年者，大多能體會這句話，最初習禪，導師會一旁殷切指導，此為「扶起」，而後過了十數年，則完全放任其自由，若想出國即出國，想留於寺院就留，想出去乞食也無妨，這「放倒」的十年也是最重要的十年。

　　如這般起初扶起，後再放倒，那些修道較淺者即易潰敗起不來，便再將之扶起，等相當時日後，再行放倒，這就是禪的教育。

　　有些人遭逢挫敗就一蹶不振，有些人卻如猛獅般奮發而起，也由於此，坐禪的禪堂又稱為獅子窟；在獅子的世界裡，當母獅產下幼獅時，首先會將小獅推落山谷中，能奮力掙起者，才哺育之，反之，則棄以不顧，因

此，叫做獅子窟。

　　有些人會因貧困即仆倒不起，有些人反因貧困而激勵自己上進奮起，事實上，富裕並不代表高尚富貴，貧困也非意味卑賤低下，許多清貧者，氣宇軒昂至死不變其節操，富有者反墮落五慾中，貧與富和各人的幸福，實無關係，一切繫乎各人之力。

　　人生的苦與樂，往往來自心的體驗。若能把人生的苦樂當成是增長慈悲心和智慧心的過程，就是大自在人。

　　「扶起放倒得大自在」，趙州自己是扶得起放得倒，得到了大自在。

　　「雖然如是。爭奈趙州卻被二庵主勘破。」儘管如此，趙州卻被二位庵主識破試驗。

　　「若道二庵主有優劣。未具參學眼。若道無優劣。亦未具參學眼」，如果說這兩位庵主有好壞之分，那就是沒有修道的眼光，如果說他們無好壞，那也是沒有修道的眼光。

　　無門又頌以：

　　「眼流星。機掣電。殺人刀。活人劍。」「機」是趙州之禪機，眼似流星，機轉如閃電，是殺人之刀，亦是活人之劍。這是讚嘆趙州的光明正大，得大自在，藉以二庵主的「扶起」「放倒」來詠嘆拳頭的禪語故事。

第十二則　嚴喚主人

瑞巖彥和尚。每日自喚主人公。復自應諾。乃云。惺惺著諾。他時異日。莫受人瞞。喏喏。

【無門曰】

瑞巖老子自買自賣。弄出許多神頭鬼面。何故聻一箇喚底。一箇應底。一箇惺惺底。一箇不受人瞞底。認著依前還不是。若也傚他。總是野狐見解。

【頌曰】

學道之人不識真。只為從前認識神。

無量劫來生死本。癡人喚作本來人。

【譯解】

瑞巖師和尚又稱瑞巖師彥和尚，俗姓許，福建人。其生平不詳，只知是紀元九世紀後半之人。住於台州丹丘的瑞巖山，他在山中的岩石上，築一似鳥巢的穴並於其間坐禪，故又稱鳥巢和尚。

瑞巖師彥和尚，每日一定會召喚自己為「主人公」一遍，然後又自我應答「是」，且自語：「要省悟」「是！」「不要再受人欺騙了」「是！是！」

「惺惺著」的「惺」，有醒、省悟之意，所以「惺惺著」就是意味著覺醒過來之意。

「諾」，是的意思。「他時異日。莫受人瞞。」他日，不要受人所欺瞞。

在道場裡，有一項稱為接心的活動，那就是在每月的一週裡坐禪，這七夜八天的坐禪期也就是坐禪三昧，然而並不是只有在這七天裡才坐禪，而是日日的修行中都以心為要，也可將每日的修行以主人公來表達。

所謂的主人公就是自己自身，也就是自主本身的主人，若以哲學術語稱之就是絕對主體，所謂絕對主體就是不成為絕對客體之意，一般而言，是以主體、客體，或主觀、客觀來區分二種概念，所謂「客觀」就是呈現於自己眼前的種種包羅萬象，然而一經落入腦海去感受它，即成為自我思想的主觀主體。

稱為主觀的心，也可以客體化的，如若以人的意識活動為客觀對象，加以觀察、分析，這就是心理學，也因而衍生出精神分析學。

當我們為了某項失誤的事而發怒，事後細細思量，覺察錯誤的是自己，如此的反省自我可說是將自我的私心，摒除於自己的設限外，因此這樣的反省便是客觀的，以此觀之，任何的事物都可以是客體化的，反之，無法客體化的心，亦即無反省之心，稱其為絕對主體。

而在禪境中，並無如此深奧的哲學論，瑞巖師彥和尚將心的意識活動稱為人心的根源。

《臨濟錄》中記載著「逢佛殺佛，逢祖殺祖」這句話，以佛教之言，稱十方三世諸佛、諸菩薩，是存在於一切的時空中，而這一切都是自己內心一神一佛的假定

形態，也因而稱之為佛、真如和如來等稱號，所謂「逢佛殺佛」的佛是假定臨時乍現之佛，並非真佛。

禪的祖師，達摩也是以一佛一身之態，在人世間生活幾十年如此而已，因此，若太執著於此表相則永不得見佛，所以才說「逢佛殺佛，逢祖殺祖」。

將此種境界以「惺惺著諾。他時異日。莫受人瞞。」來彰顯不靠佛祖的獨立境界。其實人之本心原為空寂無染，卻因多生累劫以來，因無明而起種種煩惱障，且執著五慾中，而迷失了本心本性，每日什麼也不說，只是念誦主人公，又自己答應著，正是警惕自己莫著魔，所謂鑽之彌堅仰之彌高。

「瑞巖老子自買自賣。弄出許多神頭鬼面。」無門說：瑞巖老和尚是自買自賣、自拉自唱，做出許多的鬼樣子，「神頭鬼面」就是妖怪在草原上見神出頭，露出鬼面來。

「何故聻」是什麼緣故？「聻」這個字只有中國大陸使用，是鬼名，即鬼死叫聻。

「一箇喚底。一箇應底。」一個呼喚，一個應諾，「底」字是一般的關係代名詞無義。

「一箇惺惺底」，一個是醒悟地。

「一箇不受人瞞底」，一個不受人欺瞞。

「認著依前還不是」，如果你依照以前所說的認識了，這仍是受妄想的支配。

「若也傚他。總是野狐見解。」如果你也照他的樣子，每日自我呼喚、自我應答地去做，那就成了野狐禪

的見解了。

就是說按著瑞巖的尾巴去傚效他，也只不過都是成了野狐化的皮毛，那必然擾亂心思成為死見解、糟妄想了，而非真正的悟道。

許多禪書上常會寫著，禪僧常會予人棒喝，因而誤以為棒喝是禪道，所謂的棒喝，是始自中國的臨濟禪師，他常以這種方式和弟子們進行答問，其弟子耳濡目染下，不論是否因而開悟者，皆起而傚效，蔚成時風，在臨濟錄中也記載，臨濟和尚為此會勸戒弟子們不要胡喝亂喝。

頌曰：「學道之人不識真」，學道的人不認識這個「真」，所謂學道人是指修習佛道的人。

「只為從前認識神」，識神的「識」是指人的意識，人的根本意識就叫識神。

修道習佛的人，不認識真實，這是因為誤解為相對意識的緣故。

唯識宗將人對生命整體活動的意識劃分為八，就稱為八識，人的眼耳鼻舌身等五官，會因外境產生意識，就是五識，舉例說，眼睛見物，因著眼識所作用而能見物，如果沒有意識作用，那麼眼睛則無所見，將意識集中，我們才能思考、讀書，這也就是第六識，第七識是末那識，末那識深奧處則為第八阿賴耶識，阿賴耶是梵文的譯音，意即「藏」，也就是一切意識的種子，都深藏在這第八識的阿賴耶識，也就是說阿賴耶識是諸識的根源，因此也譯為藏識，近世又有稱為深層心理，這是

由瑞士心理學者，研究佛教的唯識學，定名為深層心理學的新心理學。

人們意識中最深處的意識種子，即收藏於此，人們睡眠時，前五識即封閉，而最深層心理的意識就起作用成夢境，唯識學的論理是人們所有一切善惡因緣的意識種子，皆深植於第八阿賴耶識，如眼睛所見要和阿賴耶識中的種子相接合，才能起分別，而意識出山、美女、行走的人等等。

然而，若將自我召喚，應答誤為即是第八阿賴耶識，則是妄想、迷惘，又再墮入輪迴世界了，我們必須要奪取一切與本來的主人公相見，我們若不能打破妄想，就不能在世間得大自在。

「無量劫來生死本」，學道人所要追求的這個「真」是由無始以來無量劫數的生死根本。無量劫的「無量」是無限之意，劫如前所說是指很長久的時間。

「癡人喚作本來人」，愚笨的人把它認為是本來。自無量劫以來，我們人在這無窮盡的六道輪迴中翻轉，生生死死，煩惱之業增加不已，因此修道者都想捉住本來的面目認識主人公，宇宙萬象畢竟不外是一個實相的緣起，實相是無始無終的，空還是空，是永久不變的。

事實上，禪千百年來，所追求的就是自己本來面目的主人公。

第十三則 德山托缽

德山一日托缽下堂。見雪峰問者。老漢鐘未鳴鼓未響。托缽向甚處去。山便回方丈。峰舉似巖頭。頭云。大小德山未會末後句。山聞。令侍者喚巖頭來。問曰。汝不肯老僧那。巖頭密啟其意。山乃休去。明日陞座。果與尋常不同。巖頭至僧堂前。拊掌大笑云。且喜得老漢會末後句。他後天下人不奈伊何。

【無門曰】

若是末後句。巖頭德山俱未夢見在。檢點將來好。似一棚傀儡。

【頌曰】

識得最初句。便會末後句。末後與最初。不是者一句。

【譯解】

德山就是德山宣鑑禪師（西元780～865年），唐代劍南道簡州人（今四川簡陽、資陽一帶），約和臨濟禪師為同一時期。起初戴著教相學，鑽研《金剛經》，成了金剛經的奴隸，因此又號「周金剛」。

後來在一位老婆婆的引導下參拜龍潭崇信上人，見性實悟，把他以前所專門研究的《金剛經》疏鈔燒掉而

云：「窮諸玄辯，似一毫置於太虛；竭世樞機，若一滴投於巨壑。」意即個人學識之淺薄，有如大海中之針，僅憑藉《金剛經》而欲窮竟佛法之海，便是如海底撈針般不可能，因此當下捨卻了金剛經。

從六祖慧能以來，德山宣鑑便是第六代目。他說：「道得也三十棒，道不得也三十棒。」本則是德山已成為知名禪師的故事。

巖頭和雪峰都是德山的高徒，巖頭又稱巖頭全豁，非常伶俐俊發，生於福建省，最早是隨洞山良價參禪，終因機緣不足，而後與雪峰和欽山三人一起投入德山門下，但是，欽山後來再回洞山良價參禪，承繼洞山法。巖頭聰慧過人，據傳從未被德山師父棒打過。

雪峰又稱雪峰義存禪師（西元822～908年），俗姓曾，唐僖宗賜諡號真覺大師，福建泉州南安縣人。他較巖頭年長六歲，有三登九至之稱，即「三度登投子山，九次上洞山」，三次反覆參禪，而後至洞山良價處九次往返參拜，仍無機緣根器悟道，遂自言：「我是個鈍根之人，我要發心至叢林為僧侶炊飯積德，以期能成就大法。」隨後便常常攜帶著木杓，到各叢林間為僧眾作飲炊爨。

現在有些典座寮（炊飯）就稱為雪峰寮。雪峰雖是個愚鈍、根器鈍的人，但自開悟任雪峰山住持以來，發揚宗風創雲門宗，雲門是雪峰的弟子，雪峰的法孫法眼文益又創法眼宗。

「德山一日托鉢下堂」，德山長老有一天托鉢走下

堂來。托缽並不是行乞，而是典座食堂於敲雲板後，在禪堂的雲水僧們，就一起持缽並列進入食堂。

「見雪峰問者。老漢鐘未鳴鼓未響。托缽向甚處去。」因為食堂尚未敲板，雪峰和尚見德山托缽下堂便問道「師父，為什麼托缽。雲板還沒響鼓也未曾敲，您托缽要去那？」

「山便回方丈」，德山聞言便又默然走回自己的方丈間裡，這之中已隱然含有禪機，但是，雪峰無法悟得，巖頭認為這正是激發雪峰的好時機，便想出一條公案……。

「峰舉似巖頭」，雪峰將師父這番舉動細說給了巖頭和尚。

「頭云。大小德山未會末後句。」巖頭說：「不論大小德山都還未明白末後的一句」。此處大小的小字是助詞無意義，指的都是德山長老。德山當時當然不知道巖頭欲激發雪峰的底意。

「山聞。令侍者喚巖頭來。問曰。」德山聽見了巖頭說的話，就命令侍者召喚巖頭來問。

「汝不肯老僧那」，你向雪峰說我不會末後句是什麼意思呢！你不服德於老僧嗎？

「巖頭密啟其意」，巖頭於是在長老耳邊小聲耳語其用意，實在他的意思是要激發雪峰的遲鈍。

「山乃休去」，德山會意後也就首肯無言了。

「明日陞座。果與尋常不同。」次日上法堂高座的德山態度，和過去全然不同了。

「巖頭至僧堂前。拊掌大笑云。」巖頭來到僧堂前，拍手大笑地說：

「且喜得老漢會末後句。他後天下人不奈伊何。」甚且高興老漢已領會了末後的一句話，今後，縱是天下的大善知識，也奈何不了他了。

這是德山長老和其具有大智慧的弟子巖頭和尚，二人為了使雪峰徹悟，可以說是做了一場大戲。

這也是雪峰仍為洞山良價門下時，所發生的故事，當時雪峰循例在典座寮淘米時，洞山問他：「取米為砂，或取砂為米。」你是取米中之砂或砂中之米來炊飯，雪峰云「砂米一時去」，砂和米都要除去。洞山又說：「砂米一時去，眾食何？」你如果全都捨去，那僧眾又要吃什麼？雪峰隨即一付不要再煩我的態度「奔卻峰盆器」，將裝米的器皿打翻，奔回自己屋內，不再應答。事實上這個故事還有末後句，與本則的內容相似，只是多加了一人而綴成本則的「德山托缽」。

無門曰：「若是末後句。巖頭德山俱未夢見在。」無門對此公案拈提說：「依我的觀點來看，若是末後之句，那是巖頭德山等做夢都沒有看見的。」

「檢點將來好。似一棚傀儡。」檢視未來，好像是一場的傀儡木偶鬧劇。一棚就是一幕、一場，「一棚傀儡」是摘錄自《臨濟錄》，所謂傀儡就是以木材做成的木偶。

禪語中有句「開悟即捨、得到即捨」的禪機，此即要我們不斷追求正道，要能捨方能得，我們常常可以聽

到「釋迦和達摩仍在修行中」這句話，就是要這般不斷的修行精進，道心永不退。不如此永遠無法獲得禪機。

心理學者經研究認為，所謂的禪就是酩酊般的狀態，這樣的說法是太膚淺，根本不了解禪境，所謂的開悟可以以白雲萬里來形容之，要有獲得即捨、開悟即捨，才能明瞭「末後一句」的真義。

頌曰：「識得最初句。便會末後句。」明白了最初一句，便能領會末後一句。

「末後與最初。不是者一句。」末後和最初的，都不是這一句，在禪門裡，明白了最初的一句，那麼末後句就不成問題，因為初就是結束。

在禪學者的專門道場裡有「新到」「旦過詰」的名詞，「新到」也就是第一次來，到了五日便稱做「旦過詰」，就是被置於一室內靜坐，五日結束後就稱為「新到相見」，隨後就到師父面前，師父會說：「你已經加入修行僧的行列，今後要發菩薩心願。」所謂的菩薩心願也就是「上求菩提、下化眾生」，也就是要捨命求悟求菩提。

不僅是祈求個人的安身立命，更要能以下化眾生為根本，要發願渡一切眾生，這樣的願心，就稱為通願或別願。「上求菩提」是個人得悟正道，所以稱別願，「渡一切眾生」便是通願，別願和通願猶如車子的兩輪，要能結合如一才能轉佛法，這就是最初的一句。

「仔細思量，《無門關》在第一則裡已道盡了「無」字，餘下的四十七則，無不是在活用這個「無」

字，也就是說《無門關》共計四十八則的公案，全蘊含著最初的一個「無」字，能體悟出這個無字，則機關、法身、向上均是多餘，也就能悟得末後句，然而儘管如此，仍無法即刻達到了空的境界，因此，為要明定原則，而區分出「理致」「機關」「向上」等的體系來，但是只是打坐等待徹悟，心中起了待悟之念，就是大病，這樣的禪的體驗是一種枯木禪，也是死禪。

如果只是進入禪定便是開悟，那麼林間的松木，街道上的電線桿，便都悟道了。因此，如何在現實世界裡，去體驗禪就是機關的問題了。

此外，要能更進一步去證悟「煩惱即菩提」「眾生即佛」「生死即涅槃」等意境，本則的「德山托鉢」是以一場木偶傀儡劇，來主導引述出「向上的一句」，如果沒有悟得「向上一著子」，就無法體悟禪的體驗。

所謂末後，一般皆視為末期，舉例說，他的病已到了末期，意味著已至人生最後階段，然而在禪學上，是表示在佛法上已臻開悟境地，故稱「向上一著子」或「末後一句」。

不偏正、不偏迷、不入悟、不依靠眾生、不依靠佛，了斷煩惱入涅槃，這就是禪機。不證正位而起一點無緣大慈悲心，逆轉入現世中的七轉八倒之苦中。

傳聞巖頭被匪賊切去首級時，口中大叫「痛呀！」「痛呀！」其聲響徹四方，這也就是七轉八倒的典型例子，日本的白隱和尚讀到這則故事後說：「已然開悟證道的禪僧，遭匪徒斬首而大呼痛！痛！不就說明佛法無

靈驗。」直至某日他在叢林中打坐，竹子掉落於地，他才恍然頓悟而說「巖頭亦無事息災」。已徹悟的禪僧遭斬首，自然也是會痛的，非木石之身，而是血肉之軀啊！也因此才能與世人共喜同悲。

「末後與最初。不是者一句。」不能稱之為「上求菩提」也不能謂之「下化眾生」，既無可追求的菩提，也無可濟救的眾生，無字之前也無字，無字之後也無字，開悟後當理解自己就是眾生，自己和他人實無二致，自己脫落了我執得大徹悟，才能理解他人同樣也是大徹悟，只是他人尚未自覺，到了機緣成熟，他人也開悟，而立誓心願。

有人將此心境稱做「人類的誓願」，也是「眾生無邊誓願度」的菩薩願，而此誓願的根本是從自他一如，自覺的智慧產生的，可以說末後一句，正如這樣的菩薩誓願，朝向無限的未來，無限人類自覺的智慧才是菩薩誓願，如若菩薩有煩惱，必是為教化無限人類而煩惱，這些煩惱的根本乃是源於自己和人類溶於一體，而自己已證得菩提無煩惱，由是因才會為濟度眾生而煩惱。這就是菩薩的大悲。

這也是菩薩最後的煩惱，也可稱是末後一句。菩薩所發的四弘願，又回歸於最初的佛法，相信各位已然明瞭，不到「我已大徹悟，了然無煩惱」的究竟，就無法識得最初的一句，因此無門說「識得最初句。便會末後句。」由此可知，修行之道的初發心，到證悟是一條不變的萬里之道。

第十四則　南泉斬貓

　　南泉和尚。因東西兩堂爭貓兒。泉乃提起云。大眾道得即救。道不得即斬卻也。眾無對。泉遂斬之。晚趙州外歸。泉舉似州。州乃脫履。安頭上而出。泉云。子若在。即救得貓兒。

【無門曰】

　　且道。趙州頂草鞋意作麼生。若向者裏下得一轉語。便見南泉令不見虛行。其或未然險。

【頌曰】

　　趙州若在。倒行此令。奪卻刀子。南泉乞命。

【譯解】

　　南泉和尚又名南泉普願禪師（西元748～834年），俗姓王，唐代鄭州新鄭（今河南省鄭州新鄭市）人。是馬祖道一禪師的高足弟子，也是達摩以來第九代的祖師，他因在南泉山山上的寺院任住持，所以世人稱為南泉和尚，他的弟子就是在第一則趙州狗子中所出現的趙州從諗。

　　南泉和趙州合創南趙宗，當然在禪宗史學的七宗中，並無南趙宗這一派，然而其卻有獨特的宗風，他們較重日常生活的行禪，這正好和臨濟宗相反，臨濟禪師

是較粗獷的，慣使用棒頭一喝，使對方於迷惘中醒悟過來。

德山宣鑑禪師則是手舉六尺棒說：「道得也三十棒，道不得也三十棒。」而棒打的和尚。

雲門又號雲門天子，他的風格則趨向文雅典麗，他不用一般粗俗的言語，而是應用典雅的詩詞來進行禪的問答，因此其宗派稱雲門宗。

和雲門或臨濟相較下，南泉及趙州的宗風是較注重日常生活中處處可行可見的禪道，也就是「平常心是道」才是南趙宗的特色。然而本則卻與南泉趙州的宗風有顯著的不同，較為粗暴的斬貓行徑。

「南泉和尚。因東西兩堂爭貓兒。」南泉和尚因為東西兩堂爭奪一隻貓兒。

所謂東西兩堂就是東堂和西堂，過去的禪堂都依南北方向建立，因此，位於東側的就稱做東堂，西側的叫做西堂，又因雲水僧眾多，便按單、雙號的順序而分南、北側，而規定南側三十三號為某僧般的依序列推，東堂和西堂也是如此。

本來，依戒律佛寺不得飼養家畜，但是佛寺中有諸多經典，深恐為鼠輩破壞，因此經藏院容許養貓，卻也僅限於經藏院。本則因貓而連帶提到禪堂，可能是因飼養於經藏院的貓兒，跑進禪堂裡才會引起兩堂間的爭執，但是本則應和第一則的「趙州狗子」一樣，藉著貓來議論佛法的有無才是正確。

《涅槃經》中導引眾生皆有佛性的思想，果若是一

切眾生皆具佛性，何以佛者為佛，而我們為凡夫？其實，我們本來即具有佛性，有成佛的能力，卻因迷失本性不醒悟為此成為凡夫。

這也就是問題的起源，當釋尊在世開悟證道，四處弘法時，就有人反對釋尊，而欲推落大石以殺害釋尊，此人就是魔波旬，也就是惡魔，又另有些人說：「我憎厭坐禪。」或者有人進了花園大學，卻對禪學全然無趣而排佛，甚而謗佛，這些人否決了眾生皆有佛性的想法，認為一切眾生實無任何佛性，這些人都是佛緣尚未成熟，也是不能開悟之人。

雖說眾生皆有佛性，但又有人主張佛性只有部份人才具有，只有能喚醒本性而悟的人才能成佛，事實上，這樣的議論也是正確的。

像這般的諸多議論，在六祖慧能於唐宋時期，即有相關的理論而起，當時所訴諸的問題就是趙州所提的「狗子有無佛性」，同理，現在南泉的禪堂中闖入一隻貓兒，弟子們為爭貓而起爭執，可以看做是弟子們爭論此貓是否有佛性的爭論風波。

「泉乃提起云」，提起就是捉起小貓，南泉和尚將小貓提起來。

「大眾道得即救。道不得即斬卻也。」你們大家能說出個道理來，我就放了牠，否則我便將牠斬殺掉。

「眾無對。泉遂斬之。」在場的眾多弟子，無一人對的上來，南泉果真把貓兒殺掉了。

佛教戒律有二百五十戒，又有十戒及五戒之精簡，

五戒是不殺生、不偷盜、不邪淫、不妄語、不飲酒等五戒，而首重不殺生戒，身為眾人之師的南泉和尚卻犯了第一條的殺生戒。

南泉和尚為激勵弟子們的悟性，觸犯了殺戒，也在所不計，真是清風凜然！

人世間充滿著許多的矛盾，很多時候理性告訴我們應當如何做，然而常常是情感戰勝了理智，人們常惑於這般的矛盾情境中，尤以青年人較年長者會感受到社會、道德倫理的矛盾衝擊，有一本著作《少年維特的煩惱》便是道盡少年人內心的矛盾苦惱。

一般而言，人們對矛盾的應對有二種，其一是臨危不變斬卻了矛盾的兩方，其一是綜合左右兩難，折衷取其一，正如右派的自由主義有其理性的一面，而左派的社會主義也有其正面的主導，這樣的左右兩派對立於政治立場的不同，而產生了兩極化的社會。

在自由主義社會對宗教持著寬容開放態度，相對地，社會主義就對宗教採取嚴厲的管理方式，事實上與其說嚴厲管理，無寧說是否定宗教。

哲學家黑格爾認為矛盾就是真實，矛盾也是歷史得以發展的主因，因而創了辯證法的學說，這也就是力學法則，應用矛盾才能成立建築學。

中世紀的封建主義社會，就因為矛盾產生問題而引發法國大革命，提倡自由、平等，而發展出近代社會模式，歷史就是這樣依著相互矛盾拉扯的力量，而發展至今，這也就是辯證法。

相互矛盾的立場無以平衡，才會開拓出第三世界來，這可從人的發育史中看出，嬰兒時期渾沌無知，至三、四歲時始知有父有母、兄姐弟妹，此時一旦有可口的食物，便深恐為兄長所奪而先取用，這就是自覺他人的時期，到了上小學階段，更會為了某項東西而和人大打出手，這便是他覺意識所造成，也就是所謂的他覺世界，若加深其他覺世界，即會和對方親密，分享對方智慧，這就是第三的他覺自覺的世界，這般的中學、大學以至成人，便是人類成長的歷史，這也可視為辯證法。

在佛教裡將矛盾論這種論法稱為戲論，在這般的戲論世界要如何解決矛盾？有禪僧主張斷然一刀兩斷斬卻，如此才能超越有無的境界，自然也就解決了矛盾之爭，這樣的情境佛教稱之為根本世界、佛的世界。南泉不惜犯殺生戒，其用意也是在教化弟子回歸基本世界、根本世界。

「晚趙州外歸」，趙州是南泉和尚的高徒，南泉斬貓時他不在禪堂內，直至晚間才歸來。

「泉舉似州」，南泉便將日間所發生的事，一樣地做出來給趙州看。

「州乃脫履。安頭上而出。」趙州不愧是大智慧之人，即刻悟脫，就把草鞋脫下來，放在頭上就走出去，這就是看出了斬也斬不盡之物。表示這場佛事整個都是顛倒的，他用顛倒的手法也是以毒治毒。

「泉云。子若在即救得貓兒。」南泉於是說：「當時你如果在場，就救得了貓兒。」

　　唐朝時代的異類中行，非常受重視，當時的輪迴思想深植於人心，認為行善必得善果，多行惡事死後必墮地獄或畜生道，如若墮入地獄、畜生道當如何？又如何才能不落入二道，這便是當時人的佛性議論所推展出的異類中行問題。

　　以異類中行的角度探討，若墮入畜生道，而為牛為人所勞役，只要安份工作終生勞苦，才能由中獲得樂，只是思想著如何才不會墮入為牛是不正確的，這也隱喻著異類中行的公案教導貓兒，既為貓，即去忍受其苦和其喜悅，如此才能跳脫苦樂，體得佛性，獲得大自在，這也是趙州示之南泉的答案。

　　無門曰：「且道。趙州頂草鞋意作麼生。若向者裏下得一轉語。便見南泉令不虛行。其或未然險。」

　　無門說：「你倒說說看，趙州頂草鞋是什麼意思，如果朝這裡去深思，得到下一句轉語，便可明白南泉的命令是不虛的？如若不是，那就危險了。」

　　頌曰：「趙州若在。倒行此令。奪卻刀子。南泉乞命。」趙州要是在場，這一命令就倒行了，趙州若搶下刀子，南泉反而要向趙州求饒了。

　　這就是以貓為中心，進行佛性有無和異類中行說的一則公案。

第十五則　洞山三頓

　　雲門因洞山參次。門問曰。近離甚處。山云查渡。門曰夏在甚處。山云湖南報慈。門曰幾時離彼。山云八月二十五。門曰放汝三頓棒。山至明日卻上問訊。昨日蒙和尚放三頓棒。不知過在甚麼處。門曰飯袋子。江西湖南便恁麼去。山於此大悟。

【無門曰】

　　雲門當時便與本分草料。使洞山別有生機一路。家門不致寂寥。一夜在是非海裏。著到直待天明。再來又與他注破。洞山直下悟去。未是性躁。且問諸人。洞山三頓棒合喫不合喫。若道合喫。草木叢林皆合喫棒。若道不合喫。雲門又成誑語。向者裏明得。方與洞山出一口氣。

【頌曰】

獅子救兒迷子訣。擬前跳躑早翻身。

無端再敘當頭著。前箭猶輕後箭深。

【譯解】

　　洞山即洞山守初禪師（西元910～990年），俗姓傅，北宋鳳翔良原（今甘肅省平涼市崇信縣）人，是雲門弟子，其「麻三斤」公案極為著名。

「雲門因洞山參次。門問曰。近離甚處。」雲門和尚因為洞山和尚遠道來參謁，便問他說：「你最近離開的是什麼地方？」

「山云查渡」，洞山說：「是查渡」。查渡是地名。

「門曰夏在甚處」，雲門又問：「夏天是在什麼地方修行？」夏是安居的意思，當初百丈和尚制訂「叢林清規」時，將一年分二期，就是夏安居和冬安居。

「山云湖南報慈」，洞山說：「在湖南的報慈寺」。湖南省是位於洞庭湖之南。

「門曰幾時離彼」，雲門說：「何時離開那裡」。

「山云八月二十五」，洞山說：「八月二十五日」。

「門曰放汝三頓棒」，雲門說：「記你三頓棒子」。三頓棒是意味師父持棒接化弟子之意，本來在中國有以棒來制罪的法則，依罪的輕重來刑罰，一頓是二十棒，三頓就是六十棒，「放」字，在此應解為姑且原諒之意。

相傳禪佛學，是紀元五二〇年間由菩提達摩自印度傳來的特殊佛教，其特殊乃因「不立文字教外別傳」的傳心方式，任何的宗教都有其教義，而教義的基礎便是推廣為特定宗教的教示，有如猶太教教義乃根據舊約聖經，基督教是根據新約聖經，回教則依循可蘭經，而佛教都有五千四十餘卷的經典做為教義的基礎。

這些經典是紀元一世紀左右，經由絲路傳入中國，其後的三、四百年間，陸續被翻譯，所謂外來的印度佛教，就在中國紮根了。

　　舉例說，以《涅槃經》為主旨的就稱涅槃宗，以《華嚴經》為基礎的派流，便稱華嚴宗，像這類以經典為中心的學問佛教，傳入日本就成為奈良佛教。

　　紀元六世紀左右，華嚴宗、涅槃宗在中國盛行，最初在中國興起的是以這類經典為主旨的學問佛教，然而認真論起來，宗教不是一門學問，真正的信仰及開悟，是不能憑藉學問知識而獲得的，聽經聞法都是著書者或講法人的信仰體悟，真正的證悟仍是要依靠個人自己努力修行體悟方得。學問和宗教是完全不同的兩碼子事。

　　最初，中國的僧侶們一直是依著文字教義，來研究佛學的，直到五世紀末六世紀初，才以自覺反省的方式來究竟釋尊開悟的世界，也因此而引發了中國佛教的獨立運動，佛教歷史在中國發起了一大革命。

　　傳聞菩提達摩是於紀元五二〇年左右渡海到中國，他和梁武帝間的禪佛問答曾轟動一時，而後至少林寺面壁九年靜坐的故事也廣為流傳。

　　但是，究竟有無達摩這個人物，其生平事蹟均為不詳，或者我們可說，實無達摩此人，而是有一位佛教僧侶，認為實際的修行遠較研究學問，更能達到佛教的本質，因而將此思想以達摩來烘托，以達實踐佛教所力求的坐禪修行。

　　說起來，坐禪的歷史極其悠久深遠，坐禪並非佛教所創，紀元前三千年左右的古代印度人已知坐禪。

　　實踐佛教主張不要一味地學習艱深的佛教哲學，也不要一再鑽研晦澀的語言，只要潛心靜坐禪定，就能悟

脫釋尊證悟的境界，其次是口誦「南無阿彌陀佛」的佛號，不須深奧的理論和議論，僅此簡單六字，早晚無論何時何地均可唱誦，這是真言的教義。

所謂真言是三密說的密教，三密指的是身、口、意三者，身密就是真言宗的僧侶所結的手印，口密是唱誦真言，如《般若心經》最後的咒文「揭諦揭諦、波羅揭諦、波羅僧揭諦，菩提娑婆訶」，這是梵文，一般皆不明其義，但卻無礙誦念以達開悟境地，第三密的意密指的就是心，梵文的原文是大日如來，其意就是要集中精神於大日如來，這也就是身口意三密，也就是密教所提倡的真言和念佛。

奇怪的是，在中國真言和念佛並不盛行，自六世紀初的唐代以至北宋、南宋、元、明等十三世紀，約七、八百年間，是禪佛的興盛期。現在在中國有許多的寺院，多數是為禪寺。

唐朝時代並無當今的妙心寺、南禪寺等大伽藍，有的只是小庵院，裡面有五、六位弟子們邊種植蔬菜邊修行，他們不說教不講義，而是由弟子們直接去體驗禪。

將各自的意見思想表達出來，以現在的字眼就是溝通，然而現代的社會結構，並非將某一事件只傳達一、二人，而是要傳達給大眾，因此才衍生出大眾傳播這句話。

現在的大眾傳播媒體十分廣泛發達，包括有報紙、新聞、電視、網路等，這些媒體的報導，真實中有虛飾，至於週刊雜誌的情形卻完全不同於學生的讀古典，

所謂古典是群攬當時知名的秀才、英雄所書寫，刊頭上必列有編寫者的姓名，因此編輯責任分明。

相反的，週刊雜誌的報導往往是不刊明撰稿者為誰，如對其內容有異議，向雜誌社抗議申訴，他們即說：「這是記者所收集的消息，和他們無關。」推卸掉責任，像這般若為不實的資訊也加以報導，這就是大眾傳播體的缺點。

在禪的世界裡，過去就否認語言能傳達真實，也否定文字傳達的真實性，這也就是「不立文字教外別傳」，當師父欲傳習弟子時則依以心傳心之法門，如第六則的「世尊拈花」即是以心傳心的明顯例子。也因此我們可以了解，禪的溝通方式是藉著以心傳心的方法。

唐時的禪僧，也受這種「不立文字教外別傳」的影響，在教化弟子時也不慣用言語，如「臨濟一喝、德山一棒」都說明了彼等受「以心傳心」法門的影響。據說臨濟見到弟子都是以一喝來理究禪機，而德山宣鑑是較為粗獷的和尚，經常以六尺之棒，捶打弟子，受此風感染，唐代的禪僧不斷的以打或罵來教化弟子，常捉住弟子前襟問「何者為道」，無法立即說出，就被推入水中，手段雖粗暴，卻也因此才能充分應用「教外別傳、以心傳心」的禪宗特色，使之流傳下去。

「放汝三頓棒」的「三頓棒」就是傳襲禪的手法。

「山至明日卻上問訊」，洞山到了第二天再上堂詢問雲門，問訊意味著質問。

「昨日蒙和尚放三頓棒。不知過在甚麼處。」昨天

承蒙和尚記下三頓棒子的譴責，但不知我究竟犯了什麼過錯。

「門曰飯袋子。江西湖南便恁麼去。」雲門說：「你這個只會吃飯的飯桶，你到江西、湖南到底有何獲得？真是無用。」

飯袋子是罵人無能，只管吃飯不知坐禪修行，夢窗國師在《夢中問答》中，罵只是吃飯而無修行者為衣架飯囊，和飯袋子的意思是相同的，相當於現在罵人為飯桶。

江西是揚子江之西，湖南是洞庭湖之南，是中國最中央之處，所以江西湖南就是表示全國，在禪寺中通常將江西湖南略稱為江湖，所謂的江湖諸兄就是全國的父老兄弟。

「山於此大悟」，經雲門這一叱罵，洞山守初禪師頓而醒悟過來。

由最初的雲門問洞山「近離甚處」「夏在甚處」「湖南報慈」「幾時離彼」「八月二十五日」在這一問一答中皆隱伏禪機，洞山不明白這一言一句都是雲門的試驗，及至雲門不耐煩大聲的申斥他簡直是個飯桶，怎麼還在江西湖南上兜圈子，於是洞山在這進退間了悟了，心悟之時則宇宙全是自己的分體，即物窮理，大放光明。

「雲門當時便與本分草料。使洞山別有生機一路。家門不致寂寥。」意即雲門當時便是給洞山真材實料，使洞山能有一線生機，才不至於使禪門冷落寂寥。

「一夜在是非海裏。著到直到天明。再來又與他注破。洞山直下悟去。未是性躁。」著到是推倒，意味洞山一個晚上都是在是非海裡翻轉著，等到了天明再來詢問，雲門又給他點破，洞山當下才悟了，洞山是漸次觸機了悟的，不是性情急躁而得的。

「且問諸人。洞山三頓棒合喫不合喫。若道合喫。草木叢林皆合喫棒。若道不合喫。雲門又成誑語。向者裏明得。方與洞山出一口氣。」我倒要問問諸位：「洞山的三頓棒子，到底應不應當挨？若說是應當挨的，那麼草木叢林也都應該挨三頓棒子，若說不應當挨的，那麼雲門的話不就成了誑語，能明白了這層道理，才能替洞山出一口氣！」

頌曰：「獅子救兒迷子訣。擬前跳躑早翻身。」獅子在教育幼獅困惑的訣竅是，先找山崖做出跳躍獅兒的方式，使幼獅很快的學會翻身的技術。

迷子是錄自《法華經》的寓言裡，是指對生活方式感到困惑的孩子，此處指的便是洞山。

「無端再敘當頭著。前箭猶輕後箭深。」雲門沒頭沒尾的給了洞山當頭一著，起初一箭是輕輕的一試，隨後的一箭才是深深的一著。

「無端」是突然之意，當頭著的當頭是正面，也就是命中之意，所命中的第一箭（記下三頓棒子）是淺淺的，第二箭（罵其為飯袋子）卻是深深的刺進。

第十六則　鐘聲七條

雲門曰。世界恁麼廣闊。因甚向鐘聲裏披七條。

【無門曰】

大凡參禪學道。切忌隨聲逐色。縱使聞聲悟道。見色明心。也是尋常。殊不知。衲僧家騎聲蓋色。頭頭上明。著著上妙。然雖如是且道。聲來耳畔。耳往聲邊。直饒響寂雙忘。到此如何話會。若將耳聽應難會。眼處聞聲方始親。

【頌曰】

會事同一家。不會萬別千差。不會事時同一家。會則萬別千差。

【譯解】

雲門是雲門文偃（西元864～949年），俗姓張，浙江嘉興人，唐末五代時的佛教僧侶，也就是上一則所出現的洞山守初禪師的師父，南漢高祖賜號匡真大師，是雲門禪宗的創始人。雲門宗的始祖是禪宗傳燈史上知名的人，《無門關》四十八則中的五則，及《碧巖錄》百則中的十八則都是關於雲門的公案。

雲門文偃的師父是雪峰義存禪師，傳說是個鈍根悟性低的人，卻能教化出雲門這麼優秀的高徒，成為禪史

上的一則趣聞。

「雲門曰。世界恁麼廣闊。」雲門說：「世界是如此的廣大」，廣闊是廣大無邊之意，恁麼亦做如是解。雲門何以說世界廣大，廣大又意味著什麼？

廣大可說是自由闊達奔放，自由是自由自在，做任何事都由著自己的意願去做，在禪語裡常有「自由自在」的字眼出現。

在佛教裡的自由，其意義又更為深廣了，所謂自由和自在，顧名思義是自己存在於自我的自由自在中，也就是中心體為自己，不受一切外境所縛，像這般的確立主體性，才是稱為自由自在。

臨濟和尚所偈的禪，就是這種自由禪，從迷惘煩惱的困境中釋放，使自己獲得解脫。古印度人將解脫稱為宗教的解放，他們認為一切煩惱的主因，是導於眼、耳、鼻等五官的主觀感覺器官，對所見事物起了愛著、憎惡心，因而有了喜怒哀樂的種種慾念，印度外道人士認為，欲斷一切諸煩惱，就要以坐禪冥想來隔離外界一切音聲，他們期盼從煩惱中解放，因此，修行禁慾和苦行，藉此以達菩提（悟）的世界，然而這樣渴切憧憬著開悟境地，此想法本身就已是執著於「開悟」了。

如此，即使能捨去迷惘的執著，卻又落入執著於開悟中了，禪說「金屑雖貴、落眼成翳」，黃金鑽石雖屬名貴，但是，一旦掉落眼睛卻會使眼睛痛苦不堪。

釋尊在大雪山中苦行六年，體悟出自覺的重要性，要能從迷惘中獲得自由，如此才能自一切事物中獲得自

由，也才能獲得真正開悟的自由，這也才是大乘佛教所要明示的真正的自由。

人本來是生而自由的，佛教謂本來的自己是無相，無相是本心，因結合外境的一切聲聞色法才起了愛、憎等心相，實則上，心本無愛憎喜惡的，正如同明亮鏡子，鏡面本身無色無形，如果烏鴉立於鏡前，則呈現出黑色形體，如果是白鷺飛來，則映照出白色形態，人的本心也是如此的，原無悲喜情愫，全然是自由不染塵的，雲門所說的「世界恁麼廣闊」也是此意。

「向鐘聲裏披七條」，七條就是袈裝，是佛教僧在舉行儀式時，從左肩披掛在右脇上之衣，又稱金襴袈裟，有七條和九條之分，這是由印度傳入的，現在的印度人仍穿著從左肩披掛上右脇再捲起的紗麗，其質料則因家境的不同，而有所分別。古時的印度僧侶嚴禁有自己的收入，因此托缽時帶回一般人使用過的舊布料，縫合製成紗麗穿著。現在的袈裟就是當時的遺風。

此外，由紗麗的色彩可辨別出是佛教徒，亦或是耆那教徒。印度佛教在紀元二世紀間傳入中國西藏，而紗麗也隨同傳入，然因風土、氣候不同，穿法上也有所不同，在印度穿紗麗右肩需全裸露，但是逢寒冬中國僧侶無法如此，因此，在衣服上捲上紗麗以示為佛教僧，這也就是中國袈裟之始。

無門和尚評道說「切忌隨聲逐色」，這正如同前面所言，勿受眼、耳、鼻等主觀感官困於外境，而起心動念。坐禪認為在冥想裡精神是澄寂的，斷絕一切外界刺

激，便是開悟，這是不正確的，當知出家人是不著聲色，超脫於聲色之上的，必須要聲響與寂寞兩忘的境地才是悟道。

「騎聲蓋色」，就是不逐於聲色，即使在聲色之中，也能超越聲色。從聲色上悟道，而不滯於悟道之境。

「頭頭上明。著著上妙。」即入於悟境，也不為悟境所執。「聲來耳畔」時，不為聲所轉。「耳往聲邊」時，又能處處聞聲，耳對於外境，絕非死寂或無動於衷。

「若將耳聽應難會。眼處聞聲方始親。」表示如果只用耳，則耳只能用來聽外界有聲之聲，又如何能聽到潛藏於宇宙之中的無聲之聲呢？只有以眼去聽，以耳去看，相攝相容，將外界聲色打成一片，圓融的大自在境界。

也就是要見到自己真正的主人公，唯此才是絕對自由的真人，是以應「若將耳聽應難會。眼處聞聲方始親。」

佛教中有眾多菩薩，其中行慈悲願的為觀音菩薩，「觀音」二字是「觀世音」之意，本來聲音是用聽的非用觀，這是梵文的譯音，有些是譯為觀自在，但以觀音較貼切。因為「目聞、耳見」才是佛教的見聞，也才是自由的境界，超越五官而見聞，才是絕對自由的主人公，亦即要以心眼來觀察，如此森羅萬象均屬自己，也唯有如此方能確立主體性，因此，無門頌：「會事同一

家。不會萬別千差」。

其下一句卻完全不同，如果無自覺絕對自由的真人，亦即以肉眼見、肉耳聞，那麼所見所聞皆非美善，而以心眼見、心耳聞則所見音色皆美。因此無門才會說「不會事時同一家。會則萬別千差」，第一句的「萬別千差」是茫然的見聞，心身為狹隘的知見所囿而不自由，第二句的「萬別千差」是由覺悟的眼光來看，則是四海一家、一切事物都閃耀出其特色，即連蛆蟲也會發出光亮，確是，眾生常執我見，因執我見而無法與他人相容，分人我自他，乃至貧富貴賤，分此分彼，製造不安，在個人則易與人起衝突，干戈相向。擴而廣之，則國家民族因而戰亂，人人互相殘殺。

也因此，為管理自由，社會訂出規律，人人都必須在一定的規律，有限度的行使個人自由，在此情況下才產生文化，未開發國家的社會無文化，便是因對慾望缺乏自主性的自制而形成，僧侶一聽聞鐘聲，便要著上七條的袈裟，端正威儀的步出法堂，這正是禪寺的規律。

雖說要節制修己的慾望，然而禪學卻不以禁慾為訴求，並不是斷了八萬四千的煩惱根就是禪，而是為了成就一己的自覺大願，而捨去八萬三千九百九十九的煩惱。所謂願者也是煩惱的根元，唯有忘卻了我的時候，則一切莫非是我，因而感覺世界是非常的廣闊，居於間能自由自在，才是曠達之人，如此才是真自由，這也才是文化。

第十七則 國師三喚

國師三喚侍者。侍者三應。國師云。將謂吾辜負汝。元來卻是汝辜負吾。

【無門曰】

國師三喚舌頭墮地。侍者三應。和光吐出。國師年老心孤。按牛頭喫草。侍者未肯承當。美食不中飽人湌。且道那裏是他辜負處。國清才子貴。家富小兒嬌。

【頌曰】

鐵枷無孔要人擔。累及兒孫不等閑。欲得撐門並拄戶。更須赤腳上刀山。

【譯解】

所謂國師,指的是慧忠國師,他是在中國第一位得到國師號的人。其名為南陽慧忠,傳說唐朝肅宗皇帝對他相當尊重。起初四十年他都在山中修行,後來因他的宗風偉大的風聞傳至朝廷,朝廷一再迎接他進宮,他才無法推卻而下山,對肅宗皇帝闡明佛教的講義。

南陽慧忠(西元675～775年),俗家名冉虎茵,法名釋慧忠,諡號大證禪師,是禪宗自始祖達摩算來第六祖慧能的高徒,與荷澤神會共同在北方弘揚六祖禪風。

「三喚侍者」，意謂跟隨他的人。現在各禪的專門道場都有侍者。以「三喚侍者」、「侍者三應」為典故。侍者的寮舍稱為三應寮。「喂」「有」「喂」「有」「喂」「有」，喚三次，答三次。

「國師云。將謂吾辜負汝。」將謂表示現在想，辜負的辜與負都是違背的意思。所謂背，並不表示反對或背叛，而是意謂我以為我對不起你的意思。

「元來卻是汝辜負吾」，表示原來是你對不起我。提出這樣的問題，我們假使只看這句話，根本不知有何意義。

喚「喂」，答「有」。喚「喂」，答「有」。喚三次答三次。我想參悟一番，但提出的問題只有這幾句話。

本來提到這個問題，通常是師父說一句話，侍者就反省，或侍者忽然大悟等情形下，將句子連接下來，但是這裡並沒有連接，既然無連接，那麼這問題究竟要讓我們了解什麼。

我們可解釋為：這位侍者已開悟，師父不須替他解釋。或者是國師與侍者二人正在串通演一齣戲，使未開悟的讀者們開悟。

日本哲學家紀平正美，著有《無門關的哲學》。這本書以哲學的立場解釋《無門關》，有些觀念並不正確，但是其反面的解釋方法很有趣。紀平正美證實，對於三喚三答的「三」，特別重視。他依據黑格爾辯證法來解釋。黑格爾的辯證法認為歷史是直接發展的。

本來，所謂的「monologue」是意謂獨白、自言自語。「dialogue」是二人對談的意思。至於辯證法dialectics是從dialogue演變而成的。

交談時，意見相同的二個人對話不精彩。意見完全不同的人對談，才會議論，產生新的看法。由於如此，德國哲學家黑格爾主張這是歷史發展的運動原因。

例如：現在是禪學時間，我們只須仔細聆聽就好。但反對者卻主張，雖然是授課時間，但是仍有私人的言論自由。像這樣二種背道而馳的意見產生，雙方在討論中會形成加以折衷的新意見。由於如此，造成正、反、合的圖式，會不斷循環，又形成新意見，結果又產生正、反、合的圖式。

古時由台北到高雄，步行約要七十三小時，即使是乘轎也相當不方便。但由於技術與科學的發達，最近台北到高雄搭乘高鐵，僅僅二小時即可到達。現代街道上車輛絡繹不絕，交通狀況發達且便利，生活舒暢。但是，相反的交通事故也大幅提高。以此看來，交通發達為正面的意義，隨著發達而交通事故增加為負面的反應。若只是乘轎，轎夫在奔跑中，轎與轎相撞，頂多跌倒，不會產生危害生命的事故。像這種事件必有反面現象產生。

以往因水力發電而有電，但因電不足，現在使用核能發電，結果產生了核能公害的反面效果。一方面希望使用核能，一方面相排除公害，為了解決這個問題，經討論後又會有新意見產生。

一切歷史的發展，皆根據正、反、合的理論性構造而進步的。這就是黑格爾的辯證法，後來馬克斯加以運用，而創立了馬克斯辯證法。

哲學家紀平先生認為黑格爾的辯證法中，正占第一，反為第二，合為第三。因為起初國師喚「喂」，侍者回答「有」，這是因為侍者在一般情況下被叫，因此才回答。第二次國師又叫「喂」，這個「喂」和第一次的「喂」不同。因為第一次國師叫「喂」時，侍者已答「有」，但是國師卻又叫第二次，必然有另外的含意，可能有其他目的才這樣叫。

到底其目的為何呢？第一次的「喂」屬於正的境界，即常識。但是第二次的「喂」，則是存有懷疑的境界。以往，在一般的心情下飲食、睡眠、步行、工作，在這樣的日常生活中，突然對全體的生活感到疑惑，這就是第二次喚的警惕作用。並不是單純的國師叫「喂」，實際上是透過國師的叫喊達到真實。

例如：真正繪畫出好作品或做出優美作品的藝術家，能體會到自然的喚聲。譬如，描繪阿爾卑斯山或富士山或美好的靜物和人物肖像時。山會向藝術家招喚說，你描繪我吧。

若在第一次喚的一般常識境界中，無法感應其呼喚，只是將眼睛所見的山嶺、靜物和人物，描繪在布上著了顏色罷了。這雖然是繪畫，但還未能融入藝術中。

等到某一天看到山時，感覺山對你招喚，告訴你應如何描繪我，能充分掌握山的呼喚，才能真正描繪山、

靜物、花或風景。能領悟其呼喚的人，才值得稱為天才。天才藝術家須懂得自然的喚聲，換句話說，未懂自然喚聲的藝術家，非偉大的藝術家。

像這般突破普通常識的境界，進入領悟自然喚聲的美術境界，這是屬於第二次被叫「喂」，對應「有」的境地。

僧侶突然想到，這不是普通的喚聲，並不是單純由國師來呼喚他，而是一種真實，透過國師來叫喚自己。那麼何為真實。

這時，聽到第三次喚才知道其真實。第三次叫「喂」，答「有」時，表示侍者的心中真實才能聽到這喚聲。「三喚侍者。侍者三應」的意思即此。

國師接著說，我以為我教導的方法不好，因此三次呼喚你，你還是未知真實。其實相反，實際上因為你怠慢、對不起我，才不知真實。第一次喚你時就應該懂得真實。讓我三喚你，你才懂得，這就是你對不起我。

紀平先生並無仔細解釋三次，但是其著眼點十分有趣，他以哲學的眼光來解釋《無門關》的問題。

但是若以真正的禪或宗教的立場閱讀《無門關》時，解釋又不同了。喚侍者，侍者回應。其回應當中，有的回應愚鈍、有的是真實的回應。師父希望讓弟子懂得真實，稱為慈悲。師父用一生精力，努力使弟子對真實張開眼睛的慈悲心，為這則故事的意思，這是以佛教的立場解釋。

慧忠國師三喚侍者，侍者三應。那麼國師就說：

「我以為我教導無方，因此你不能開悟，而實際上，是你辜負我，你沒認真學習，因此不能開悟。」

接著無門慧開評論說：「國師三喚舌頭墮地。侍者三應。和光吐出。」

第一句為慧忠國師三喚的意思，至於舌頭的頭無意義。舌頭墮地意謂舌爛落下，表示說了不該說的話。國師本來不須喚那麼多次，但他卻喚了三次。其實，有喚無喚真實並不會改變，由於弟子不知真實，所以才會繼續呼喚。

這種種呼喚，如果以哲學立場、文學立場、或困難的經典文字來看，反而難懂，變成多餘的話。也就是說，慧忠國師三喚侍者，表示他說了多餘的話，但是侍者卻回應了三次。

至於「和光」的典故是從《老子》第四章「和光同塵」而來的，使光緩和變成與塵同形態的意思。此處的塵，非一般塵，是指對方的意思。而老子的光指的是緩和自己的光，溶於對方的意思，這才是君子之道。勿強烈主張自我，應壓抑自我，順從對方的意見，與對方保持和平。將和光同塵中的和光取出。

所謂「吐出」，表示將自己的心意表達出來。而「和光吐出」，意謂隨著國師三喚，侍者吐出，到底吐出什麼呢？即吐出其真正的心情。以喚「喂」，回應「有」來表達真意。

「國師年老心孤。按牛頭喫草。」表示慧忠國師年老時感到相當寂寞。所謂按牛頭喫草，是將不想吃草的

牛強行引出，在草原上按牛的頭強迫他吃草，代表牽強想讓對方開悟的意思。但是「侍者未肯承當」，所謂承當，表示接受。侍者在第一次被喚時未能了解這意思，因此還未能對其問題做正確的回應。

「美食不中飽人湌」，是說美味的食物過多，常吃佳餚而感到厭煩的人，即使有山珍海味他也不想吃。

相同的，當慧忠國師一心想使弟子真實開悟，而給予他很多機會，但是經常受慧忠國師慈悲的弟子，未能體悟國師的慈悲，也就是說，喚了一次又一次，弟子仍未開悟。侍者無法如意開悟的情形，好比不論多美味的佳餚在面前，已經滿腹時，根本不會產生食慾。這就是無門的評論。

「且道那裏是他辜負處」，到底這弟子（即侍者）何處辜負慧忠國師呢？現在我們就看看這侍者到底辜負什麼。

「國清才子貴」，天下承平時，較狡猾的人才有出頭之日。「家富小兒嬌」，家境富裕後，孩子會奢侈驕慢。

「國清才子貴」、「家富小兒嬌」都是宋代的諺語，元代時也很盛行。這兩句話意謂慧忠國師的慈悲過度，侍者反而無法理解的意思。國家平和時，才子才能得高位，出生於富裕家庭的孩子會放縱。

只看無門慧開的注釋，好像這位侍者無開悟。至於「國清才子貴。家富小兒嬌」，可看為無門慧開並不是在罵侍者，而是指責讀了這文章還不知意義的我們。

　　頌曰「鐵枷無孔」，表示鐵製的無孔枷鎖，意謂無法做到，太牽強了。本來鐵枷是在鐵盤中打洞，套於囚犯的頸子，一面遊街示眾，使人知其罪行。但是，鐵枷無孔根本無法套於頸子上。

　　「要人擔」，意謂慧忠國師想讓侍者套上無孔的鐵枷。也就是想教對方做無法做到的事。只是喚「喂」，對方回答「有」，這樣怎麼能讓對方知道真實呢？這種教育法太難了。當然，古時禪的教育和現代的教育不同。現代教育太過親切。

　　「累及兒孫不等閑」，表示不親切的教育才是真正的教育。慧忠國師想套上無穴的鐵枷，結果累及兒孫，無法再置之不理。

　　「欲得撐門並挂戶」，意謂支撐門或戶的意思。這門或戶，就是禪所認為家的門或戶。若你想真正支撐禪宗的法門的話。

　　「更須赤腳上刀山」，赤腳是光腳之意。刀山指常在地獄圖中看到刀豎起如樹林般的山，表示光腳爬上山。這是非常痛苦的事。意謂著想真正支撐禪的門戶，應更痛苦修行，否則無法做到，無門慧開以此詩訓誡弟子。

　　結論，師父應對弟子慈悲，弟子須好好報答。無慈悲的師父，非真正的師父。弟子若無好好報答師父的慈悲，就不是真實的弟子。為表達這種意義，才列出這故事，說明嚴教弟子的師父，才是真正有價值的師父。

第十八則　洞山三斤

洞山和尚。因僧問。如何是佛。山云。麻三斤。

【無門曰】

洞山老人參得些蚌蛤禪。纔開兩片。露出肝腸。然雖如是且道。向甚處見洞山。

【頌曰】

突出麻三斤。言親意更親。來說是非者。便是是非人。

【譯解】

生於唐代的江西襄州洞山和尚又稱為洞山守初禪師（西元910～990年）。《無門關》這本書完成約二百年以前。洞山為山名。自古以來，說佛教的都比他人高一等。因此和尚住持的寺在部落的最高處，必然寺廟都有山號，也就是山的名稱，這種傳統變成一種習慣，設在平地的寺廟也有山名。

和尚即僧侶，和表示「以和為尚」。僧侶須常以和做為自己的精神依靠。僧是以和合為第一，但是裝假的和不行。和合與假和合，同為和字，但其內容差距大。

「因僧問」，因指某一天或某一場所。在此所說的僧侶，以其場所意謂弟子，有一天弟子問洞山和尚。

「如何是佛」，佛是什麼呢？這問題很平凡，但非常難回答。

佛教的專門語句由商和量合起來，稱為商量，這個商量的商字，轉化為做生意的商，本為佛教用語。商除了解釋為生意之外，還有春夏秋冬的秋的意思。中國音樂中也有稱為商音的音樂，就像秋季的天空無雲月明亮亮冷冷的，敲打金屬時會發出冷冷的聲音，具有這情調的音律稱為商音。

所謂商量，意謂經過商榷以求合理的結論，表示好好的解釋而討價還價，但討價還價也可用於不好的方面，因此兩方須調合，才是商的境界。

商人思考到底何為商道？何為生意？考慮是否能遵從商道，或已脫離商道做買賣，這樣做生意才有意義。只是物質上的買賣並不合乎商道，因如此一來就失去當商人的意義。還是要透過做買賣，順著人道和調和的精神，做為人的最後目標的商道，才能得到做生意的深刻意義。當然，人生的意義不可一概下定義。

二十多歲時會覺得商道是什麼，到四十多歲也要考慮四十多歲的商道是什麼，到五十多歲反省三十、四十多歲時所考慮的商道，還是很幼稚，這點很重要，過六十年、七十年至死，都要一面考慮，一面做生意。由於如此，才能合於這世界的幸福樂趣。

至於佛教的僧侶也是如此，要做種種的修行，或閱讀有關佛教的書籍。

本來佛為佛陀之意，表示醒悟之人。中國文字中的

佛與陀並無特殊意義。佛教由印度興起的，將古代印度語稱為梵文。在古印度語中有一句 Buddha。Buddha 意謂「目覺之人」。後來印度佛教傳入中國，以中文翻譯，但難以譯成。Buddha 譯音為佛陀。佛的意思是目覺之人，那麼目覺於何處呢？是醒悟於真正的自己。佛字代表自覺之人。

然而，將意思擴展，可將能清醒自覺到真正的自己的自身稱為佛。

釋尊以後，佛教在印度十分發達，有許多學者產生。閱讀《般若心經》，其中有不生不滅的句子。不生是不會產生，不滅是不會滅亡，表示不生不滅。《般若心經》中認為這就是佛的形態。

基督教有不滅的靈根的說法，談到不滅時，相反的意謂著所生的必然會滅亡，這成為佛教的根本原則。因此，生於這世界而存在的，可用眼見、耳聞，但是無生的，眼不見、耳不聞。自可看見不滅的靈根，或聽到不滅的靈根的回應等，都不可能會產生。

稱不滅時，表示不會產生不會滅，但有生必滅。我們到五十年或百年後，現在生存的人除了新生兒之外，其餘都不會存於此世。到底我們從何出生，滅亡到何處呢？互相都不知道。不知從何出生，滅於何處的境界，才是真正的世界，現在我們活五十年、六十年，更長壽為百歲，但這樣的人生不過是假人生而已。

佛教中認為不會生也不滅的世界，是真正的自己。將這種真正的自己稱為佛的生命。

　　這種理論相當複雜，佛教學者為做專門研究而解說。聽說釋迦最後罹患傷寒或食物中毒而死亡，在八十歲入滅時，許多弟子集在周圍與他惜別。其中一位弟子問說，師父你已開悟不滅的靈根，既然如此為何你還會滅呢？

　　這時釋迦對弟子們說，我有三體，稱為佛之三身。其一稱為法身。我的本體是不生不滅，是不會產生也不會滅的佛。將真正的我以形態表現出來稱為報身。這個報身是我的假形態。還有另一種我，須做種種的工作。真正的我用眼見耳聞，或脫離肉體在現實的世界中做各種工作，這就是所謂的我的化身。我擁有法身、報身、化身這三體。現在，於大家面前滅的我是化身的我，但是真正的我是不滅的。

　　釋尊如此回答，聞此話的弟子們感到欣喜，而不再流淚，與釋迦訣別，此故事在《涅槃經》中有記載。

　　後來在佛教界裡，法身成為本體。表示本體之佛是大日如來，象徵報身的阿彌陀佛，表示化身的釋迦牟尼佛。

　　釋迦出生於印度，經歷八十年的人生才圓寂，意謂著化身的釋迦生了八十年而滅的意思，而法身的釋迦無生也無滅，這就稱為佛的三身，佛教學者做種種議論，其實這種議論應屬於佛教哲學的問題。

　　至於禪宗的僧侶，從中國古時以來不會有這麼複雜的議論。只教導說即刻成為法身，自覺自己是真正的自己。在家中也是如此，好比經營學或經濟學的專家做生

意不見得會賺錢。原本學問是多麼深奧,但實際上卻無法運用。

佛教由《大藏經》五千四十餘卷的龐大數目形成經典,將這些全部暗記背誦,解釋文字的意思多麼深奧,並不表示其信仰深。大學佛教學的教授是否能真正的開悟,這不得而知。對於學術上的佛教非常博學,實際上有無開悟,又另當別論。假如完全不懂佛教深奧學問的農婦,在吃飯時心中唸著「南無阿彌陀佛」,在耕種時也唸著「南無阿彌陀佛」,表示這位農婦徹底一貫的唸佛,真正有信仰之心。

實際與學問差距很大。假使讓大學經濟系的教授來經營公司,可能不久就會倒閉。但是我並不是要否定學問,因為學問能做嚴正的理論性批判。平時運用於實際社會活動中,有時會迷惘,不知所措,這時要依靠能做正確批判的學問,才能回歸正道。

雖然學問有批判力,但無實際力。而實際的社會擁有力,但無批判力。使其互補,研究學問與實際,合為一才能更完美。

禪的宗教是屬於重視實際的宗教,非學術上的宗教。因此洞山和尚也以禪僧的立場,對難以回答的「如何是佛」的質問,不加以展開為佛有三身的理論,而以「麻三斤」回答何為佛。這好像牛頭不對馬嘴般莫名其妙,問題和答案不一致。

這個問題多年來宗教家和學者不斷做種種解釋。汎神論者解釋說,本來佛性也存在於麻中,因此洞山和尚

才回答麻三斤。對於「如何是佛」這個問題，禪僧的答案也各不相同，相當有趣。

臨濟禪師問弟子的「如何是佛」，那一瞬間，他的手自然會毆打對方的頭，這是最粗暴的方法。雲門和尚對相同的問題回答說「乾屎橛」。中國古時候沒有紙，只好使用竹橛代替紙，用來擦拭。對佛性的存在用那麼髒的東西來形容。

洞山和尚被問佛為何物時，只回答麻三斤，到底有何含意呢？修行僧們也努力坐禪想參悟這問題，每天清晨四點半左右將答案告訴我，答對時我就說「好」，錯誤時我就說「不行」，因此他們又再度思考，又到我這說答案，這稱為參禪。

宗教學中有記錄泛神論，認為一切東西都有神的存在。因此以麻三斤回答佛為何的問題，也就是說麻三斤中有佛存在，即泛神論。

有一位馬克斯主義唯物論的哲學者，主張佛教是唯物論，因為被問佛為何，而答覆麻，麻是物質，因此物質才是佛，因為物最重要，這種解釋法是最外行的。

無門慧開解釋說——

「洞山老人參得些蚌蛤禪」，蚌蛤就是文蛤。

「纔開兩片。露出肝腸。」文蛤會開口，那時肝腸會露出，意謂一切都會顯露出來。由於洞山和尚回答「麻三斤」，將一切全顯現出來，就是將有關佛的一切全顯露出來。

「然雖如是且道」，表示雖如此說，你們再說說看

吧。

「甚處見洞山」，到底洞山心中怎麼想，才會答覆麻三斤呢？無門慧開和尚只是這樣注釋，但我們仍未能了解洞山的意思。

「頌曰」，所以用詩再仔細注釋。

「突出麻三斤。言親意更親。」質問「如何是佛」的門徒前面伸出麻給他看。言親表示這句話確實親切之意。意更親意謂說出這話的洞山和尚更親切。

洞山和尚說麻三斤，將佛的全貌全表達出來，但聽不懂的人覺得莫名其妙。

「來說是非者。便是是非人。」是非指好壞，有時也表示說人是非之人。

對「如何是佛」的問題，回答「麻三斤」，而加以批評之人，只不過是喜歡搬弄是非之人罷了。無門和尚最後如此下結論。

突然取出麻的洞山和尚，與佛為何有什麼關係呢？追根究底研究麻三斤為何意，可完全超越人的理論。能完全超越人的理論，才能切身知道「如何是佛」的問題，洞山所答覆的「麻三斤」是多麼難能可貴。

那麼，佛教的教示和麻三斤到底有何關聯，追究此問題最重要。疑慮到底追究這問題的自己是如何存在。並且探索追究問題的自己是如何存在，逐漸深入探索，自然而然可醒悟自己的深度是無限的，由於如此才會發現自己就是佛。這則故事就是為此目的列舉的，能真正知其意義，與麻的問題就無關了。

第十九則　平常是道

南泉因趙州問。如何是道。泉云。平常心是道。州云。還可趣向否。泉云。擬向即乖。州云。不擬爭知是道。泉云。道不屬知。不屬不知。知是妄覺。不知是無記。若真達不疑之道。猶如太虛廓然洞豁。豈可強是非也。州於言下頓悟。

【無門曰】

南泉被趙州發問。直得瓦解冰消分疏不下。趙州縱饒悟去。更參三十年始得。

【頌曰】

春有百花秋有月。夏有涼風冬有雪。
若無閑事掛心頭。便是人間好時節。

【譯解】

南泉是南泉山的普願和尚之一，是在《無門關》第十四則的「南泉斬貓」那則出現的南泉普願禪師。南泉普願禪師的高徒是趙州從諗和尚。趙州在第一則的「趙州狗子」已出現，此處不多加說明。和趙州同一時期的著名和尚為臨濟宗的宗祖和臨濟義玄。

中國常言道「趙州的青塔」、「臨濟的白塔」，因唐代這二位英雄對面而居。臨濟的氣風較粗獷，被稱為

臨濟將軍。但是南泉與趙州並沒有像這種禪風，他們是在茶餘飯後的日常生活中說佛法，宗風不同。臨濟和尚所住的臨濟，也有一座白塔，在西方趙州的部落，有座青塔，因此稱其為河北平野的禪之雙雄。

「南泉因趙州問。如何是道。泉云。平常心是道。」弟子趙州問南泉說：「道是怎樣的呢？」南泉回答：「日常心態為道。」

有關趙州尋問的道，我們研究看看。有句話說「只行人行道，可達到花山」，表示春季時隨著人群走過的道路走，可看到開滿花的山。這時的道為道路，可說是人生之道。

至於中國，尚有如道教所稱的「天地的大道」，意謂天地中的一種理法，認為天地宇宙、自然大道，非人類微渺的智慧可察覺或操縱。愚昧的小智或才覺應捨棄，一切順從天地的大道，而加以享樂者，才是聖人的思想。又有句話說「虛靜恬淡為道」，不被一切所拘束，而過著逍遙自在的生活。以上為道教所稱的道，乃「無為自然」，因此這個道非常漠然。

儒教方面，將大道做為具體的德目。例如：「誠為天道也，誠者為人道也」，將誠分為五種，為「仁義禮智信」。施予仁愛為仁，一切事情皆合情理為義，遇人要有禮貌為禮，知曉一切為智，互相信賴為信。即孔子、孟子主張的儒教，這儒教一直成為國家道德的基準。

那麼，究竟佛教之道為何呢？紀元前四五〇年左右，釋迦初次在大雪山麓轉法輪時，他說了四諦八正道

的教示。四諦是苦集滅道，世間的苦集在一起，加以滅之後才可得到開悟的世界，為得開悟的世界有其道（方法），這種為道諦，由於苦、集、滅、道，因此有四諦。至於如何滅人間的苦，可依靠八正道。

起初要正確看這世界，這為正見道。須有正直的思考，叫做正念。常說正確的話，稱為正語。絕對不做惡，即為正業。過正確的生活態度，叫做正命。正確努力，稱為正精進。當然，在錯誤的道上，無論多努力，也無法到達目的地，也就是說應正確的坐禪修行。

除此之外，八正道還有正思惟（決意）、正定（冥想），這都是以使用方便之道。趙州所問的道，非使用方便之道。

佛教有句話「信以道，道是自性清淨心」，因此所謂的道，與佛性和一心同義，更簡單的說，道是人間的本源之心。

趙州這麼問，南泉回答「平常心是道」，就是「日常的心態為道」。坐、立、眠、起，或春天花開，秋天散落，這種日常生活中的平常心才是本源的心，也就是道，南泉這樣回答。但是，當時仍在修行的趙州，無法體會，因此開始問出較複雜的理論。

「州云。還可趣向否。」他再次問，您說日常的喝茶喫飯為道，那麼如何修行才可達到天地的大道，如何修行才能了解。所謂趣向是規定、決定的目的，下次決心邁進之意。

「泉云。擬向即乖。」南泉認為修行可知道或不知

道等，以愚人之心計量，大道會愈來愈離開你，勿以人類的小智衡量。若只是想改變飲食方法，合乎修行，或言行改變，配合修行……，大道會逐漸遠離。

以上的想法錯誤。脫鞋時弄整齊，食飯時熱衷吃飯，才是大道。做生意時專心做生意，這就是大道。一面工作，一面心中擔心無坐禪、自己不能修行，這種不好的想法就是「擬向即乖」之意。趙州啊，大道只在你的腳下而已，南泉如此說著。

「州云。不擬爭知是道。」趙州又再問，您說有平常心就好，但我問何為道？有疑惑之心才會有修行的慾望。這句話充分表達還未脫離用理論了解道的趙州的心情。

「泉云。道不屬知。不屬不知。知是妄覺。不知是無記。」南泉再度答覆趙州的問題。天地的大道非以人類的頭腦可了解的，但也不是絕對不可了解的。因此，那是你本來擁有的心，不可言亦不可知。妄覺是煩惱與妄想，人的智慧和才覺也不過是煩惱。

與這話有關聯的故事，此舉一例說明：有個農夫他是道教思想家，因此耕種時不使用耕耘機，也不施人工肥料，雜草也不拔除，只是播種、灌水而已。順應天地的大道，結果長出米來，這就是天地無為的狀態。朋友認為「這種生活方式相當有趣，可是現在是工業化的社會，還能過這種生活嗎？」這位農夫好比過著仙人般的生活。

農夫所努力的農業形態不同，依靠知識、才覺、理

論衡量的傾向，就是現成的潮流。由人的理性所創造的
工業技術和科學，以大自然的大道來看，是很微渺的。
只是南泉所說的「妄覺」狀態罷了。也許這麼說各位會
反駁，認為人類受技術和科學的恩惠很大，排斥為妄覺
的話，會回到原始生活的情形，這是極為當然的。若什
麼都不知道就稱為「頑空無記」。我並不是認為完全不
須技術和科學，而是主張技術和自然應該平衡。

　　南泉說「不知是無記」，普通的知可說是妄想，但
是不知就是愚鈍。

　　「若真達不疑之道。猶如太虛廓然洞豁。豈可強
是非也。」已達到確實無誤的大道時，認為大道是什麼
呢？打開蓋子一看，結果只是「廓然洞豁」，空洞無一
物。因此爭論何為對、何為錯，結果都只是一片虛無。

　　「廓然洞豁」，表示空洞無一物之意。認真坐禪欲
知自己的本來之心，經過五年、十年，結果發現本來之
心是空洞無一物，因此無法說我們的心是何種狀態。南
泉非常懇切，含飴弄孫般的口氣，回答趙州的理論。

　　「州於言下頓悟」，能仔細聽說教，趙州才「言下
頓悟」，也就是恍然大悟。

　　日本劍豪宮本武藏說過，劍的深奧在於「平常心是
道」。劍道練習不只是拿著竹刀在道場中互相揮打，日
常的起居、步行、坐臥及一切，都是劍的訓練，宮本武
藏這麼主張。

　　無論在那一朝代，真正的專業者，平常無事時，自
己的工作也不會離開自己的念頭。例如：禪僧見月就思

憚,見花也思憚。有句話說「大道無心、初合於人。人無心,初合於道。」在此叮嚀一次,所謂無心,並非完全無意識之意,而是雖然意識清楚,但完全是雕蟲小技的意識狀態。現在舉一例說明。

我們走過十字路口時,為避免被車撞,十分注意跑到對面,這就是無心的境地。若在過馬路途中,除了注意車之外,還有雜念存在心中,將會如何呢?十分危險啊。同時,日常生活中的劍道、詩道、禪道,就像「不忘不想的狀態」。

無門慧開對本則的批評如下——

無門曰:「南泉被趙州發問。直得瓦解冰消分疏不下。趙州縱饒悟去。更參三十年始得。」瓦解冰消顧名思義,瓦是崩潰如碎片,如冰消的狀態。分疏不下,本來意謂水溝阻塞,水流不順暢,後來轉變為不可加以辯駁的意思。無門說:「南泉被弟子趙州所追根究底,如磚瓦崩潰,如冰消逝,一切都崩潰無法說明。」

雖如此說,但無門並非責罵南泉。在禪的世界中意思剛好相反,認為「不愧是南泉,能答出平常心是道這句話,相當了不起」。

但是無門對趙州的態度較嚴格,他批評說:「趙州雖然能開悟,但是就我的立場看來,他還須參禪三十年,否則無法成器。」

無門好像若無其事的說這句話——三十年,修行的年月似乎過長,其實這句話主要強調,能真正達到南泉所說的「平常心是道」的境地,還須修行很久的意思。

「欲知平常之道，非順其自然，如行舟須撐竿，如策馬須加笞。」要使舟行到目的地，須用竿操作。欲使馬迅速奔跑，在賽馬時獲勝，須用鞭子驅使。表示日常的修行最重要。

使修行變得非常熟悉，成為日常生活的一部分，才能真實達到「平常心是道」，也就是不疑之道。

無門以優美的詩句表現此境地——

頌曰：「春有百花秋有月。夏有涼風冬有雪。若無閑事掛心頭。便是人間好時節。」

春季花開撩亂、秋月、夏的涼風、冬的雪、天地的運行，確實無心無意。努力修行才能達到秋季滿月跨在東山上空般的無心境地，這才是不疑之大道。

這種世界就是「若無閑事掛心頭」，意即勿掛心雜事，便可達成「便是人間好時節」的境界。

「無閑事掛心頭」是現代人特別需要的。現代社會愈來愈複雜多歧，惱人的事也隨之增多。禪常說「使用頭，勿使用氣」，表示對於無聊之士氣惱無用，應用頭惱解決難題才對。

當然，禪常會出現突破常識的言行。例如：丹霞天然和尚在總堂的佛壇，脫下木佛加以焚燒取暖。若只是取這行為當成禪的本義，那就大錯特錯了。

有些禪僧見到人故意大聲喝一聲，或給予一棒，以為這才是禪的愚僧不少。其實，禪若沒和世俗的常識或理性一致，不能說合於現代的禪。有位法律學者說「法律就是常識」，他說的很有道理。以常識的立場看來，

在法理論上不論多麼正確,若行為不良的話,其法律就錯誤。以常識判斷是正確的,在法律上看來也應是正確才對。稱為常識的現實世界不可脫離法律。

若禪違背世俗的常識,則非真禪。常識的世界即平常的世界。常識界中認為惡的,禪的世界不會認為是善的。將禪界以平常世界中的「著衣喫飯」與「行住坐臥」來表現,表示在禪的道場中非常重視人的日常行為。例如:脫鞋後要排整齊、掃地時不可不掃角落、走路時不可托著鞋走,有許多規定,對平常的行為非常細心注意。

這也是禪修行的一種。絕不可裝作很華美,物常保清潔才重要。這些說法和世間的常識完全一致。

禪堂、食堂、浴堂合稱為三默堂,在那裡不可互相交談,常有奇言壯語者非禪僧。沉默被重視,饒舌被忌諱。說話要簡單明快,饒舌最為禪所排斥。

像這般禪如此重視日常的小事,因為不捨小事,則無法成就大事。日常的細節累積才能成就大事。自己平常的細節都做不好如何做大事呢?一切事情的中心是自己,自己之心不平和者,欲使世界平和,無異是空談。

平常一舉手一投足都能細心注意的就是禪,這可成為常識的世界的規範。有時禪僧會有突然脫離常識的言行舉止,但這是對於只執著常識的世界,迷失於真實的人,使其消除迷妄的手段而已,非禪的本義。平常的生活最重要,時常日頃覺悟加以留意,不須特別覺悟,這就是「平常心是道」的意義。

第二十則　大力量人

松源和尚云。大力量人因甚抬腳不起。又云。開口不在舌頭上。

【無門曰】

松源可謂。傾腸倒腹。只是欠人承當。縱饒直下承當。正好來無門處喫痛棒。何故。聻要識真金。火裏看。

【頌曰】

抬腳踏翻香水海。低頭俯視四禪天。一個渾身無處著。請續一句。

【譯解】

松源為明代高僧，松源崇嶽禪師（西元 1132～1202 年），俗姓吳，處州龍泉（今屬浙江），為臨濟宗十四世孫。聽說其師父為密庵咸傑禪師，在松源崇嶽禪師之後的是運菴普巖禪師、虛堂智愚禪師。這位虛堂智愚禪師，將應燈關的禪傳到日本，成為大應國師。

在《無門關》四十八則中出現的祖師當中最新的人，與無門慧開同時代。松源崇嶽禪師享年五十二歲，聽說無門慧開二十歲時就是修行禪。在杭州靈隱寺當住持，嗣承臨濟義玄的法，現在日本的臨濟禪乃繼承松源

禪師的法。

臨濟宗回溯本源，最後達到唐代的馬祖道一禪師。從六祖傳襲給南嶽懷讓、馬祖道一，自馬祖道一的時代以來，禪又分為數派。但其派系到了松源崇嶽清楚劃分為二派，一為臨濟系的禪，另一為曹洞系的禪。

曹洞系的禪又稱為默照禪，其方式為默默坐禪。認為坐禪就是成佛，因此稱為坐一寸成為一寸佛，坐一尺成為一尺佛，打坐就是成佛的想法，成為曹洞宗的基本原則，又稱為寂靜主義。

但臨濟系的禪，並不是只靜坐就可為禪。日常的言行中須有禪，在行住、坐臥的生活中須有禪的境地。只是坐禪時成佛非真實的大乘佛教，這是臨濟系禪的想法。

前面第十九則的「平常心是道」也是根據這種想法而來。禪要運用於生活之中，若只是坐禪時成佛，只不過是小乘佛教的想法。

寂靜主義和行住坐臥主義的思想成為二股流派，成為南宋時中國的禪、佛教二種主流。其中之一是道元帶回日本的曹洞禪。

現在的臨濟系禪，本來由明庵榮西傳回日本。但是，實際上現在傳的日本禪，稱為應燈關，是由大應國師從中國帶回去的。其後由大燈國師、關山國師傳襲後世。了解了如此的歷史背景，才能明白這則故事的用意。

「松源和尚云。大力量人因甚抬腳不起。」大力量

表示非常有力的意思，任何重物都可依靠自己的力量抬起來的人，即為大力量人。照文字表面看來，自己卻無法抬起自己。

在三寶院，元旦時會舉行抬起大年糕的比賽，較量誰的力量大，但是在此活動中得勝者，自己卻無法抬起自己，為什麼呢？這個疑問十分有趣，不過這只不過是字面上的意思罷了，並沒有談及大力士的情形，只是說到有力之人。

因坐禪的緣故可得禪定力。所謂禪定力並非以劍道比賽分勝負，或相撲決定勝負的力量。禪定的定，意謂安定平衡之意。由於坐禪才可得真正的安定力。

坐禪時，雖然自己訓練集中自己的精神，但當禪師拿著警策通過自己身旁時，那一瞬間集中的精神會散漫。其實不論警策是否通過自己身邊，在燒一柱香的時間中，努力使精神集中才是最重要的。光是挺直背脊而坐禪無用，徒費時間而已。進入禪堂，依靠自己的意志集中精神參禪，才不會影響他人。

要立志持續數日訓練自己集中精神，自然可得一種安定的精神力，這種安定力稱為禪定力。

結果寂靜主義與生活禪之間會形成對立。只依靠坐禪得安定是沒有用的。在行住坐臥中，坐時才有禪定力，但這並無何意義，只是做為基礎而已。將基礎擴展到住、臥的境界，才有意義。能將禪定力運用於日常生活中的一切言行，無論發生何事，自己皆可平靜安定，這才是禪的終極目的。

　　因此，大力量的人是意謂得禪定力的人，抬起腳意謂從坐的姿式站起來之意。從坐站起來表示從坐禪的世界站立的意思。努力精進坐禪而得禪定力的人，為何在日常生活中，無法運用禪定力呢？這句話是松源和尚在背地裡對寂靜主義所做的一種批判。

　　「又云。開口不在舌頭上。」這種方式稱為松源的三轉語，當時松源和尚常對弟子們做三種質問，本則介紹其中二種。第一是「大力量人因甚抬腳不起」，第二是「開口不在舌頭上」，第三是「明眼人因甚麼腳下紅絲線不斷」。腳下就是足邊。足下的紅絲線意謂足邊有紅絲，也就是人的血液。人為何無法斷絕血液呢？更具體的以佛教語言來說，血液意謂迷妄或煩惱。表示人有煩惱會扯人的後腳。

　　坐禪並能明瞭佛法的人，為何還無法斷絕迷妄呢？能斷絕迷妄的人，稱為悟人。消除迷妄進入悟的世界之後，會受到悟的阻礙，等進入佛的世界後又會被佛所束縛。因此臨濟禪師才說「逢佛殺佛，逢祖殺祖」，佛與祖皆殺，不為其所拘束，才可得到真佛的境界。臨濟禪師如此教導弟子，臨濟的高孫弟子松源和尚，也繼承其教法。所以第三個問題就是意謂，既然已開悟，為何無法斷絕迷妄呢？

　　這三個問題與寂靜主義的想法對立，表示禪運用於日常生活中才是最重要的。

　　由馬祖道一傳給臨濟禪師、松源的禪，基本上為不立文字、教外別傳。所謂不立文字是不依賴文字或語

言，另一個含意是真實無法用文字或語言來表達。

讀《涅槃經》，釋尊在四十九年期間縱橫說佛法，聽說他縱橫說真實，說了三百六十四回。在最後期間說了「一字不說」，也就是我對真實一字都沒說出來。至於「一字不說」，有不說和不能說之意。本來語言成為文字的記號，因此文字無法表現真實。這就是禪和大乘佛教的傳統概念，成為其思想，中國的禪僧達繼承了這種思想，以不立文字來表現。

但是，並非無視於文字或語言，因此禪書比其他各宗派、佛教與其他宗派更多。例如：《碧巖錄》、《臨濟錄》、《無門關》、《祖堂集》、《五燈會元》、《趙州錄》等數本禪書，不勝枚舉。並非不立文字，也非教外別傳，因此在禪的世界中是非常重要的。

曾有過宗教的體驗，努力想將體驗留下於記錄，這是從古以來中國的禪僧達所傳襲的。禪悟一種體驗時，中國的禪僧達都不忘在感慨中寫成一首詩。將這種境界託付於詩，累積後形成像《碧巖錄》般優美的禪文學，或成為像《無門關》般一冊冊的禪書。雖是教外別傳，但另一方面卻成為無限的語錄或《碧巖錄》、《無門關》，表示禪僧並無忽視文字或語言。

所謂開口，表示將語言做為記號的文字。文字或語言非舌頭上的。舌頭的頭字無意義。非舌上也不是從口中說出。本來語言是很不可思議的，無論在東方或歐洲各國都有語言起源論，學者們議論不止。

例如：中世紀歐洲的語言學者，認為語言是神授予

的。例如：在此有一隻名為牛的動物，假如這動物會發出哞聲，那麼人們若稱牠為哞，一點也不足為奇，認為是以動物的鳴聲命名而已。但實際上我們卻稱牛為牛，而不稱哞，為何有牛呢？羊會發出咩的叫聲，如果我們不稱牠為羊而稱咩，馬上可判定是從擬聲音命名的。實際上我們卻無稱牠為咩而稱羊，原因何在呢？語言的起源真是不可思議。

近代有對抗語言神授說的思想產生，認為語言非神授。語言是人類擁有的，雖然犬馬也有語言，但無秩序和文法。只有人類的語言有文法，表示人類具有理性。語言非神授，而是人類依靠理性創造的。亦有人主張語言契約說，認為人依理性假定為一種契約，許多語言才因此證實。

哲學家凱西勒主張，不能以語言表達的不會存在。表示有一種事實存在，為表現這事實必有語言產生。無語言時，表示無那種事實，這就是凱西勒的認識論。

但是閱讀《楞伽經》可發現解釋語言的說法完全不同。有時無那種事實存在，卻有語言產生。例如：兔角龜毛這句話，實際上兔無角、龜無毛。雖然無角無毛，可是卻有這樣的句子存在，表示事實和語言並無必然的連貫性。這種思想才是東方對語言的想法，有時是有名無實，只有名而無實，無內容而有名稱。

《楞伽經》中記載，語言是由口、喉、唇等連貫形成的，本來並無存在。無法將事實百分之百傳達是佛教的概念，因此在禪界中有不立文字這句話。可是心中所

思考、見到的事實體驗會被表現為語言，因此雖說不立文字，卻不可捨棄語言，語言還是很重要的。

禪界一方面主張不立文字，另一方面又認為語言相當重要。所以被認為語言有活句和死句之分，重視禪的人須說活句，不可說死句，這就是「開口不在舌頭上」之意。

松源和尚第一句說，為何只坐禪而在生活中不行禪。二句說雖然不立文字，但語言非常重要，勿以為語言文字不重要而捨棄。

雖然在本則沒有出現，但在《續傳燈錄》中的第三句說「明眼人，因甚麼腳下紅絲線不斷」，表示為何不斷絕迷妄呢？如剛才所說，坐禪而不斷去一切迷妄得開悟的境界，接下來其開悟又成為迷妄的原因，為何沒有將開悟的迷妄斷絕呢？意思正是如此。

無門慧開批評說「松源可謂。傾腸倒腹。」所謂傾腸倒腹，表示將一切所想的說出來，顯示松源和尚將心中所想的都說出來。

「只是欠人承當」，承當是撞、碰的意思，聽到這句話無人能由衷接受了解其意，然後又說：

「縱饒直下承當。正好來無門處喫痛棒。」表示假使在當場有人說，我知道了，他若到我這來，我會給他一棒痛擊。

「何故」，為什麼呢？「薺」意謂活該。「要識真金。火裏看。」表示要識別真正的金或鍍金，須用火燒過才知道。若是鍍金就會溶化，若是真金就不怕火燒，

所謂真金不怕火煉。即使松源和尚這麼說，其弟子能回答原來如此，在無門看來都是假的非真悟。因為僅以頭理解還不行，須由衷真正了解才行。意謂在行住坐臥中真正運用禪定力。在無門能清楚看出來，這人想以文字或語言說禪，但是不使他自己的生活順從禪，表示他是假冒的。其外貌及穿著端正，挺直坐禪，但腦中卻有妄想，這種坐禪方式就是假坐禪，非真正的坐禪。現在無門要檢查看看。

頌曰：「抬腳踏翻香水海。低頭俯視四禪天。」

所謂香水海，指的是八海九山，當時的古印度宇宙論認為有八個海九座山。八海中的一海即香水海。無門慧開說，若是我，我要抬起我大力量的腳，踢倒大海洋。站立時，我是一位大巨人，因此會衝破四禪天，四禪天在遙遠的自己的腳下，表示超越一切的意思。所謂四禪天，代表在坐禪時能達到最高天堂中四個想像的世界。

像這樣的大巨人是「一個渾身無處著」。表示像這樣的大巨人，世間無他棲身之處。最後的這句結論還不足以表達其意義，你們想想下一句怎樣說較好。

「請續一句」，表示請連接下一句。

真正有力量的人，從禪界中站起時可踢倒香水海，俯視四禪天。像這樣的大巨人是怎樣的人呢？你們再續一句看看，本則到此結束。

第二十一則　雲門屎橛

雲門因僧問。如何是佛。門云乾屎橛。

【無門曰】

雲門可謂。家貧難辦素食。事忙不及草書。動便將屎橛來。撐門拄戶。佛法興衰可見。

【頌曰】

閃電光。擊石火。眨得眼。已蹉過。

【譯解】

第十五則已介紹過雲門，雲門文偃這個人被稱為雲門一字禪或雲門三字禪般，很會運用活句。在禪門界裏非常注重短的語句，能以最適當的語句表達其意，就稱為活句，冗長而無內容就稱為死句。

雖說不立文字，但並不是絕不使用文字，而是使用文字說語言時，須說最得要領的語句。雲門特別擅長說這樣的活句，從《雲門語錄》中就可發現他令人讚佩的說法，本則出現的「乾屎橛」就是最佳例證。

「雲門因僧問。如何是佛。」表示佛到底是怎樣的存在呢？「如何是祖師西來之意」、「如何是佛法的大意」、「如何是佛」，這些都是初學者必然會問的問題。

佛究竟是如何存在呢？這個問題難以答覆，對佛教

徒而言，佛是如何存在的問題產生，表示以這問題為出
發點，開始信仰佛教。學習佛教，只聽佛教學或禪學的
講義還不夠，須坐禪修行。到專門道場坐禪修行，經過
三年、五年、十年，想了解如何是佛仍然很不容易。

只知佛的原理或佛的一部分，無法知其全體。雖然
在專門道場修得佛的原則，但能依靠這個原則完全了解
佛的存在，實在非常困難，因此想百分之百明瞭佛為
何？簡直難上加難。

有些人到臨終時才發現佛原來就是如此，其實自己
的一生都在使用佛，終身受用不盡。從年輕時就開始研
究如何是佛，到七、八十歲臨死之前，都在研究如何是
佛的問題，這就是佛教徒。若在二十二、三歲就知道佛
為何，就可不必再當佛教徒，可將佛教捨棄。因不知道
佛為何，才會一生修行，終身努力精進，以此看來，如
何是佛這問題不僅是研究佛教的出發點，更是其終點。

歷史有開始有結束，但佛教的研究無開始無結束，
因為開始即結束。

意謂開始非開始，結束非結束，可說是無始無終。
因此，無始無終的境界是超越有始有終的歷史世界。像
這樣困難的問題，雲門文偃做這樣的回答。

「門云乾屎橛」，乾是乾燥，尿是糞的意思，橛指
竹片。以乾燥的竹片挖糞即為乾屎橛，對於乾屎橛的解
說紛紜，因此其真正的意義很難知曉。也有人說可能是
犬或貓在路邊所排出的像挖糞便般乾乾的乾屎橛。

有人說，乾屎橛是中國古代的人排糞後，因為無擦

拭的紙，所以在茅坑的砂堆中插上薄薄的竹片，排糞後以竹片代替紙，將自己的肛門擦乾淨，用過後再將竹片插入砂堆中，使用砂刷竹片，以便讓下一個人使用。將這種竹片稱為乾屎橛。

　　無論任何說法，乾屎橛都是很不衛生的。有人問佛為何，雲門文偃回答挖糞的竹片，這也有骯髒的意思。

　　《臨濟錄》中所寫的「赤肉團上有一無位的真人，常從汝等諸人之面門出入，還未證據者看看」，在五尺高的肉體上位，有位真正無位的人，沒看見的人好好看看。「無位的真人，是什麼的乾屎橛」，這無位的真人好像乾屎橛一般，說完臨濟禪師就回到房間，《臨濟錄》中有此記載。

　　以前，乾屎橛和禪僧好像有密切關係，有人問及最尊貴存在的佛是什麼時，雲門文偃回答乾屎橛，這就是他善於使用活句的例子，一般人很難想到這種用詞，相當與眾不同。

　　英國的學者布萊斯將《無門關》翻譯為英文。他為雲門所說的乾屎橛作注釋也相當好玩。

　　歐洲有句著名的格言「我家是城堡，城堡非我家」，說的很有道理。本來自己的家如自己的城堡，但城堡卻不是自己的家。的確，宮殿等城堡非自己的家，其含意為何？確實，佛可用乾屎橛這句話來表示。佛即乾屎橛，但乾屎橛非佛。挖糞非佛，糞是污物罷了。雲門和尚以乾屎橛回答如何是佛的問題，表示太過執著於佛，反為佛所束縛，若被束縛，起初要認真研究佛為

何？勿因被佛束縛而束手無策。因被佛束縛，當然無法開悟佛的世界，但若一直往下追究，逐漸可明白佛本來無一物，無一物才是真佛的境地。為了有所理解，須先求佛為何？認為佛本無一物，而起初就不加以研究的話，無法獲得確實的信心。

如果從未從事神的研究，不知神為何，而主張自己是無神論者，那就不通了。所以，要確實了解無神論，須徹底研究神。為要真正成為無佛論者，須徹底研究佛，經過研究才能體會無佛才是真佛的境界。這種想法才可稱為絕對無神論。

本來一切都不存在才稱為佛，也就是本來的自己，因此問如何是佛時，實際上只是自己在尋問本來的自己而已。錯解為佛與神在自己的外界，認為佛神難能可貴，可寄託。以為依賴神的力量可帶來幸福的想法，會使自己離佛的世界的想法愈來愈遠。禪僧不應處在這樣的境地，因此須將這些束縛完全解開。

唸「南無阿彌陀佛」，歸依阿彌陀佛，其實阿彌陀佛是本來的自己而已，表示自己要依靠自己的力量。唯佛、與佛意思就是這樣。除了本來的自己之外，無其他的佛存在。大日如來、文殊菩薩、觀世音菩薩這些名稱，是為了方便假定這些名稱來稱呼本來的自己而已。

並不是自己的外界有神，自己就是神。

因此錯解為自己的外界有神的那位僧侶，雲門回答他說，乾屎橛是無用之物，且有惡臭，如此斬掉執著於神的想法，就是乾屎橛問答的含意。

對於這情形，無門慧開說——

「雲門可謂。家貧難辨素食。事忙不及草書。」對於雲門我們可如此說，由於其家貧困，因此根本不可能嫌魚、肉不好，反正有得吃就吃。同時，他十分忙碌，以致於要寫專稿，都沒有時間先寫底稿。

現在是民安國泰的時代，物質變得非常豐盛，因此人人皆有好惡，只挑自己喜愛的食物，不喜歡的就不吃。但是二次大戰剛結束時，雜貨店和食品店都空無一物，所須之物都買不到，不論什麼食物都要接受，偏食的話就無法生存。這種狀況就是「家貧難辨素食」。為表示瀕臨的困境，無門才說「家貧難辨素食，事忙不及草書」。雲門文偃陷入困境，被問佛為何時，也許他正想排糞，身旁找不到恰當之物做比喻，於是不得不以自己手上的竹片，回答說「乾屎橛」也說不定。

「動便將屎橛來。撐門拄戶。」撐門拄戶意謂要支撐家的門戶，怕颱風來臨時被吹倒，因此用竹或木支撐門戶。所謂門戶，非普通的家，而是表示禪宗快要倒了。

入唐日記是比叡山的最澄到中國時所做的記載，當時有臨濟、德山等偉大的和尚。他到天台山途中，住在中國的禪寺時批評說，中國全土有禪寺，但任何一寺中，都少見禪僧坐禪，都在打瞌睡而已。這種情形古今皆同，據推測無門慧開和雲門文偃的時代也是如此。

雲門文偃使用乾屎橛勉強加以支撐住將要倒下的禪家。「佛法興衰可見」，這句話確實很簡單，並非語言

曲折、教義深遠、寓意難懂，優美的語言。這就是不立
文字、教外別傳又復活於文字。但是，自雲門以後重視
語言的精神變質，最後變成排列美麗辭句的詩，《碧巖
錄》即如此。不過，這時的情況還算好，以後的禪僧都
不坐禪，而專心作詩。雖然可寫出優美的詩，但禪心已
完全不存在，這就是文化所背負的命運。

其實，任何時代都會有墮落興起的情形，由於雲門
文偃禪師勉強用乾屎橛支撐將墮落的禪門，因此禪的佛
法才得以延續到今日。

頌曰：「閃電火。擊石火。眨得眼。已蹉過。」閃
電光意謂閃電發光。擊石火表示石頭與石頭摩擦產生火
花，火花象徵迅速。眨是眨眼之意，蹉過指擦身而過，
表示在眨眼之間或稍微思考時已擦身而過的意思，即和
真實擦身而過，表示很快、速戰速決的意思。

主張不立文字、教外別傳的禪界，不行複雜的教義
問答，而在各場合中以速戰速決的方式問答商量。這好
像劍道高手互相手持一劍相戰般，一有機可乘，馬上擊
劍過來，其局勢如閃電光、擊石火，禪界必須以此進行
機鋒之爭。

「如何是佛」、「乾屎橛」，一秒之幾萬分之一
就可解決，在還沒說完「如何是佛」之前，須先回答
「乾屎橛」，這就是「閃電光。擊石火。眨得眼。已蹉
過。」之意，這種情況稱為禪機、機鋒。

本來這是華嚴哲學的一種思想，稱為華嚴的四法
界，分為四種境界，華嚴學者來說明佛教的教義，四法

界的最後一界是「事事無礙法界」，是對方和自己合一的世界。對於「如何是佛」與「乾屎橛」的對談，到底佛為乾屎橛，還是乾屎橛為佛呢？其實佛和乾屎橛之間已無隔閡，並無區別說，這邊是佛很可貴，這邊是乾屎橛很污穢。

因為佛即乾屎橛，佛與乾屎橛合為一體才是真正的自己。因此佛是乾屎橛，乾屎橛是自己，自己為佛，佛為自己，自己為乾屎橛，乾屎橛為自己。所以，佛即乾屎橛即自己。在這當中也無問者與答者之分，故問者如同答者，在這種情形之下，並無往來的時間，也無先問後答的差距。這種世界為「事事無礙法界」的世界，賓主互換的世界。

本來的自己為佛、佛為乾屎橛、乾屎橛為自己的一體世界，以哲學的觀點看來，華嚴的哲學就產生了。

這種世界以詩文的形式描寫，就會產生優美的碧巖詩般的詩句，因此從禪也會誕生出詩和哲學，但是從詩或哲學無法產生禪。佛的世界能以乾屎橛表達，但不可說乾屎橛是佛。我家可稱為城堡，但城堡不可稱為我家。倒過來意義就不同，像這樣的問答就是「雲門因僧問『如何是佛』。門云『乾屎橛』」。

有一次，雲門被問「如何是佛」，他回答說「麻三斤」，這聽起來較沒有那麼污穢。

有時人問「如何是佛」，他回答「花藥欄」，所謂花藥欄，表示牡丹、芍藥的花正盛開，很美的世界為佛，將佛的世界以自在的用於舌頭上的語言表現出來。

第二十二則　迦葉刹竿

迦葉因阿難問云。世尊傳金襴袈裟外。別傳何物。葉喚云。阿難。難應諾。葉云。倒卻門前刹竿著。

【無門曰】

若向者裏下得一轉語。親切便見靈山一會儼然未散。其或未然。毘婆尸佛早留心。直至而今不得妙。

【頌曰】

問處何如答處親。幾人於此眼生筋。
兄呼弟應揚家醜。不屬陰陽別是春。

【譯解】

阿難又稱阿難陀，尼泊爾迦毗羅衛人，梵語「阿難」，譯曰「喜慶」、「歡喜」又云「無染」。生於西元前四六三年，是西天禪宗第二祖，即釋迦的弟子。在《佛說阿難經》的經典中，有詳細敘述阿難尊者的事情，本則引用釋迦和弟子問答經典中的一章。

迦葉在「第六則世尊拈花」中已介紹過，那一則中有說明，釋迦在靈鷲山的法會說法時，手持一枝金波羅華給眾僧侶們看，這時，大家都沉默無語，只有迦葉一人微微笑著，釋迦就說：「吾正法眼藏，涅槃妙心，實相無相，有微妙之法門，不立文字，教外別傳，咐囑摩

訶迦葉。」

　　釋迦說他要將自己所擁有的佛法、教示全部傳給迦葉，釋迦明白表示，佛教的始祖是他，第二代祖師為迦葉尊者。

　　這位迦葉尊者，又將佛法讓渡給第三代祖師阿難尊者，第二十二則的內容即是如此。

　　迦葉是釋迦十大弟子之一，被稱為頭陀第一的尊者，所謂頭陀是修治苦行、少慾知足的意思。本來迦葉是一位武士，結婚十三年後對於世間的一切感覺無常，於是夫妻一起成為釋迦的弟子，一直嚴守戒律。

　　少慾知足就是慾望少、知滿足之意，跟現在的人完全相反。剩餘之物其實一切皆無，像這樣少慾知足的生活，成為禪僧生活的基本原則，稱這種修行方式為頭陀行。實踐頭陀行最出類拔萃的弟子就是迦葉尊者，從拈花微笑的故事中，就可知道他是佛教弟子中頭腦最好的。

　　阿難尊者是釋迦的十大弟子之一，被稱為多聞第一。多聞表示多聽聞之意，釋迦在世的印度時代，雖有文字或語言，但印刷技術尚未發明。紀元前四百年，即釋迦圓寂後五十年左右，才有梵文文法的成立，在那以前有一些文字，但沒文章。因此釋迦在說法時，腦筋好的人將他說的全部記下來，將記下來的內容寫成文章，記憶時須有節奏的暗記。

　　其實基督教的聖經也是如此，佛教的經典中有偈，採詩的體裁，使其有節奏感，還是為了容易記誦為目的

而形成的形態。歌手能將詞背出來而唱出，是因為有一定的節奏，歌詞才容易記。其實，記憶力不強的人，可用歌的形態幫助記憶。由此可知，詩大體上是從宗教所發生出來。

阿難尊者的記憶力強，在第六則「世尊拈花」中已說過，釋迦在世時，他隨侍於側二十年，但是並未開悟。迦葉為師弟，阿難為師兄。

「迦葉因阿難問云」，表示有一天阿難詢問迦葉。

「世尊傳金襴袈裟外。別傳何物。」傳承佛法之際，為證明自己已將佛法傳給弟子，因此要傳袈裟。可是當時是否真如此做不得而知。

袈裟是僧侶們在寺中舉行儀式時穿的，穿在右上肩。在佛教興起的印度，有許多人在身上披裹著紗麗，露出右肩。當時印度有許多宗教，可依紗麗的顏色辨別宗派，黃色為佛教徒，紅色為吠陀徒，藍色為耆那教等。

紀元後，印度的佛教傳入中國，當時中國的佛教徒僧侶，模仿印度僧侶在身上披裹紗麗。在亞熱帶整年暖和的印度，露出一肩也不會感冒，但中國的北部相當寒冷，因此不適於如此穿著，將紗麗裹在身上，表示我是佛教徒，是將一條寬布的兩端，用環連結穿上去。

本來袈裟就是印度語的kasaya的譯音，是將大小的布縫合而成的。本來是將一般家庭剩餘的布塊，集在一起加以裁製的。

因此，本來出家人應穿著樸素，但隨著時代，經過

一千年、二千年，世事的變化，現在有人穿一片價值數十萬元的金襴袈裟，這可說是一種墮落。

以金襴作袈裟，表示為證明傳襲佛法，由師父交給弟子，傳襲衣缽這句話便是由此而來。衣指袈裟，缽指吃飯用的碗，將自己用的碗和袈裟一起交給弟子，證明已繼承了師父的佛法。

因此迦葉尊者當了第二代的祖師，繼承衣缽。阿難師兄現在已是師父地位的迦葉尊者說：「我們的師父釋迦，除了傳襲金襴袈裟給你，說明你是第二代祖師外，還傳襲什麼給你？」

其實，他並非單純談金襴或衣缽的問題，而是問真正傳襲了什麼，問其師父是否將自己的開悟傳襲下來。

接下來「葉喚云。阿難」，迦葉叫「阿難」。「難應諾」，表示阿難回答「有」。雖然對方是自己的師弟，但現在他已成祖師，因此須注意禮節。普通的凡人很難尊敬自己的師弟，並以禮對待他。但是阿難卻對於已當祖師的師弟畢恭畢敬，表示他是了不起的人。

「葉云。倒卻門前刹竿著。」刹竿指幡竿，為招攬人群或舉行法要時，掛在寺廟門前的旗竿。倒卻是倒下去的意思。迦葉說「把門前的幡竿推倒」。

本則文章只寫到此，其實後面還有一句話「阿難言下大悟」，表示聽到迦葉交待他將門前的幡竿弄倒，阿難尊者才四十年來第一次恍然大悟，《佛說阿難經》有記載，但是《無門關》中卻省略。

被師弟迦葉尊者叫「阿難」，回答「有」。又被交

待「將門前的幡竿推倒」，結果這位阿難師兄才大徹大悟。

釋迦將花拿出來，迦葉尊者露出笑容，結果法就傳給了他。

釋迦給予第二代的迦葉尊者以心傳心的傳法，其後迦葉又傳法給第三代的阿難，這些情形可視為一連串的禪特有的付法（擇人授法，令教法維持傳承，付囑護持之）劇。但是在傳法中都無提及複雜的教義或哲理，相當奧妙，因此傳法是教外別傳，以心傳心。

阿難尊者恍然大悟時已學了四十年的佛教。釋迦圓寂五十年後，才開始經典結集。將釋迦所說的話用文章整理形成經典。所謂經是「直線」的意思。

當時尚無紙和印刷技術，因此在熱帶樹的貝多羅葉上使用釘子寫字，隨著葉子乾後，文字也就清楚了。在葉子的前端打洞，再用線吊起來，將幾片串在一起，現在還有保存下來，這就是經。

經是將釋迦和迦葉開悟的情形用文字表達出來。因此《佛說阿難經》是記載阿難開悟的情形。表示每個人除了依靠自己開悟外，別無他法。

佛教徒對於和釋迦有關的寺廟每年舉行三種行事。三月十五日（農曆2月初9）的涅槃會是釋迦圓寂之日。

第二是浴佛節，又名佛誕節，農曆四月八日是釋迦誕生之日。

第三是農曆十二月八日的成道會，又稱成道節，民間又稱為臘八節。釋迦拋棄王子的地位、美貌的妃子和

可愛的孩子而出家，歷經難行苦行後，在恆河河畔的菩提樹下，十二月八日清晨二點左右，看到破曉之星，忽然徹底大悟。因此為要慶祝這件事，各佛教的寺廟都會舉辦成道會。

在禪寺中，並不太注意釋迦的生與死，因為認為釋迦不生不滅，其實並不只有釋迦不生不滅，每個人都如此。

無門曰：「若向者裏下得一轉語。親切便見靈山一會儼然未散。」靈山一會意謂世尊拈花的故事，也就是第六則的故事。無門慧開評論說：「如果對於事情可給予恰當的一種轉語，應可說靈山山上的說法集會，還未結束，還會持續下去。」

「其或未然。毘婆尸佛早留心。直至而今不得妙。」毘婆尸佛是過去七佛中的第一佛位、上座部佛教以燃燈佛為首的二十四佛之一，亦有說為過去莊嚴劫中之佛，其八相成道的過程大致與釋迦牟尼佛相同。是最初的佛，有史以來第一位的佛，表示這位佛永遠集中心志精進努力之意。

意謂雖然由毘婆尸佛的很早時代留心鑽研，直到如今，仍未得其門而入，未能開悟。

然而，頌曰「問處何如答處親。幾人於此眼生筋。」眼睛生筋表示一心一意張開眼凝視，一直到眼睛起紅絲。阿難的問題不如迦葉的答覆親切，古來不知有多少人，為這問題凝視到眼睛起紅絲，但仍得不到答案。

「兄呼弟應揚家醜。不屬陰陽別是春。」表示兄弟二人將他們的家醜外揚，這和陰陽相對無關的特別問題，有永遠之春光存在之意。

從紀元一世紀，三、四百年間，佛教思想由印度滔滔不絕的傳入中國。最初中國所佈教的佛教是學術佛教，學術佛教將五千四十卷的佛教經典翻譯為中文，探索語句的含意，將教義體系化，作成著書，以歷史性的敘述佛教。這和人們安心立命的想法無關，只不過是中國僧侶將外來思想的印度佛教知識加以擴增，實際上和人們想解脫困苦無關。

接下來才開始追求不屬於「佛教的知識」的「佛教的智慧」。因此在中國產生實踐佛教，這就是禪，又稱為念佛。

本來知識都寫於書本中，但智慧須親身體驗才能學會，一旦學會終身不忘。

智慧是高等生物所具有的基於神經器官一種高級的綜合能力，智慧讓人可以深刻地理解人、事、物、社會、宇宙、現狀、過去。智慧才可成為人的力量，造就人格。因此人的人生觀也是由智慧而生。只想吸收多量的知識，無法造成哲學。剩餘的知識量反而會使人不安不幸而已，但是智慧卻能使人腳踏實地。智慧是靠自己開發的，並不是依賴他人的教導或他人的語言可傳襲的。

第二十三則　不思善惡

　　六祖因明上座。趁至大庾嶺。祖見明至。即擲衣鉢石上云。此衣表信。可力爭耶。任君將去。明遂舉之如山不動。踟躕悚慄。明曰。我來求法。非為衣也。願行者開示。祖云。不思善不思惡。正與麼時那箇是明上座。本來面目。明當下大悟。遍體汗流。泣淚作禮問曰。上來密語密意外。還更有意旨否。祖曰。我今為汝說者。即非密也。汝若返照自己面目。密卻在汝邊。明云。某甲雖在黃梅隨眾。實未省自己面目。今蒙指授入處。如人飲水冷暖自知。今行者即是某甲師也。祖云。汝若如是。則吾與汝同師黃梅。善自護持。

【無門曰】

　　六祖可謂。是事出急家。老婆心切。譬如新荔支剝了殼。去了核送在爾口裏。只要爾嚥一嚥。

【頌曰】

　　描不成令畫不就。贊不及令休生受。
　　本來面目沒處藏。世界壞時渠不朽。

【譯解】

　　六祖是第六代祖師慧能大鑑。禪宗的初祖為菩提達摩，二祖為慧可，三祖為僧璨，四祖為道信，五祖為弘

忍，六祖為慧能禪師。可說和印度的佛教體系完全不同，是中國獨立的佛教，雖然相異，但是根本的理論不變，表示以中國人的解釋，將根本的理論表現出來。

確立中國禪是由六祖慧能做各種說法，他亡故後，其弟子加以整理，完成《六祖壇經》的中國經典。自古以來，禪宗就有將宗教天才所說的話及行為記錄下來，稱為語錄。有「經」這個名稱的只有六祖的這本書才有，顯示當時的禪僧對慧能多麼尊敬。

六祖時，達摩的禪分為二派，即南北兩禪。「南頓北漸」又稱南能北秀，這句話是表示南北禪各有特徵。惠能以嶺南曹溪為中心教化南方，南宗禪不分階段、頓速覺悟，則為「頓悟」；神秀以長安與洛邑為中心教化北方，北宗禪以循序漸進的方法指導門徒，令其開悟，稱為「漸悟」。頓是迅速，漸是緩慢的意思。

六祖的師父五祖弘忍大滿，居住於黃梅山，被稱為「黃梅七百的高僧」，在弘忍禪師之下有七、八百位僧侶聚集修行。

這時南方來了一位行者，即後代的六祖慧能，當時他才十六歲，生於廣東，被稱為盧少年，這位盧少年為扶養母親，到山上拾材薪，拿至廣東街上販賣。有一天，有一位僧侶一面走一面高聲誦經，唸著《金剛經》中的一節「應無所住而生其心」，盧少年只聽這一節就忽然開悟。

他聽到那位僧侶說「這個經是從黃梅山最偉大的禪僧弘忍大滿那裏學得的」，於是盧少年辭別母親到黃梅

山。當時，黃梅山的揚子江上流位於中國的正中央，因此在那裏修行的人為中華思想的人們，故可推測那些僧侶們對由南蠻地區來的盧少年的反應。

弘忍大滿問盧少年說，你來自何處？他回答說，從南方的廣東來。弘忍大滿大笑說：「你是南蠻的小猿嗎？你沒有資格坐禪修行。」盧少年回答說：「佛性無南北之區別，若鄉下人肯努力修行，必然可開悟。」這時弘忍師父才佩服這位鄉下少年。

後來，弘忍想退休，發出通知，說明「明天早上，在走廊下貼上自己作的有關佛法的詩，大家都不須客氣，我會仔細吟味，挑選出最好的人，繼承寺廟和佛法」。已跟隨弘忍大滿修行二十年，頭腦聰明，又是貴族出身的神秀上座貼出他作的詩。

「身是菩提樹，心如明鏡台，時時勤拂拭，莫使惹塵埃。」

表示人的身體如菩提（開悟）的花開放，心如清淨的鏡子，因此須時時努力，使鏡子不惹沾塵埃。

正在搗米的盧少年，那時還不會寫字，因此請旁人唸神秀的詩，聽完後說：「這麼無聊的詩，竟是弘忍大滿的得意弟子所作，禪和佛法要到此結束了。」

這時周圍的人都感到十分震驚。神秀憤怒的說：「你太神氣自傲了，那你做一首詩看看。」

盧少年請人幫他寫字，他作的詩與神秀相反。

「身非菩提樹，明鏡亦非台。本來無一物，何處惹塵埃。」

當晚弘忍大滿將二人的詩比較一番，覺得盧少年比
神秀更懂得大乘佛教。但是當時是重視身分地位的時
代，若將自己的佛法讓渡給盧少年，而無視於神秀，那
麼盧少年的生命會有危險，同時也考慮若不由貴族出身
的神秀繼承，信徒可能不會增加，因此弘忍悄悄叫盧少
年到他的房中訓誡說：

「我將自己真正的佛法傳給你，若是由你繼承黃梅
山，其它弟子可能不同意，所以我希望你回到南方，在
當地廣布我的佛法。」

在九江的碼頭，弘忍大滿親自划舟，送盧少年到達
揚子江的南岸，表示他才是真正的佛法繼承者，給予盧
少年自己的衣鉢。從此有將自己的衣物和自己使用的
鉢，由師父傳襲給弟子的習慣。

回到南方的盧少年，常和獵人在一起，捕獲豬或
熊，並沒有弘揚佛法，而以聖胎長養的方式，將自己所
開悟的一直隱藏起來，只有自己修行。到了四十歲時才
到廣東的法性寺，在印宗法師之下剃髮出家，改名為大
鑑慧能。

然而從達摩以來禪分為南北二派，北由神秀上座繼
承，南由慧能禪師繼承弘忍的法。南方禪多由獵人或百
姓之間所繼承、擁護，後來有黃檗和臨濟等偉大禪師出
現，並且南宗也傳入日本。北方的北宗，主要流行於朝
廷與貴族之間，但二、三代以後就斷絕，在日本是從傳
教大師最澄所傳襲，據說現在比叡山的天台宗就是屬於
這宗派。

「六祖因明上座。趁至大庾嶺。」表示六祖在年少時期，帶著五祖的衣鉢渡過九江，逃離至南方時，知道整個過程的惠明上座，他是一介武夫出身，從後追趕而來。

惠明，生卒年不詳，江西人，俗家姓陳，是陳宣帝的孫子。曾受四品將軍之爵，因此有將軍的稱號。家道的變故，使他很早就有了出家的想法。他最初在永昌寺出家，因為求道心切，曾前往雙峰山叩謁過四祖道信，唐高宗的時候，又往依五祖，法號慧明。

惠明是五祖的弟子，性情較粗暴，不甘心盧少年繼承其師父的依鉢，而追趕到大庾嶺。大庾嶺位於江西省南河之山，越過此山可通達廣東。

「祖見明至。即擲衣鉢石上云。此衣表信。可力爭耶。任君將去。」表示六祖看見惠明追來，心中緊張恐懼，因為惠明是武夫出身，且很粗暴，不知他會有什麼舉動，所以說「你這麼喜歡這衣鉢，就給你吧。但是，衣鉢只是證實得到五祖弘忍大滿禪師的佛法，並非以力爭取的，你想帶回去就帶回去吧。」說完將衣鉢投擲在石頭上。

「明遂舉之如山不動」，表示惠明很愉悅，想拿取衣鉢，但不知何因，衣鉢如山不動。

「踟躕悚慄」，意謂恐懼猶豫之意。想拾取衣鉢，但衣鉢如山般鞏固不動搖，這時惠明才發現自己的錯誤，恍然大悟自己的力量比不過六祖。

「明日。我來求法。非為衣也。願行者開示。」表

示惠明要求六祖說：「我是來向您求法，不是為了要取衣缽，希望你能給我開示。」

雖然惠明較暴躁，但一承認自己的錯誤，相當坦率，並請六祖教導。惠明在此所說的佛法是指從五祖弘忍所傳襲的佛法，以往對於只稱為行者而加以役使的人進行禮拜或討教，在禪界中並不稀奇。

「祖云。不思善不思惡。正與麼時那箇是明上座。本來面目。」六祖問惠明，在你考慮善惡之前，你自身的本來面目如何呢？「不思善不思惡。正與麼時」，意謂不善不惡、不美不污、無悟無迷的境地。

世間的一切事物都是相對性的，佛教中認為有佛、有凡人，基督教認為有神、有人。顯示有表必有裡，不會有一面存在，而另一面不存在。道德與學問、藝術等都存在於相對界。學問是以真實和虛偽為問題，藝術是從醜中尋美，於是才會產生文學，產生哲學的議論，這就是我們所居住的現實世界。

六祖所說的「不思善不思惡……」，是意謂超越相對性的對立想法。親鸞上人曾說過「善人還會往生，何況惡人」。表示善人只要誦南無阿彌陀佛，就可被渡到極樂淨土，何況是惡人若念佛，更能被超渡拯救，這就是著名的惡人正機說。字面上看來好像是作惡沒關係，實際上是表示要超越善惡才會有極樂淨土的世界，這是佛教的原則。

「不思善，不思惡……」就是指極樂淨土的世界，一切善惡、上下、開悟、迷妄都消逝的境地。在這樣的

世界中，自己本來的面目是如何呢？六祖的詩「本來無一物，何處惹塵埃」，就是表現在這樣的世界中自己本來的面目。

　　我們在本來無一物的世界中找尋自身，稱為正見，由此而重新出發，稱為第二義門。六祖從五祖的教導中獲得經驗，所以六祖告訴惠明說，這樣的經驗——要醒悟於本來無一物的世界，你體驗看看。

　　「明當下大悟。遍體汗流。泣淚作禮問曰。」遍體汗流表示全身冒汗。表示惠明聽聞六祖的話之後，馬上大悟，汗流滿身，流著淚膜拜說。

　　「上來密語密意外。還更有意旨否。」在佛教中常使用真言密教等的密字，非意謂「隱藏不使人知」的秘密。而是說不思善、不思惡的世界，喪失一切的對立世界，很難以在語言上確實表現真理，因此稱為密語密意。惠明問「除了剛才你所教導的密語密意之外，還有什麼意旨呢？」他雖然汗流浹背，當下大大了悟，還問除此之外尚有什麼教示。

　　「祖曰。我今為汝說者。即非密也。汝若返照自己面目。密卻在汝邊。」表示我現在對你說的是非秘密，人的秘密實不可靠，佛教中的秘密非那麼無意義的秘密。但是，明瞭的人是明確了解，不明瞭的人讀百萬卷書也無用，這就稱為密。實際上根本不是什麼秘密，你檢討自己（惠明）本來的面目，會發現你所認為的秘密，就在你自己身邊，六祖如此回答他。

　　「明云。某甲雖在黃梅隨眾。實未省自己面目。」

表示惠明聽後覺得很難過，他說：「我長久居住在黃梅山隨著大眾跟弘忍大滿禪師參禪，但是未能發現自己本來的面目」。接著又說：

「今蒙指授入處。如人飲水冷暖自知。」表示現在蒙你指示了入門，好像人喝水，自己能知道冷暖一般，實在是寶貴的體驗。惠明因六祖的教導，才知道本來無一物就是自己本來的面目，並非視為面目的存在。為要了解這種真實，須親身體會才可得知，此稱為體解。並不一定要坐禪，只要誠心認真於自己的工作，便可開悟本來無一物的境地。

但是，這種體驗不可只依靠理論來了解「其面目」。在酷熱的夏季，口很乾時，喝了冷水，這時的感受是筆墨無法形容。

「今行者即是某甲師也」，表示惠明欲拜六祖為師。

「祖云。汝若如是。則吾與汝同師黃梅。善自護持。」表示六祖不敢接受，他說：「我沒有資格當你的師父，既然你這麼說，我和你皆以黃梅山的五祖弘忍禪師為師父，你要好好保重自己。」

「善自護持」，意謂一直維持開悟於自己本來的面目才好的意思。

後來，稱惠明為蒙山惠明（道明）禪師。他原是一介武夫，教育弟子嚴格，是一位了不起的禪僧，以修行艱辛而聞名於天下的名僧。

無門曰：「六祖可謂。是事出急家，老婆心切。」

六祖不得不向惠明開示佛法的原因，在於惠明追擊他，因惠明性情暴躁，六祖怕他傷害到自己，因此不得不這麼做，並以老太婆的親切心般做評論。是事出急家意謂急迫、迫切的意思。評論老太婆心為──

「譬如新荔支剝了殼。去了核送在爾口裏，只要爾嚥一嚥。」荔枝是生產於中國南方的果實，聽說楊貴妃特派使者至三千里遠的地方帶回來食用。無門評論說老太婆將果實的核敲開，送入孫子的口中，使孫子張口就能吃，以此比喻親切心，相當精彩。

但是，無論六祖的教示多麼懇切叮嚀、易懂。接受者也須有能力才行。惠明聽了六祖所說的話，馬上大悟，可說是機緣成熟。他過去在弘忍大滿禪師之下修行十年、二十年，機緣已充分成熟，六祖再加以指點他就能開悟了。

頌曰：「描不成兮畫不就。贊不及兮休生受。」所謂休生受是表示不必為多餘之事煩惱。生受是苦勞的做種種關懷之意。這是說惠明得到六祖教導佛法的根本教義之後，他不須再說那麼奉承的話。

自己本來的面目無法描述成形，或描繪，也無法加以讚美。

「本來面目沒處藏。世界壞時渠不朽。」表示本來的面目無法隱藏，突然發覺時會呈現在眼前，臨濟和尚常說那是即今聽法底之人（聽說法的人），「不須到處尋找，現在於此聽說教，不知者不知」。

然而，自己本來的面目，即使在世界毀壞時，也不

會朽，渠指稱自己本來的面目。

在此令人覺得奧妙的問題是，善惡皆不思這句話，不思惡這句話一般人都能理解，但是不思善不就否定了道德與倫理。確實，佛教和禪都是超越道德。不只是禪如此，淨土真宗也有惡人正機說的說法。

吾人可依靠阿彌陀的本願之力而被超渡，何況是惡人怎麼不會被超渡。在機的信心世界中，往生於極樂淨土的人，其中惡人的機會比善人多。本來迷妄多的人比一開始就開悟的人，由迷妄中獲得真實開悟的機會多。罪愈深反省與自覺的機會愈多，這種想法和道德的世界不同，道德的世界一貫勸善排惡，其實道德上的善惡並無絕對性。

道德與善惡等極為相對，會因時代和環境而異。其一擁有雙面的性格，任何行為都具有善惡二面。

禪和佛教皆注重雙面性的問題，這就是不思善不思惡的世界。

在此出現的善惡，是佛教性質的善惡，非道德性的善惡。為修禪禪定產生障礙的行為為惡，使用戒律加以防禦，同時進行禪定的智慧為善，又稱為慧。

在戒與慧之間的定，才是善惡的世界。以這為根本而產生出根本慧（般若的智慧），自覺到根本慧，再加以反省後，會產生分別慧，這分別慧又稱為論，可形成佛教哲學或心理學。像這樣，在佛教中宗教和道德完全區分為二。本來人生有許多以道德性質無法解決的矛盾，為根本解決這問題，就是宗教的功能。

第二十四則　離卻語言

風穴和尚因僧問。語默涉離微。如何通不犯。穴云。長憶江南三月裏。鷓鴣啼處百花香。

【無門曰】
風穴機如掣電。得路便行。爭奈坐前人舌頭不斷。若向者裏。見得親切。自有出身之路。且離卻語言三昧。道將一句來。

【頌曰】
不露風骨句。未語先分付。
進步口喃喃。知君大罔措。

【譯解】
風穴和尚指住於風穴山的延沼和尚（西元896～973年），取所住的山名為風穴和尚。他是臨濟宗的第四世傳人，一位受敬重的大和尚，紀元九至十世紀間北宋初期的人，起初學儒學，考了好幾次進士試皆落榜，最後放棄仕途之路而出家。起先他學天台教學，到二十五歲開始修禪，從南院慧顒禪師受到臨濟禪印記的著名和尚。

「因僧問」，表示有一天僧侶問風穴和尚。

「語默」，語指說話，默指沉默，語和默是對立

語。其實我們並非整天說話，亦非整天都沉默。

　　為何要說話呢？因為說話可將自己的意念傳達給他人，自己心中的想法若不說出，對方無法了解，例如：「請拿筷子」、「食物味道不佳」、「腹痛沒食慾」等情形，假使沉默不語，對方無法體會，因此說話可表現自己的理念，具有溝通的目的。

　　每個人的意見不一時，很難以統一，將個人的意見加以綜合整理，然後傳達大眾的意見，這稱為大眾傳播，也就是宣傳大家的意見。電視、收音機、新聞、報紙等都是傳播媒體。當沒有意見時，保持沉默就好。

　　但是人在沉默時會感到莫名的不安感，人很難一直維持沉默的狀態，但話說過多會疲累想靜下來，所以人是在沉默和說話不斷交替的情形下生活。

　　這種狀態稱為「語」和「默」，有時想說出心中意念，但卻無法傳達，在何種情況下會無法傳達呢？即真實，因為真實是找不出恰當的語言傳達的，例如：觀賞有趣的電影後，第二天將自己心中的感動告訴朋友，但是朋友無法感受那份感動，笑都不笑，只回答說「哦！是這樣嗎？」無法傳達自己的想法給對方，這就表示語言有界限，想用語言百分之百表達出一種真實體驗，確實不易做到。

　　游泳也是如此，對不會游泳的人而言，即使有奧運選手親自教導，說了一百遍游泳的方法，結果也無法使不會游泳的人實際學會游泳，像這樣的情形很常見。

　　基督教中有稱為沉默的神學，是產生於德國的神

學，這種沉默的神學，認為有關神的一切都無法用語言表現。

從前在印度有詭辯論者存在，釋尊在世時，詭辯論者主張說，真理不可用語言說出，靠人的理性無法判斷真理，神的存在也是人的智慧無法判斷的。像這樣，真理無法以人的智慧、才能加以判斷，因此人的頭腦也無法思考神的存在與真理，這就是印度詭辯論者的思想，可說這思想也屬於沉默的宗教學。

基督教的沉默神學也是如此。例如：希臘著名的哲學家柏拉圖，將哲學加以體系化，稱為觀念論（idea），其中最高的idea稱為神。這些是我們用肉眼無法看出的，就像我們看熱光會被灼傷一般，我們無法見到最高的idea。最高的究極存在，沒法以語言告訴他人，以往的聖人與哲學家都如此主張。

對於真理與神的描述不能錯誤，故而否定語言。從古來佛教就有這種想法，佛教的《楞伽經》中有指月的指這句話，意謂月亮昇起，人用手指指著月亮，真實是月，真理為月，手指是語言。真理能用指頭指月，但指頭並非真理，對小孩而言，用指頭指月，他所看見的只是自己的手指而已，並沒有看見月。傳說上佛教是否定語言的，因此重視靜默坐禪。

但是前面已說過，人沉默是違反本能的，因此會有不安感。遇到美好的事情、悲傷的狀況、快樂的情景時，人們自然而然會希望告訴別人，不想獨自隱藏於心中。看見美麗的花開，不知不覺會發出讚嘆，並用語

言表現出來，告訴朋友說「你看，好美哦！」這種將自己心中的想法傳達給他人，是一種本能、本態。表示有須沉默的時刻，也有須要說話的時刻。「不說話腹會脹」，可是說話難免會有謊言存在，即「說話唇寒」。

「涉離微」，離是本體呈現之意，將脫離本體形態的世界稱為離，這是本質、屬性的世界。有一個事實必有一個本體存在，其本體呈現各種形態。本來佛教認為一切皆空，但一切皆空的世界和因緣結合在一起，便出現山川，男女的差別現象。

對於山空、川空、犬貓一切皆空的平等界，我們生存於現實的世界，山和山、川和川、男和男、女和女都加以區分，這稱為現象差別界。

在佛教中將這二種世界以哲學立場區別，這時稱為本體的意謂平等界，本質上認為皆平等。為何平等呢？因一切皆空、皆無，現在活於世界的人們，包括嬰兒，約一百年左右，所有的人都會消失。由於從無出生又消失於無，由此看來，一切都平等。這種境界稱為平等世界，本體世界也是如此。

那麼，是否真的一切平等呢？其實不然。

在現實的世界中，有男女的差別、大小的差距及各種區別，即使想平等也難以做到，因此會產生煩惱和痛苦，這種差別現象界稱為形相的世界。雖然平等但有差別，雖有差別但就本體論而言是平等的，這是佛教的想法。

現象界的一切事物可用各種語言表現出來，但平等

的世界中一切皆空，因此說不出來。既然一切皆空，表示連空字也不會存在，若有空字存在，即非空。

所謂絕對無是連無字也不會存在。既然如此，其世界不可稱空，亦不可稱無。那麼怎麼說才好呢？總而言之，沉默就好。

因此，離的世界也就是本體的世界，即「默」。脫離一切的語言，本質上什麼皆無。如前所說，沉默時無法傳達自己的想法，所以必須將本質的世界，使用語言表現出來的想法必然會產生。空的世界可用四角、圓或各種形態表現，會從形相的世界產生經典、佛教文學、佛教哲學出來，而實際上這些都無法用語言表達，因此以何方式表現都不恰當、不正確，語的世界必會產生這些問題，因此表現方法很多。

有人稱這世界為佛，為了使各說法便利傳達，結果形成一篇篇的小說，如《法華經》即是。二十八卷皆是比喻的故事。剛形成《法華經》時的印度社會是文化最發達的國家，不只佛教有文學產生，其他宗教也有產生文學。將宗教文學集大成形成《法華經》二十八卷，內容全都採取比喻的故事。因此即使多麼認真仔細閱讀《法華經》，仍無法明瞭本體的世界。

例如：瞎子想見象，至動物園後，有的人摸象的尾巴，有的人摸象的腳，有的人摸象鼻。回家後問他們象長的如何？摸鼻子的人說像煙囪，摸腳的覺得像柱子，摸背的人認為像岩石，其實他們說的都對，因為他們只摸一部分而已，並沒有摸象的全身。

　　《法華經》中的故事也相同，只說局部而已，不論經典、文學或哲學，必有其限制、界限，無法掌握全體，這就是語的世界。「語默，涉離微」，只指說話難免會說謊話，但不說話無法傳達意思。

　　「如何通不犯」，不犯是不侵犯。說話時會有謊言存在，不說又違背本能，那麼如何是好呢？無論說話或沉默，經常連接到宇宙的本體，到底要如何保持其關係呢？

　　「穴云。長憶江南三月裏。鷓鴣啼處百花香。」長憶是思維長久之意。江南位於揚子江的南部，是中國氣候景色最宜人的地區。中國的北京和東北地方的北部非常寒冷，冬季零下三十至四十度以下，南部的廣東和越南邊境地區屬於亞熱帶圈。揚子江沿岸，冬季會降雪，春天會遍地花開，夏天冷熱恰當，秋季樹葉轉紅。江南三月的三月，指的是現在的四月。

　　鷓鴣是一種鳥，似雞而小，叫聲如「行不得也哥哥」，大概是取其鳴聲而命名的吧，像黃鶯般在春天花開時會出現。江南春色，鷓鴣齊鳴，百花開放，這時景色風光明媚。

　　風穴和尚對於語或默都不行的問題回答說「長憶」或「常憶」或「江南三月裏。鷓鴣啼處百花香」，表示我常懷念江南地方春季的三月，在那鷓鴣鳴叫，百花芬芳。

　　到底這是什麼意思呢？現在我們看看──

　　無門曰：「風穴如掣電。得路便行。」機表示心的

功用，掣電是閃電之意，表示心的作用如閃電般快而迅速路過之意，也就是說風穴和尚的反應好比閃電一樣，敏捷快迅，得到一條路就馬上走開。

「爭奈坐前人舌頭不斷」，舌頭非指舌尖，頭字無意義，意謂前人之舌。坐斷是像摔跤時，騎在對方的身上，制伏對方的意思。前人表示前輩，意謂無法將前輩古人的語句制伏下來太遺憾了。

「若向者裏。見得親切。自有出身之路。」表示如果朝向這裡，仔細觀看真切，自然可得解放自身之路。若你們能清楚了解這意思，就可排除一切束縛，得自由之路。

「且離卻語言三昧。道將一句來。」三昧是將原文為梵文Samadhi語，譯音為三昧地。三昧是正受，「正」是恰當的，「受」是別人的感受不是自己的感受，如果自己還能感受，都不是三昧。

例如：做習題時須努力三昧，運動時須三昧、茶三昧、書三昧的說法，集中心神，熱衷於某個對象即為三昧之意。語言能合一即語言三昧，離卻的卻無意義，表示暫時脫離語言，只說能一句話，這就是本體的世界、默的境地。

在沉默時說一句話，就是在沉默的狀態下說話的意思，怎麼辦得到呢？這就是禪問答複雜的特徵，你脫離語言、文句，試著在沉默中說話看看。

頌曰：「不露風骨句。未語先分付。」風骨是在二世紀末至三世紀初有關的魏詩，其風格具有高度精煉的

抒情性。風骨、風流、風味、風格等用語常見，但含意相當複雜，為何都加上風字呢！

本來在中國的文學上加風字，有人稱為風之文學，有關風的思想非常多，我們常用的風流，很難翻成德文或英文。風流的風為何意呢？我們不得而知，因此即使用英文注釋風流為如流動的風不受拘束，這種解釋也不正確，實難以翻譯。

總而言之，風格高、格調高的詩稱為風骨之詩。表示未說出格調高的句子，也未說很多話，但已將自己所擁有的意念傳達給對方的意思。

「進步口喃喃。知君大罔措。」喃喃指多辯的語言，指口喃喃說話不止的人。更進一步說，若風穴不斷說出許多話也枉然，罔措是無奈、不知如何是好的意思。幸好風穴並沒有說冗長的話，而以優美的詩做為答覆。

被要求在沉默時說一句話，以「長憶江南三月裏。鷓鴣啼處百花香。」回答，無門慧開讚美其答覆非常妙。其實這二句中最重要的是「長憶」二字，不犯語默的矛盾。如何吐露真實較好呢？如何使弟子了解真實呢？風穴和尚表示他每天都這樣想。

「元瀕喚小玉，無事。只要檀郎認得聲。」是中國的一首情歌。雖然喚「小玉、小玉」，實際並非真的要找小玉，只是渴望戀人檀郎聽到聲音後，能回頭看看他，這是描述少女心境的歌，以此心情形成五千四十餘卷的經典，形成語錄──《無門關》。

第二十五則　三座說法

仰山和尚。夢見往彌勒所安第三座。有一尊者。白槌云。今日當第三座說法。山乃起白槌云。摩訶衍法離四句絕百非。諦聽諦聽。

【無門曰】

且道是說法不說法。開口即失。閉口又喪。不開不閉十萬八千。

【頌曰】

白日青天。夢中說夢。捏怪捏怪。誑謼謝一眾。

【譯解】

本則的「三座說法」和前則的「離卻語言」相同。敘述禪的境地離開語言的境地。

仰山和尚（西元807～883年），俗姓葉，乃唐朝韶州懷化（今廣東省韶關）人。仰山的師父為溈山靈祐，由溈山和仰山二人為宗祖，創立了溈仰宗。

唐末，達摩的禪分為五種，稱為五家，傳入日本的是五宗派中的二派——臨濟宗和曹洞宗。後來臨濟宗在中國分為二派，二派合起來稱為五家七宗。達摩的禪到宋初時分為七個宗派，傳入日本的臨濟宗和曹洞宗之外，還有法眼宗、溈仰宗、雲門宗等，禪從中國傳入日

本時期，全部被合併吸收或斷絕。

　　溈仰宗開祖之一的仰山慧寂，被美喻為小釋迦，頭腦非常好，善於預言。

　　「夢見往彌勒所安第三座」，善於預言的人常做夢，其夢十分有趣，據現在的深層心理學分析，人的普通意識，也就是我們日常的意識中有深層心理存在。在普通的意識還有深層心理，而對於美、污穢、喜、悲的意識感受，其印象存在於意識中。

　　睡眠時若熟睡，深層心理不會發生作用，但在無完全清醒的淺眠意識時，深層心理就會發揮作用，做夢的狀態就是深層心理的作用造成的。恐懼、快樂、美等的印象，殘存在我們的心理意識中，喪失覺醒的意識時，深層心理就會開始作用，這就是夢。因此夢非全部彩色的，而是黑白的，也許各位會覺得夢有色彩，但那只是一種感覺罷了，其實應該是黑白的。

　　意識非常強，大腦神經敏銳的人，其印象的殘存比一般人更強。其實所預言到的事情，並非特別重要。據說，善於預言的仰山慧寂，也是神經非常敏銳的人，本則可視為仰山做夢的故事，可能是他在午睡時所做的夢，他與凡人不同，因此他的夢是有關經典的夢。

　　仰山和尚作夢往彌勒佛的處所。彌勒的梵文為Maitreya，是佛教中的未來佛，聽說五十六億八千萬年後才會出世，將超渡所有未超渡的人。如此，大千世界便會毀滅。

　　五十六億八千萬的數字究竟出於何處？我們不得而

知，但聽到這有趣的內容，據現今的宇宙物理理論看來，生物是以二億年為週期而轉變。現在是以人為首的時代，人是萬物之靈，到底二億年週期相當於現在的第幾年呢？我們無法得知，但可預見的人類社會，將來會滅亡。二億年後會出現不同於人類的動物時代，像這樣每隔二億年交替一次生物時代，反覆三十回後，所謂的宇宙會歸於毀滅。

傳說這是由天文學類推而得的，以二億年為週期，反覆三十回後為六十億年，佛教所說的五十六億八千萬年距此數字只差三億二千萬年而已，但年數大致符合。因此，約六十億年以後，不僅人類，地球和一切存在都會毀滅。

仰山和尚午睡時，如夢如幻的作起夢來，夢見自己到彌勒菩薩的居所，看見菩薩並排在那裏。本則中所說的第三座，其實是第二座。就公司制度而言，第一座指的是總經理，第二座是副經理。仰山被指定坐在第二座上，為彌勒寺廟的副住持，因此要居住在那裏。

「有一尊者。白槌云。」白槌是在法院的法庭上，檢察官和律師爭論時，法官敲槌用以維持秩序的工具，這個工具就是白槌。

要說法佛教時，必先敲白槌，表示要開始說法了。即並排的菩薩之一，出來敲白槌，說——

「今日當第三座說法」，表示今天是第二座的人說法的日子，這一尊者如此宣布，然而——

「山乃起白槌云」，以上二句都是夢中發生的事，

表示仰山站起來，敲著白槌說。

「摩訶衍法離四句絕百非。諦聽諦聽。」摩訶衍是梵文 Mahayana 的譯音，Maha 是大的意思，yana 是乘交通工具，因此表示偉大的乘具，即為大乘。

乘坐交通工具可到達開悟的世界，往開悟境地的大聖巴士，可乘坐許多的人。

在釋尊圓寂百年後，有個名叫大天的人說了一件有趣的事。認為開悟的人完全無煩惱的說法是錯誤的，即使已開悟，在有生之年必有迷妄。釋迦的弟子們，贊成這說法的為一派，不贊成這說法的為一派。贊成的那一派後來稱為大乘佛教。

從印度越過喜馬拉雅山往西藏，成為喇嘛教，通過絲路到中國大陸的，稱為大乘佛教。通過韓國傳入日本的，稱為北方佛教。傳到南方以印度半島南部為主的佛教為南方佛教。與大乘佛教對立的為小乘佛教。

北方佛教徒指稱南方佛教徒所乘的交通工具小，為小乘佛教徒，認為他們自己的佛教是大乘，乘坐大的交通工具，才能到達彼岸的世界。南方佛教的人並無大乘小乘的區分，只有北方佛教單方面說自己是大乘，而南方是小乘。

「摩訶衍法」，表示大乘佛教的法，也就是真實、真理。大乘佛教所說的真理是「離四句，絕百非」，四句二字很難了解，是印度的論理學。本來印度就有論理學，稱為因明。一、異、有、無四句為其代表，真理、真實即「非一」，「非一」表示不同之意。

　　佛與凡人原本相同。但認為醒悟於自己的人為佛，無醒悟的人為凡人的想法，即「非一」。無門曰「本來我們天生都具有佛性，因此這點每個人皆同，因此『不一不二』。」那麼不一不二是真實嗎？也不是。非不異又非一，繼續說下去相當複雜，故就此打住。

　　「一異有無」這四句，每句中各有四句，共計十六句。這分為過去、現在、未來三世，共為四十八句。又加以分為未起（未發生）、已起（已發生），因此共九十六句。加上原型的四句「一異有無」，變成一百句。除此外還有以否定性表現的百非，可視為一百種的否定形。「離四句絕百非」即表示，脫離一切語言的表現。

　　佛教的一真實就是開悟，無法以種種肯定的方法表現，也無法以否定性的方法表現。表現事物只有肯定和否定二種形態，無論會話、文章、書本，都是以這種方式表現。

　　「離四句絕百非」，既不可用肯定亦不可用否定表現，表示無法用語言表達之意。

　　「諦聽」是清楚聆聽的意思，表示腦筋清楚的聽聞，即為何經仔細聆聽後仍無法表現？因為這時所聽的只是肉體的耳朵單方面去聽，不能真正的聽到，因此應使用全身的心志去聆聽。

　　《五燈會元》中記載以下一段文章「諦聽諦聽，眾皆散去，及覺舉示潙，潙曰『子已入聖位，師便禮拜』」。

　　「諦聽諦聽」這句話說完後，大家都離散，這時仰

山就醒過來，並告訴師父潙山靈祐說他作了個夢，說他到彌勒菩薩的住處，彌勒要他說法，因此他說大乘佛教的真實無法以肯定和否定的方式表現，須靠各位仔細聽這道理，結果聽眾都離散，這時他才醒來。

潙山靈祐聽了仰山的敘述讚美說「你已成佛」，這段文章本則中沒有記載。

本則和前則的「離卻語言」完全相同，說明一真實無法用語言表現，語言好比用指頭指月般，在此繼續敘述這種傳統精神。

現在，我認真學習禪學的講義，即使我全部都了解，所理解的也並非是真正的佛法，也無法開悟其他人，為什麼呢？因為我說的話是我自己開悟的情形，對你們的開悟我並沒有談起，你們的開悟應靠己身去體驗和研究，因此一切的真實是「離四句絕百非」，各位應好好理解。

將昨天遇到有趣的事告訴朋友，朋友不笑，原因在於經過人再敘已失去趣味性，自己去聽、去看才會有感受，無法用語言傳達。真理無法以語言傳達，真理擁有此本質，因此在基督教中不言神，這就是形成沉默的神學的理由。

無門曰：「且道是說法不說法。」「摩訶衍法離四句絕百非。諦聽諦聽」，這些話究竟說出真實或未說。

「開口即失。閉口又喪。」表示開口說一句話即脫離真實。無門評論說，到底仰山有沒有說法呢？因為開口說不行，閉口沉默也無法說教，故無門如此說。

「不開不閉十萬八千」，十萬八千表示距離十萬八千里的遙遠之地。意謂雖然不開口也不閉口，仍然脫離了真理十萬八千里路遠。

勿說話勿沉默，該如何是好呢？因此頌曰：

「白日青天。夢中說夢。」白日青天表示白白的太陽在蔚藍的天空中放射光芒，指白天的意思。夢中說夢這句話相當有趣，表示仰山和尚在大白天時作夢說夢語。

「捏怪捏怪。誑謼一眾。」捏怪意謂行動如身上有神附身一般，在《證道歌》和《臨濟錄》中亦有記載，表示此人可疑的意思。誑謼是欺騙，也就是隨意說夢幻故事，對大眾撒謊，欺騙大眾。表示在陽光照耀的大白天裏說夢話般，可疑、可疑，這個人可能欺騙大眾。

釋迦在四十九年間，對一般人說佛法，同時在臨終時說四十九年一字不說，就是我在四十九年間連一句話都不說的意思。

那麼四十九年間，縱橫說法的釋迦所說的全部是謊言，像這樣的欺騙，佛教中稱為方便，方便為手段之意，為了使人更清楚了解，故藉著欺騙來表達。

小說與文學中的故事都是虛構的，為修飾真實，將沒有發生過的故事加以組合，產生令人感動的情節。

例如：優美的愛情故事，小說中所描寫的愛情，現實中通常不會存在。可是儘管如此，現在戀愛的人卻會散出愛的火花，像這樣，將戀愛的心情加以誇張，描寫為淒美又變形的浪漫小說。

　　描述戰時的戰記故事也是如此，事實上並沒有那樣
勇敢的兵隊，像在○○七中具有超能力的男子也不會存
於世間，將實際故事變化形態和修飾，而表現出強壯的
男性美，這就是所謂的戲劇文學，透過虛構、不存在的
事實想表達一種真實或戀愛的心情。為表達男性勇氣的
一種真實，才描寫出勇敢的戰記故事。像這種浪漫小說
或戲劇，也是一種方便的手段。

　　釋尊四十九年來所說的法全部以方便為手段，好像
在夢中說夢一般。《法華經》二十八卷全部是比喻的故
事，創價學會的人們說《法華經》是聖典，不可污蔑，
但是就禪而言，認為《法華經》全部用譬喻，其情形只
不過是像小說、文學那般罷了，其中完全無真實。

　　但是為了讓一般人理解一種真實，須寫出各種劇
本，因此像法華經方便品裏的故事般，在方便上使用各
種比喻，或使用優美的字句寫出，使自己滿足，或以謾
罵、威脅的語句來表達一種真實。為了表達一種真實，
才產生了文學、經典和哲學。

　　總而言之，真正的真實無法以人的語言表現，因為
人的語言有界限，這是從古以來東方人對語言的看法。

　　東方的想法和西方的想法差距非常大，在歐美社會
中，認為語言可傳達真實。若和歐美學者議論有關語言
的問題，必會產生溝渠，經常呈現平行線狀態無法交
叉。

　　為了表達這事實，第二十四、五則都提出夢話來表
現這種情況。

第二十六則　二僧卷簾

　　清涼大法眼。因僧齋前上參。眼以手指簾。時有二僧。同去卷簾。眼曰。一得一失。

【無門曰】

　　且道是誰得誰失。若向者裏著得一隻眼。便知清涼國師敗闕處。然雖如是。切忌向得失裏商量。

【頌曰】

　　卷起明明徹太空。太空猶未合吾宗。
　　爭似從空都放下。綿綿密密不通風。

【譯解】

　　清涼大法眼是指居住在清涼山的法眼文益禪師，他是五家七宗當中較新的法眼宗開祖，又稱為清涼文益禪師（西元885～958年）。俗姓魯，浙江餘杭人，南唐中主李璟追諡他為「大法眼禪師」。和雲門宗的開祖雲門文偃禪師同一時代。

　　聽說雲門亡故那年，法眼六十歲。法眼文益為《華嚴經》的權威，因此給予法眼宗的宗風不少影響，依靠《華嚴經》的理論展開禪，因此和臨濟宗、曹洞宗、雲門宗、為仰宗的風格相異。五家七宗是洪州禪的直系，以「不立文字教外別傳」為主的禪的宗風，但是只有

法眼宗是屬於教相性的。

有二位弓箭高手，將箭射向空中，二枝箭在空中互相射中，稱為箭鋒相拄。其實這是華嚴圓融所說的理，以二枝弓箭來比喻理與事成為一體，法眼宗是如此主張，認為教與禪一致。

「因僧齋前上參」，齋指中餐，表示在吃中餐以前有二位僧侶到法眼禪師面前上參。

「眼以手指簾」，表示法眼朝向這二位僧侶，以手指著門簾，表示要他們將簾捲起。

「時有二僧。同去卷簾。」表示這時二個僧侶同時捲起門簾。

「眼曰。一得一失。」得是獲得真實，失是喪失真實的意思，意謂其中一人得知真實，而去捲簾，另一人喪失真實而去捲簾。仔細想想，為何一人合乎真實，另一人喪失真實？其實二人的行為完全相同呀。

有一天，法眼和尚在吃齋以前因有僧侶上堂參拜，故默默無言以手指簾，這時二位僧侶同時捲起簾子。清涼說「一個對，一個錯」，有問題的為最後的「一得一失」。

同樣做一件事，一個好，另一個不好，這是以一般常識可以理解的結果。臨濟和尚的許多弟子學他，一見人就吐喝或打一棒，知其道理給對方吐一喝和不知道理給予對方吐一喝是不同的，了解道理而吐一喝的是一得，完全不知道理而隨便模仿吐一喝的是一失。

《臨濟錄》中記載，臨濟禪師說：「勿以為我一見

人就吐一喝，以為是禪，而模仿我的動作，其實這種想法是錯誤的。」他曾如此訓誡弟子。

剃光頭、身穿禪服坐禪、或唸經，模仿僧侶的行為，若懂得其中道理而如此穿著的是一得，不知其理而模仿的是一失。

那麼，是否因從右走出的僧侶為一得，而從左邊走出的僧侶為一失？或是相反呢？一般人大概會如此思考。其實這問題已超越了常識的世界，是清涼法眼禪師想教導弟子更深奧的道理，才提出這故事的。

我們閱讀無門的評論才能更了解。

無門曰：「且道。是誰得誰失。」無門說：「你們想想，是從右邊走出捲簾的僧侶對呢？還是另一個從左邊走出捲簾的僧侶對？孰勝孰敗。」

「若向者裏著得一隻眼。便知清涼國師敗闕處。」一隻眼指的是第三隻眼，我們雖有二個肉眼，但除了這肉眼之外還須使另一隻心眼張開才行。除了看物體的肉眼之外，禪僧應還有第三隻眼，即心眼。

清涼法眼禪師問孰勝孰敗時，若能明白答覆何勝何敗的更好，這就是「若向者裏著得一隻眼」的意思。

棒球的勝負非常顯著，從點數就可看出何勝何負，但這是以常識世界為判斷，非以禪的境地為判斷。若能朝向無法區別得失、勝負，而擁有能辨別勝負的眼光的話，清涼國師就會被我們打敗。

既然如此，問題已脫離了孰勝孰敗，而轉變為思考這問題的學者和提出這問題的清涼國師之間決勝負。

假使弟子能洞悉為何清涼國師的內心會有此問題，那麼清涼國師一定會失敗。

「然雖如是。切忌向得失裏商量。」這才是真正的問題，切忌表示絕不能有此情形發生之意，表示不能為了得失，何勝何負而傷腦筋去尋找判斷。

可知這個問題主要是告訴我們，必須突破勝負、得失的常識世界。

現在我們生存的世俗世界，一切於得失、是非、善惡、真實與虛偽、美醜的對立世界中生與死。只在這相對的境界中生與死，而完全不知真正的禪，要如何得知真正的禪呢？

克服一切得失、是非、善惡的世界，回到其根源，這才是清涼大法眼提出這問題的究極目的。

從無門慧開的自覺看來，想了解真正的禪，須超越一切得失是非的想法。

道德和倫理的世界中，皆勸善排惡。但在禪界和宗教的世界中，須突破一切的善惡念頭。

「善人往生，何況惡人」是日本淨土真宗的祖師親鸞所說的，從字面上看來，有些人會誤解，既然惡人更能被超渡，那麼我們是否應該做惡多端才對。這種想法是由於道德世界和宗教世界觀念不同造成的。

既然如此，倫理和道德的世界，是是非、善惡的世界，而宗教的世界，是超越是非善惡、突破時代歷史的境界。因此，認為宗教境地是無得失、無是非、無善惡的絕體世界，尤其就宗教而言，一切皆空的想法便成為

其基本原則。

　　基督教也是如此，在神的恩惠之下，無善亦無惡。無論善人惡人，都能受到神的恩惠。在給予恩寵的神之前，無得失也無善惡。由此可知，一切宗教的根源都有佛教中稱為「空」、「無」的世界存在。

　　無門慧開認為這樣的說法尚不足夠使人充分理解，故又在「頌曰」中寫了如下的七言絕句。

　　「卷起明明徹太空。太空猶未合吾宗。」所謂卷起，表示捲起垂簾，在蔚藍的天空下透徹無雲，意謂一切皆空的世界。

　　佛教常用空與無字，但這只不過是比喻。像為要說明人心，稱人心如大圓鏡，這也僅是一種比喻，但比喻有限界。

　　人本來具有的佛性，假定表現為空。因佛性相似於虛空，因此以相似的立場做比喻。

　　真言宗所遵循的經典也是如此，據《大日經》所記載，其中並沒有將佛性視為空，將佛性喻為大日，即太陽。

　　其實佛性既不像太陽也不像虛空。所謂虛空是空洞無內容的意思，但是佛性並非無內容。大空和虛空雖有佛性，但佛性並不像大空、虛空那樣存在。

　　如此才說「太空猶未合吾宗」，太空即大空，表示大空的境界仍然不合乎禪宗的境界。

　　佛教或其他宗教的根源，是超越是非得失的大空世界，雖如此說，若認為其根源是宗教的一切，則表示未

真正了解宗教。

　既然如此，如無門和尚所頌「太空猶未合吾宗」，確實無法表現虛空的真實形態。

　「爭似從空都放下」，一切的空都捨棄，意謂否定大空世界之意。

　「綿綿密密不通風」，綿綿密密是指細如綿密，連一絲風都無法透過隙縫，意謂須有像如此綿密的心思，努力理解佛教與禪。這隙縫絕不可透風才行。

　那麼要知悉連一絲風都不可透過間隙的佛和禪的方法如何？必須放下空，即從空的世界捨棄一切空，連空字皆不可存在。假如有殘留空，表示未將一切放下。

　因此，即使有虛空性也無用，至於一切皆無的想法，只不過是人依靠理性判斷，或由於人的體驗之後表現而出的，所以形成空的語句，但仔細思慮，其實空也不可能存在，這才是真實的真空。

　在禪的思維中，空是捨棄一切，能觀察到已無物可捨棄的智慧，則為般若的智慧。

　將般若的智慧稱為佛性，這樣的般若智慧或佛性，須以綿綿密密不通風的心情加以理解，這就是本則的教示。

　起初，本則的前段談得與失的問題。有些人認為自己天生就已開悟，不論教導他什麼，一概不相信，他以為自己能自然開悟，我們稱這些人為無佛緣的眾生，這些人無法被超渡，因此又稱其為無病之病。沒有生病的人怎能給藥呢？對那些無煩惱、無迷妄的人，故意無風

起浪，就是禪的特殊方法。

認為自己不須宗教，而說「我不須宗教」，實際上這些人只是需要宗教的心理未產生罷了。

從未患病、健康的人，患過一次大病，其病痊癒之後，才真切感受到健康多麼可貴。

有句話說「一病息災」，生過病的人才知道生命的寶貴，沒患過病的人無法體會健康與生命的可貴。如同生活於豐裕環境中的年輕人不知貧困痛苦一般，由於未經歷貧困，所以對現有的富庶和繁榮，一點也不珍惜。不知貧困的痛苦，所以無法體會繁榮富庶的可貴。

以相同狀況來看，說自己不須宗教的人，只不過是未產生需要宗教的情形而已。對於認為不須宗教的人，故意促進感覺宗教的必要性，就是禪的公案。

前段所說的勝敗問題，也是為了讓完全不知勝負的人，能自覺我們是生活於相對世界的事實，而提出此問題。

先提出這個問題，然後告訴他們，若在得失、是非、善惡之間徘徊，無法得充實的人生，促進其自覺反省。被促進自覺反省的人，要如何使其心安定呢？即捨棄一切是非、得失、善惡的念頭，自覺到大空世界，進而入大空世界，若進入大空世界便沉默於這世界，則無意義。排除一切得失、善惡的境界，這時才能清楚知道得、失、善、惡的真意，本則的訓誡即是如此。

第二十七則　不是心佛

南泉和尚。因僧問云。還有不與人說底法麼。泉云有。僧云。如何是不與人說底法。泉云。不是心不是佛不是物。

【無門曰】

南泉被者一問。直得揣盡家私。郎當不少。

【頌曰】

叮嚀損君德。無言真有功。

任從滄海變。終不為君通。

【譯解】

南泉與趙州創立了南趙宗的新別派，當然這不屬於五家宗派之一，但是南泉、趙州都是繼承馬祖的法的獨自宗風，將南泉禪師所說的話編集成《南泉語要》，這本書中有一段文章如下。

「時僧問『從古祖師至江西大師曰，即心即佛，平常心是道。』今，和尚云，心非是佛、智非是道，學人悉生疑惑，請和尚以慈悲指示。」

即心即佛這句話，馬祖道一禪師常提到。即是等於之意，即心即佛表示心即佛。據《大乘起信論》所記載，我們的心稱為眾生心，將眾生心再分為二，為如來

之心和凡夫之心。

　　在我們凡夫之心中產生的惜、憎、愛、慾等八萬四千種迷妄，產生這些凡夫心的本來形態，就是佛之心、如來心。《起信論》中如此寫著。

　　一心二門，仍是將一心分為二門、二部分的意思。如來心是我們凡夫的心源，因此若我們遠離日常所感受的惜、憎、愛、慾，則無法得本來的佛心、如來心。

　　馬祖道一禪師主張，這種想法繼續發展，憎、惜等心則為佛心。

　　唐代有位年紀稍長臨濟的前輩，圭峰宗密學僧，他認為馬祖道一所說的話令人誤解，因為若迷妄之心即佛心，那麼就不須再自覺佛心，也不必再為醒覺佛心而修行，如此過日子就好。會有這種錯覺產生，例如：悲傷時就悲傷、歡喜時就歡喜。因此學僧圭峰宗密批評馬祖道一的話不太正確。

　　然而，由於產生各種爭論，才會造成第二十七則「不是心佛」這故事。

　　「南泉和尚。因僧問。還有不與人說底法麼。」表示有位僧侶問南泉和尚說「南泉和尚是否還有尚未對別人說的佛法」，即「南泉和尚已將一切的佛法說盡了嗎？」「有不能跟他人說的佛法嗎？」

　　佛教中有行解信證這句話，行是指修行的行，各式各樣的實踐行，解是以智性理解佛教的意思，行與解是實踐與智性的理解。而行解相應這句話，意謂只是學問上、智性的理解佛教，並不能真正知道佛教的意思。兩

者須並行，實踐佛教的教示之行才正確。

那麼何為行呢？我們常聽六波羅蜜行，也就是要實踐布施、持戒、忍辱、精進、禪定、智慧六種行。

由於實踐與智性的理解相應，才能真正知道佛教，了解佛教。

無論行或解，理解佛教究竟是什麼意思呢？其實真正可產生信心之心是行解信之信的領域，真正信仰及信心的世界透過解才能產生。

接著為第四個證的世界，也就是自己加以證明或自內證，須自己確切證明真實，就是信與證。只是外在性質的，在自己的外界設立佛或菩薩，而加以信仰，如此便無法徹底了解。真正徹底的信仰，須在自己的內心，證明佛和菩薩，才是證的世界。

在聖道門的世界裡，證的境地為究極的目的。無論要行實踐，或以智性的理解佛教，都是行與解的最終目的，使其得真信之意。就聖道門的立場而言，透過行與解，徹底做自內證，也就是在自己內面證明佛和菩薩之意，因此才稱為行、解、信、證。

既然如此，對大眾說佛法，並以智性加以理解，就是解的境界。被教導的眾生六種行，也就是要做實踐行，實踐六行即行的境界。行與解二種可向人說法，透過行和解，最後可得真實的信心，徹底在自己內側證明佛和菩薩，也就是自內證。同時，已自內證的人，無法將自己證明的事實對別人加以說法。

「還有不與人說底法麼」，即表示還有無法對他人

說的佛法嗎？在禪中有存在嗎？

「泉云有」，表示南泉回答「有」。

「僧云。如何是不與人說底法。」表示僧侶問說，那麼以往不可說的教示是什麼？這種問題真是愚問。

這位僧侶所問的問題是愚問。怎樣的佛法不可對人說呢？有無不可向人說法的佛法？既然是無法說，那麼被質問的人也無法回答。

但是南泉和尚與我們不同，他頭腦聰明，聽完問題後立即回答。

「泉云。不是心不是佛不是物。」這裡的不是物的物字，可能是物質的物。

《華嚴經》中也有記載這句話，即「心與佛即眾生，此三無差別」，以此句為根源，才出現物字。另有注釋說，可解釋為眾生或人之意。

整句看來，佛就是不可對人說的教示，亦即非心、非佛、非人，當然亦非心與佛與物。

已說過《大乘起信論》是將人的凡夫心、人的眾心，分為凡夫心與如來心，以此說明人的一心。

人的一心是什麼呢？這不可稱心或如來心，更不可稱為眾生心。

這表示人的一心，不僅不是如來心、凡夫心，而是這兩者合而為一，也就是混然一體，這才是人的一心。如此解釋會令人錯覺為有心存在，因此才稱為不是心。佛教中的四句百非，是將一切否定，以百非表現出來。到底何為心？人的一心才是真實之心，心會勝過一切，

人的根源裡有心存在，但這麼說又會令人造成錯覺。

　　但是心非有形態的存在，所以眼睛看不見。那麼是沒有什麼存在嗎？其實不然，心是有絕對事實與現存，嚴肅的存在，雖然存在但不可稱為佛心。

　　古代有位名叫張無盡的居士，他十分嫌棄佛教，勉勵習儒學，他想反駁佛教，依靠自己儒學的力量，著無佛論。但是他的妻子是非常虔誠的佛教徒，閱讀完張無盡所寫的無佛論後，他說：「好！這才是佛教，無佛才是真正佛的境界。」結果張無盡歸依佛門，成為天下三大居士之一。

　　自己與佛成為一體，還不可稱自己或稱佛。但如此一來無法說明，因此牽強說明為，既可表現為自己，亦可表現為佛，加以表現後可分為自己與佛。

　　既然喪失表現方法，不得不稱為「不是心不是佛不是物」。像這樣，對於心與佛與眾生合成一體的境界，加以自內證，即為禪的終極目標。

　　無門加以評論說：

　　「南泉被者一問。直得揣盡家私。郎當不少。」這是相反表現的方式，就字面看來，表示南泉和尚被問還有沒有不能與人說的佛法之後，終於將私財全部排除盡而落魄。

　　揣盡意謂量盡，表示全部拋棄之意。揣是嚐試或拿取的意思。揣盡家私表示，將自己的財產全部放棄。

　　這也就是說，南泉被問這複雜的問題後，將一切耗盡，即是落魄之意、老醜貌，一切被奪走而落魄。

　　這句話表面上彷彿是諷刺南泉，其實是南泉和尚由於這問題，將一切完全排除，即徹底得到一切皆空，連空字都喪失的境界。

　　南泉和尚擁有之物皆被奪取。一談到心會執著於心、一說起佛會執著於佛、一論起眾生之心會執著於眾生之心，此即為本來之心。認為會產生喜、悲、好、惡之心，即為真實之心。實際上並非如此，拋棄一切才是真實。

　　即心即佛或佛心才是真實，一聽到這句話人們就會執著於佛心。若說非物非佛，只是人的一心罷了，那麼人們又會開始執著人的一心。

　　因此不是心，即將一切心、佛、眾生去除。這種境地稱為真的佛心、真的如來心。

　　頌曰：「叮嚀損君德。無言真有功。」表示太過於仔細反而會損害君子之德。

　　如同於婚禮賀祝詞般，若請學者來賀祝詞，必然非常冗長，藉以誇耀自己的學問高深，說了一、二十分鐘還未下結論，同樣的內容反覆說了好幾次，才說我簡單的說幾句話做結束。以禪的立場來看，這是最不高明的方法。

　　被問是否尚有未與人說的佛法時，南泉和尚回答「不是心不是佛不是物」，這句話仍太仔細、多餘。

　　「無言真有功」，表示沉默就好。維摩居士曾被文殊菩薩問及入不二法門的方法，維摩居士一直保持沉默。維摩的一默如雷，表示這一默好像百雷一齊劈落

般，非常有魄力，古人如此評論。什麼都不說而保持沉默，反而可得最佳的效果。

但如果維持沉默，如此一來文化不就靜止不前了嗎？若需要沉默時，須先向對方說明沉默的理由。當你告訴對方沉默的理由時，會開口說話，甚至花上千言萬語去解釋自己為何無言，這才是真正的無言。只是沉默，沉默的理由其實是絕對無法讓對方明白的。

無門的「叮嚀損君德。無言真有功。」是一應原則論而已。

「任從滄海變。終不為君通。」意謂假定滄海變成陸地，也絕對無法為你們說明。

有句話說「法不可說盡」，太過親切、仔細的教誨反而不好。

因此只說到某程度以後就停止，此後冷暖自知，表示冷暖由自己去發覺就好。

偉大的詩人為表達火熱水冷而費盡心思作詩，而讀者於詩中感受到冷、熱，那只不過是理性的、感情的感覺而已。真正要感受冷熱，應將自己的手伸入火中、水中，這是最直接感受的方式。像這種冷暖自知的境界，就是「任從滄海變。終不為君通」的境界。

因此，我們須充分了解法不可說的道理，這是本則的故事主題。

第二十八則 久響龍潭

龍潭因德山請益抵夜。潭云。夜深子何不下去。山遂珍重揭簾而出。見外面黑卻回云。外面黑。潭乃點紙燭度與。山擬接。潭便吹滅。山於此忽然有省。便作禮。潭云。子見箇甚麼道理。山云。某甲從今日去。不疑天下老和尚舌頭也。至明日。龍潭陞堂云。可中有箇漢。牙如劍樹。口似血盆。一棒打不回頭。他時異日向孤峰頂上立吾道在。山遂取疏抄。於法堂前將一炬火。提起云窮諸玄辨。若一毫致於太虛。竭世樞機。似一滴投於巨壑。將疏抄便燒。於是禮辭。

【無門曰】

德山未出關時。心憤憤口悱悱。得得來南方。要滅卻教外別傳之旨。及到澧州路上。問婆子買點心。婆云。大德車子內是甚麼文字。山云。金剛經抄疏。婆云。只如經中道。過去心不可得。現在心不可得。未來心不可得。大德要點那箇心。德山被者一問。直得口似匾擔。然雖如是。未肯向婆子句下死卻。遂問婆子。近處有甚麼宗師。婆云。五里外有龍潭和尚。及到龍潭納盡敗闕。可謂是前言不應後語。龍潭大似憐兒不覺醜。見他有些子火種。郎忙將惡水。驀頭一澆澆殺。冷地看來一場好笑。

【頌曰】

聞名不如見面。見面不如聞名。

雖然救得鼻孔。爭奈瞎卻眼睛。

【譯解】

　　龍潭指龍潭山的崇信和尚，渚宮（今湖北江陵）人唐代禪宗大師。生於西元七八二年，卒年不詳。從小家境貧困，未出家前，以賣餅維生，在知名禪師天皇道悟的禪寺旁，擺攤賣燒餅。崇信每天都以十個餅饋贈道悟禪師，道悟禪師每天都還給崇信一個餅，說：「送你一個餅庇蔭你的子孫。」崇信於是發問：「這餅我送來的，大師怎又送還一個給我呢？」道悟禪師說：「你送來的還給你，這又有甚麼問題嗎？」崇信又問：「弟子的一生紛紛擾擾，究道如何呢？」

　　後來有緣跟隨天皇時道悟禪師出家。其弟子是著名的德山宣鑑，本則是德山還在修行時的故事。

　　「龍潭因德山請益抵夜」，表示有一天德山至龍潭的居處請教教益，直到天色已晚。在這之前有一則故事，無門慧開的注釋前面有敘述，但本文留在後面再說明。

　　無門曰：「德山未出關時。心憤憤口悱悱。」

　　德山宣鑑本來不是禪宗的僧侶，而是教相學者，乃今所說的佛教學者。所謂佛教學者，乃是將佛教的經典收集整理，進行語句的解釋，並且研究文章的內容，情形今昔不變。德山的資質聰慧，讀過許多書，做過各種

有關佛教經典分析。

　本來，學者認為由於努力求佛教，才能進入開悟的境界，因此才進行學問。對佛教學者德山而言，他敵視主張不須學問，只要實際上實踐修行的禪。

　所謂「關」是他出生故鄉的關卡，每一個村落都築有城壁，防衛盜賊的襲擊。城壁的四方沒有門，這就是關卡。「心憤憤口悱悱」是非常憤慨狀。表示德山和尚從故鄉的關卡出來之前，內心相當憤慨。

　「得得來南方。要滅卻教外別傳之旨。」得得是特地之意，他朝向禪發達的中國南部出發的意思。德山是學僧，因此認為學問才是最高的境地，他想折服那些否定學問、主張教外別傳說的禪佛教徒。

　他覺得必須滅卻惡魔般的佛法，以下為朝向南方旅行，途中發生的故事。

　「及到澧州路上。問婆子買點心。」澧州位於揚子江南側，是村落的名稱。老婆子的子字無意義。德山來到澧州的途上，因飢餓到茶樓去。茶樓中有位老婆子，我向他要買點心吃。所謂點心是餅乾菓子類的食物。禪宗規定在修行中，不能吃太飽，但是空腹心無法專一修行，因此能吃到肚子不餓的程度，即稍微點了飢餓之心，而後繼續努力，則稱為點心，意謂極為輕度之意。

　「婆云。大德車子內是甚麼文字。」大德意謂大德的人，是對僧侶的尊稱。車子好比現在的背袋，以前中國僧侶行腳時，背於背部攜帶工具的背包，稱為車子，下面有小輪子，可供拖拉。

　　老婆子問：「你的背袋中裝了什麼東西。」

　　「山云。金剛經抄疏。」德山回答說「這是金剛經的注釋書」，抄疏是注釋書之意。

　　「婆云。只如經中道。過去心不可得。現在心不可得。未來心不可得。大德要點那箇心。」這裡的老婆子，並非普通的老太婆，而是有修行過的人。老婆子說「金剛經中有記載，過去的心無法把握，現在的心無法把握，未來的心無法把握，那麼你要我給你點的心，到底為何心？」

　　「德山被者一問。直得口似匾擔。」直得並不表示立即得到，而是變成怎麼樣的意思。口似匾擔，匾擔類似現在的扁擔，意謂口緊閉，嘴角兩端下垂，不能回答的意思。表示德山受這麼一問，終於口緊閉，答不出話來。現在我們先說明有關過、現、未三心的問題。

　　本來時間可分為過去、現在與未來。但是過去是已過去的時間，已不存在。而未來的時間未到來，因此也不存在，只擁有現在而已。但是現在的時間會即刻流逝於過去，所以也不會存在。以此看來，過去心已成過去未存在，未來心亦未發生，亦不存在，只有現在心而已。但現在又會於瞬間消逝，因此現在心也不存在。所以我們什麼都無法得到。

　　你說要我給你點心，但要點的心是何心？既然無過去之心、現在之心、未來之心，那麼無心要如何去點呢？從未被如此問過的德山無法回答，但他不因此而投降或怨恨老婆子，所以不愧為後來天下聞名的禪僧。

「然雖如是。未肯向婆子句下死卻。」意謂不愧是德山和尚，完全不被老婆子的話退卻。

「遂問婆子。近處有甚麼宗師。」因此他問老婆子「這附近有什麼禪師」。他心中想著，這老婆子必有跟隨偉大的和尚參禪。

「婆云。五里外有龍潭和尚。」古代的五里非現在的五里。約五里左右有位偉大的龍潭和尚，老婆子如此回答。

整句的意思是，你雖然背負了那麼多的注釋書，但是重要的問題你卻都不知曉，你應該到龍潭和尚那兒參禪，老婆子如此指示他。這位老婆子真的很有教化能力，德山和尚接受了老婆子的勸告，走了五里路遠至龍潭山。

站在龍潭寺的玄關前敲門，但是無人回應，他於是抱怨說無人、無龍、無潭嘛。潭是池的意思，表示他在玄關前大聲喊叫沒龍也沒潭。這時龍潭和尚從屏風後走出來，說「你來做什麼」，德山回答「你寺前那家茶樓的一位老婆子指點我，我想請教你真正的佛教」，龍潭說「上來吧」。

「龍潭因德山請益抵夜」，請益是我求你為我講義的意思，表示請教龍潭和尚佛教的真髓。

「潭云。夜深子何不下去。」龍潭說：「夜色已深，你怎麼還不走呢？」

「山遂珍重揭簾而出」，珍重是道謝語，表示德山說，謝謝你，我已打擾太久，揭簾走出去。

「見外面黑卻回云。外面黑。」卻回是轉回頭之意。因為外面太暗，於是轉回來跟龍潭說「外面真暗」。

「潭乃點紙燭度與」，紙燭是燈籠，度與是交給的意思，表示龍潭點火交給德山。

「山擬接」，指德山想取火的那一瞬間。

「潭便吹滅」，表示龍潭吹熄，使燈火熄滅。

「山於此忽然有省」，這時德山忽然恍然大悟之意。

「便作禮」，於是說「感謝你」，我長年不知的道理，現在已經知道了，向龍潭行禮拜。

「潭云。子見箇甚麼道理。」龍潭問德山，你究竟悟得什麼道理。

「山云。某甲從今日去。不疑天下老和尚舌頭也。」從今日去意謂從今以後之意。舌頭的頭無意義，舌是依靠舌說話，即語言之意。不疑表示無論如何被批評，他都不迷妄的意思。德山回答「我從今以後已得確信，不會為全世界的老師所說的話而迷妄。」的意思。意謂無論世人或老和尚們，告訴我佛教的真理是如何，我已有自信不會迷妄。由於如此，龍潭和尚才讚美德山和尚「好！很好！」

「至明日。龍潭陞堂云。」到了第二天，龍潭和尚陞法堂說「可中有箇漢。牙如劍樹。口似血盆。」可中是假使的意思，劍樹是如地獄的針山般的劍林。血盆是張開口，如血盆那麼驚人的意思。他對龍潭的弟子們

說，若有一人，擁有如劍樹般的牙齒、血盆、靈活的舌。

「一棒打不回頭」，表示即使有人與以悶棒，他也站立不動、不回頭的意思。

「他時異日向孤峰頂上立吾道在。」表示他以後一定會邁向獨自的道路，立吾之道。

「山遂取疏抄。於法堂前將一炬火。提起云。」表示德山取出自己的注釋書《金剛經》，在法堂前拿起火炬說。

「窮諸玄辨。若一毫致於太虛，竭世樞機。似一滴投於巨壑。」窮諸玄辨表示要得知佛教內的宗乘奧意。竭世樞機表示達到佛教外的餘乘或技藝的至極。一毫是一根頭髮的意思。

「假定已窮極佛教最重要的原則、道理，好比將一根頭髮拋向天空般。若已盡到世間的機微，就好比將一滴水投於大谿谷般，完全無值得。」

「將疏抄便燒。於是禮辭。」表示將自己長年來一直以為寶貴的研究成果、注釋書，全部焚燒，離開了龍潭。意謂去除學生身份而當學僧。

要深度窮極一件事情時，須有這樣的熱能、勇氣和熱衷之心。若沒有如此做而想求一種道是很難的。

「無門曰」，這是無門的注釋，接前面所說的故事。

「及到龍潭納盡敗闕」，表示到龍潭的住所去，吃了敗戰。

　　「可謂是前言不應後語」，表示德山要離開自己的
故鄉時，曾誇言要滅卻教外別傳，但是德山開悟之後前
言與後語不相照應。

　　「龍潭大似憐兒不覺醜」，憐兒不覺醜意謂太寵小
孩的父親太愚蠢了。龍潭費了半天功夫想讓德山開悟，
卻說佛法說到夜晚，實在太不應該了。

　　「見他有些子火種。郎忙將惡水。驀頭一澆澆
殺。」表示德山擁有燃燒的火種。郎忙意謂急忙。惡水
是撒尿之意。表示看見火燃燒連忙撒尿將之弄熄。

　　「冷地看來一場好笑」，冷地看來的地字是助詞，
冷靜觀看的意思。冷靜觀看就知道龍潭的確非常辛苦。
德山也吃了不少苦，他背負沉重的《金剛經》經典，到
了南方被老婆子的話駁倒，來至龍潭之地，借了燈籠才
開悟，如此看來，龍潭、德山都不行，只是一場笑劇而
已。這則正表示無門慧開自信的說他自己已超越了龍潭
和德山。

　　最後無門慧開以頌做結論。

　　「聞名不如見面。見面不如聞名。」只聞其名不如
見其容顏之意。有句短詩說「來聞富士山，釋迦與孔子
亦如而已」，表示傳聞中的富士山非常美麗，但是如願
以償看到後，發現實際上並沒有那麼美。因此想到釋迦
和孔子可能也是如此而已，並沒那麼偉大。像這樣世界
聞名的人物，實際上與他們接觸後很少會覺得他們很偉
大。其實不太有名，且住於鄉間的人，反而更偉大，因
此享譽世界的名聲和真實是有差距的，所以不見較好。

勿真正接觸，而只聞其名，自己想像多麼偉大就好。

　　聞名不如見面，見面不如聞名的說法，反覆說來說去。

　　「雖然救得鼻孔。爭奈瞎卻眼睛。」鼻孔表示鼻子，眼睛的眼的瞳孔，意謂解救了鼻子，結果卻瞎了眼睛。表示德山和尚和龍潭只能使鼻孔通，但眼睛卻變瞎，真是得不償失。

　　禪宗的僧侶喜口出惡言，對於一切皆以惡言相向，但實際上並非真罵。從語句來看，好像是責罵，其實內容是讚美。

　　由於龍潭和尚的指示，德山和尚的鼻孔通而眼瞎。聽到開悟的話，好比看來金塊般的開悟降下來，以為從此一切皆可解決的想法是錯誤的。

　　互相謾罵、張大眼睛，稱為漸修，由於如此禪界寫著已開悟，然後再否定開悟的否定表現，即為「雖然救得鼻孔。爭奈瞎卻眼睛」。

　　挺直背脊坐禪時，一陣清風吹來，以為自己已開悟的想法是大錯特錯的，此非真悟。回到家或公司，忙碌做許多工作之後，覺得很辛苦，因此又坐禪，又感到有清涼之風吹來，於是又離開佛堂，然後回家。像這樣反覆下去就是現實的情況。不過能做到這種地步已很了不起，已經能開悟了。

　　聖嚴法師說：「心是我們的老師，我們的心隨時隨地與當下所做的事、所處的環境合而為一，就是在淨土之中。」

第二十九則 非風非幡

六祖因風颺剎幡。有二僧對論。一云幡動。一云風動。往復曾未契理。祖云。不是風動不是幡動。仁者心動。二僧悚然。

【無門曰】

不是風動。不是幡動。不是心動。甚處見祖師。若向者裏見得親切。方知二僧買鐵得金。祖師忍俊不禁一場漏逗。

【頌曰】

風幡心動。一狀領過。只知開口。不覺話墮。

【譯解】

六祖是指大鑑慧能禪師,「第二十三則不思善惡」中已介紹過。本則非風非幡是慧能還默默無名時的故事,那時他還未繼承六祖的地位。在本則中敘述的故事是,剛好在聖胎長養中的慧能,來到廣州的法性寺遊玩所發生的事。

「六祖因風颺剎幡」,表示有一天年近四十的慧能來到法性寺遊玩。也許那天法性寺有舉行說法儀式。剎幡的剎是寺廟的意思,幡是旗子的意思。彼岸有盂蘭盆、或寺中進行法要和說法時,在門前會掛上佛旗及

紅、黃、藍色的幡旗，此稱為剎幡。

「有二僧對論」，是說有二位僧侶在法性寺激烈爭論，以下為他們爭論的情形。

「一云幡動。一云風動。」表示其中一位僧侶說「幡在飄動」，一位說「幡怎麼會動呢？是風動才對」，這個議論相當有趣。因為風無形態，有動無動，無法看清楚。但是只有幡而無風，幡就不會飄動。其實幡動或風動的問題，會令人覺得是幼稚的議論，但更深入思考，會發現實際上這議論相當複雜。

寺廟中用撞木敲鐘發出鳴聲，若無撞木則鐘不鳴。雖如此說，假使只有撞木而無鐘，也不會產生聲音，因此研究到底是鐘鳴或撞木鳴很困難，這和爭論幡動或風動的問題性質相同。

「往復曾未契理」，表示往返問答雙方都不合乎理，但雙方又各說各有理，因此難以下結論。

「祖云。不是風動不是幡動。仁者心動。」仁者是尊稱對方的第二人稱，表示您的意思。在禪界中絕不將弟子稱為弟子，通常稱為大德，此也稱為仁者、您，這就是東方語言的特色。

六祖說：「非風動亦非幡動，是你們的心在動。」這個答案十分耐人尋味。非鐘鳴，亦非撞木鳴，而是你們的心在鳴，因此才有宏亮的響聲。這句話是由一個四十多歲，衣著獵人裝扮的人說的。

「二僧悚然」，表示二位僧侶感到萬分驚訝。悚然是恐懼、慌忙的意思。因為說出如此妙的答案，二位僧

侶吃驚，因此馬上向自己的師父印宗法師報告。

他們說，方才我們為幡動或風動的問題爭論時，一位衣著獵人服飾的人走進來，回答說「非風動，亦非幡動，是你們的心在動」。聞此話的印宗法師感到十分訝異，因為他傳聞，繼承偉大的五祖弘忍大滿禪僧衣缽的人已來到南方，並且加入獵人的行列。因此他認為那個獵人必定是偉大的慧能，於是交待二位僧侶，要他們在日後遇到獵人時將他帶來，不久證實那個人果然是慧能。印宗法師立即脫衣禮拜，說明從此以後我要拜您為師，所以印宗法師成了慧能的弟子。慧能當時留長髮，又衣著獵人裝扮，因此等沐浴後，剃光頭髮、穿新衣，出家得度。

他到印宗法師主持的法性寺當住持，從此他才將禪僧的名稱公開。他就是四十歲才成為僧侶的六祖慧能禪師。

慧能回答幡動或風動的議論，他說：「非幡動，亦非風動，是你們的心在動。」這答案相當有趣又深奧。

我們未出世前就有山川草木存在，但是若沒有感覺到美麗的山川、河流，沒有感受到心中所想的山川，山川就不會存在。本來在草原上開有茂盛的花，若沒有感覺到花，那麼自己的眼前也就不會有豔麗的花存在。突然，心留意到花的那一瞬間，自己眼前才會出現嬌美的花。可說人類的一切是由心操縱的，三界是唯心所造。人是以心為根本，所以才會產生一切的事物、現象。心重於物的想法是所謂的唯心論的思想。

　　但是不能完全依照唯心論的想法解釋一切。例如：心中一直想著肚子不餓，腹中因而無食物，不久就會面臨餓死的命運。又如：在戰爭中只強調心和精神論，認為必然能打敗敵人的精神主義十分盛行，但是結果卻打敗戰，可見不能只依賴精神主義過日子。

　　另一種想法是唯物論性的想法，但是非以物為重。最近的醫學技術突飛猛進。但是即使如此，被認為沒有良知的醫生仍然很多，這點可由許多失敗的病例得到證實。只是技術優異，並無認定人性生命的尊嚴，對病人如同對待實驗的天竺鼠般，這可能是因為現在的醫師的心不再那麼高潔所造成的。

　　自古來佛教一直注重物心一體，不會議論以心為先或以物為先的問題。歐洲二千年的歷史是從希臘以來，唯物論與唯心論相對立直到現在，並呈現為政治上的思想。以唯物論為中心的有社會主義、共產主義的國家。一方面以唯心論為中心思想的國家，都成為自由主義國家。以物為先為以心為先，是無法一概而論的。但是佛教卻認為物心一體，認為脫離物之心和脫離心之物都不會存在。

　　非風動，亦非幡動，是你們的心在動。這個答覆起先聽起來會覺得好像是站在唯心論的立場說的。

　　但是「心」，這個字要翻譯為外文時，非常困難。找不到恰當的譯辭，這是由於東方和西方對心的概念不同的原因。其實外國有heart、mind、sprit等字彙，可是我們所說的心或一心，究竟要翻譯為三者中的那一字較

正確呢？似乎都不適切。一位在美國住了好幾年的人口譯，結果全部錯誤。不論如何都無法清楚了解，因此一提到心，不是譯為 mind 就是譯為 sprit，結果混淆不清。

　　本來心、一心可解釋為很多種。人的心、佛教在心之下附上意識，即心意識等。將人的意識分為八種，其中五種稱為前五識，形成眼、耳、鼻、舌、身體的五種感覺器官。同時還有第六意識的存在，來統一眼、耳、鼻，其中又有第七末那識，為辨別事物的功能意識。第七末那識中有第八阿賴耶識，為最根本的存在。阿賴耶是印度文「藏」的意思。藏表示收納物品的地方。最深的意識即稱為第八阿賴耶識。第八阿賴耶識中裝滿了人的意識的種子。瑞士的哲學家榮格稱此為深層心理，傳說深層心理的作用就是夢。

　　眼睛看外界，若心無存意識，即使有看也看不到，只是傻看而已，看見美麗的景色，聽到吵鬧的聲音，或令人討厭的聲音，能真正體會到這些感受，能真看、真聽，才是根本的第六意識，人的心就是由這些形成的。

　　加以分析後，八種意識結合為一而形成人的心和人的意識。這就是佛教中所稱的迷妄、煩惱。總而言之，人類的迷妄、煩惱都是這八種意識造成的，佛教稱此為心或集起心，也就是煩惱、迷妄之意。像這樣，由八種結合為一而產生的心，就是我們每日生活於其中的心。

　　但是假使意識散落就不會產生心，像這樣散落的心，佛教稱為無，表示心什麼都沒有，即無心。但無心並非沒有心，而是意識分散零亂而已。

　　開始坐禪時，起初當然無法排除雜念，但反覆打坐幾回後，浮現於腦中的念頭就會逐漸消失。如同在平靜的水面上投擲石頭時，會產生一波波的漣漪，但是過一會兒後波紋便會消失，回覆平靜的狀況。

　　本來人的日常生活都是因心的波浪而有種種思念，但在平靜坐禪後，心的波浪會慢慢靜下來，最後一切都不會思念，雜念全除，這種狀態稱為無心。但在無心的狀態下若聽到旁邊有聲音，仍然會將心朝向那方面。本來心的狀態就是如此，配合緣產生念，因一念而引起另一念，如此反覆下去。

　　六祖所說的風不動，幡不動，是你們的心在動。未必是因為六祖是精神主義者，才主張一切因心而動，我們看下面無門慧開所說的就可證實這一點。

　　無門曰：「不是風動。不是幡動。不是心動。」六祖對僧侶們說「是你們的心在動」，但是無門更進一步解說，認為非風動，亦非幡動，也非六祖所說的心動。

　　「甚處見祖師」，表示那麼如何了解六祖的意思呢？六祖雖說心在動，但如前所述，六祖並非因他是精神主義者而主張心動了一切，那麼究竟六祖所說的意義為何？

　　「若向者裏見得親切。方知二僧買鐵得金。」表示如果在這裡能清楚理解其意，二位僧侶就會知道，本來要買鐵，結果卻得金。二位僧侶以為所買的是鐵，打開一看，發現其實是金。這是意謂，二位僧侶了解他們的問答，本來就無何特殊意義。但是後來卻變成意義深奧

的問答。

「祖師忍俊不禁一場漏逗」，忍俊不禁這句話意義較深奧難以理解。據字典解釋為含笑，但壓抑不住笑，忍不住發出笑聲的意思。有人在做好笑的事、奇妙的事，看起來很有趣，但又不能張開口大笑，因此閉口微笑，此稱為忍俊不禁。一位僧侶主張風動，另一位主張幡動，這實在是很好笑的爭論，但是現在的生活中常見這樣的無聊問題產生。

例如：參加家長會時，家長指責學校的老師沒有克盡職責教導學生。老師回答說，是家長沒做好家庭教育，到底是誰有錯呢？這不得而知，但是對這種互推責任的情形，六祖說：「不是家長不好，也不是老師有錯，而是互相推卸責任的人的心不對。」

但是無門慧開更進一步說「非風動，亦非幡動，亦非心動」，那麼六祖為何說是心動呢？

其實這故事是為了使人們了解人之心為目的。因此祖師才說忍俊不禁，表示六祖聽到二位僧侶的無聊對談後，忍不住笑出來，於是隨口回答說：「是你們的心在動。」

「一場漏逗」，漏逗是露出馬腳的意思，和「第二十七則不是心佛」中出現的「郎當」相同，也可解釋為將宗旨的奧義漏出之意，也可解釋為丟臉之意。六祖不能控制慈悲之心，而在此漏氣一場。頌又曰：

「風幡心動。一狀領過。」一狀領過的狀字即令狀，表示一張令狀將數個罪人以相同的罪名加以拘留，

是同罪的意思。意謂「風動、幡動、心動」皆違背佛法。主張風動、幡動、心動的人們，都以一張起訴狀將其扣押下來。

「只知開口。不覺話墮。」所謂話墮是輸的意思，表示六祖只知開口說話，而不知說出的話會造成什麼效果。

六祖慧能說出多餘的話，雖是多餘的話，但有時仍然禁不住會說，為何會說多餘的話呢？因為要使對方了解人的心、一心的本來狀態，才故意說出多餘的話，那麼何為人的一心？人的心其本來狀態又是如何呢？

如前所說，人的心本來一切皆無，好比空屋般，有時這空屋有行腳的僧侶漂泊至此，有時旅人來此住宿，有時小孩住在裡面，有時盜賊會在此過夜，各種不同的人出現於此，但這些人都是暫時借住，馬上就離去，所以又變成空屋。本來什麼都無，就是人的本源之心，人本來的心的狀態。

佛教中所言的空、無、無心，就是人的本來之心的形態，如同空洞的房屋般什麼都無。本來一切皆無之處會產生迷妄等各種心理狀態。因此雖說什麼都無，實際上有煩惱、痛苦、悲傷、寒冷、暑熱之心，雖有這些心但這也是自然狀態，本來為無，因此有也是無，在亦是無，這就是人的心的本來狀態。為了使大家都理解這點，才提出此故事，其實幡和風並無任何目的。

第三十則　即心即佛

馬祖因大梅問。如何是佛。祖云。即心是佛。

【無門曰】

若能直下領略得去。著佛衣喫佛飯。說佛語行佛行。即是佛也。然雖如是。大梅引多少人。錯認定盤星。爭知道說箇佛字三日漱口。若是箇漢。見說即心是佛。掩耳便走。

【頌曰】

青天白日。切忌尋覓。更問如何。抱贓叫屈。

【譯解】

馬祖即馬祖道一禪師（西元709～788年），是唐代四川省人，俗姓馬。唐代是身分差別非常嚴格的時代，身份低的一族被稱為馬氏，馬氏多半在河邊挖掘土壤、建造小屋、做畚箕，賣此為生。當然，現在中國已沒有這族存在，那是封建時代的情形。

當時被認為最低賤的階層——馬氏，族中有人生了一個男孩，名叫道一，後來跟隨南嶽懷讓禪師坐禪，終成聞名天下的名僧，即本則介紹的馬祖。

某些書形容馬祖為「虎視牛行」，表示如虎般銳利的眼神，如牛步行般的行走狀態。書中記載說，他笑時

口裂開到嘴邊，舌頭伸出來可達到額頭。馬氏雖然是出身低微的禪僧，且容貌奇怪，但其人道心仁厚，經修行後成為偉大的馬祖道一禪師，弟子雲集，聽說英傑輩出，約有一百三十人。被並稱為「江西的馬祖、湖南的石頭（石頭希遷禪師）」，弘揚了南宗禪，百丈和南泉都是馬祖的弟子。

「馬祖因大梅問。如何是佛。」表示馬祖的弟子大梅問師父馬祖說「如何是佛」。

這是新來的弟子必會問的問題，雖然只是形式，但必須要問。

大梅是大梅法常禪師（西元752～839年），是馬祖的法嗣，俗姓鄭，湖北襄陽人。起初參見馬祖時，問「如何是佛」，聽了「即心是佛」的答覆後馬上開悟，於是到天台山的一峰大梅山，在那兒自己結草庵，以即心即佛為信條，從此沒有再下山。有人告訴大梅，馬祖最近說「非心非佛」，但大梅答說：「馬祖所說的非心非佛很對，但我要說即心即佛。」

「祖云。即心是佛。」馬祖回答說「你的心就是佛心」。

洞山和尚被問「如何是佛」，不知回答什麼，因此以手中所取的麻回答說「麻三斤」。而雲門則回答「乾屎橛」。

「如何是佛」這問題的解釋方法很多，可答「勿打盹」、「別囉嗦」，視場合而定。也有人會覺得禪僧的回答太不負責任，其實並非如此。就場合而答，意謂日

常的心即佛的心。平時我們並無思量佛為何？在量麻布或做工作時，偶然被問及這個問題，於是洞山回答「麻三斤」。並非麻三斤才是佛心，麻一斤不是佛心的意思。以此看來，從字面上看禪僧們的答案好像很不負責任，其實是有無限的責任。

佛教常以心為問題，所謂心是人的心，非佛與神的心，將心以惜、慾、憎、愛四種方式表現出來，這四種狀態操縱了人的社會和世界。像這樣的心就是馬祖所答的佛。本來佛是佛陀的省略說法，「自覺到自己的真實之心的人」的意思，因此佛就是人。

可是，基督教的神並不是人，而是在遙遠的天堂中有一位超越人間界的全知全能的耶和華。基督與神之子是人與神之間的聯繫，他取代了罪深的人類，被釘在十字架上，於是產生了神與神之子、基督與精靈的三位一體說。

佛並不是基督教中所稱的神之子，而是指我們凡人能自覺到自己的真實之心，隨時可成佛。若是無自覺，但有佛心，這稱為佛性。任何人都擁有佛性，其差距只是在於有無自覺。佛與凡人的差異即在此。

因此，並不是在寺廟的須彌壇中積滿沙塵，才可成佛。亦不是說名勝古蹟中的大佛才是佛。佛並不是金、木、石。所以有時禪宗的僧侶不太重祖佛。

心理學者下定義說，心就是延長、物質就是限定，表示心不被任何東西阻礙，無限延伸之意。例如：在牢獄中思念情人，心會穿過堅厚的牆壁，到達遙遠的情人

那邊。但是稱為肉體的物質，無法從牢獄中穿越而出，會被限定。雖有如此的定義，我們能依此定義理解心嗎？在佛教中更具體的想理解人的心。

心──馬祖稱為佛。但是在惜心、慾心、憎心等日常之心牽連之下，無法成佛。唯有可自覺到心的本源的人才能稱為佛。

那麼，心的本源是什麼呢？現在我們以達摩大師的故事為舉例，嚐試探討看看。

達摩大師初次從印度來到中國時，在嵩山的少林寺裡，開始進行九年面壁的坐禪。這時有位中年男子神光來拜訪他，這位男子精通《論語》、《孟子》等學問，是一位秀才。但是他直到四十二歲，雖然修了那麼多的學問，但仍無法使自己的心安寧。因此想師事達摩，使自己的心安定，於是來到少林寺。

神光要求達摩讓他入門，達摩不理會他，他一再要求，達摩仍然理都不理，因此神光在那兒過了一夜。由於當時是二月天，深夜開始降雪，神光的膝蓋都陷入雪中。但神光有極強的耐心，雖然雪淹沒了他的膝蓋，但他仍一心一意請求達摩讓他入門。可是達摩依舊不理會他，最後神光切斷自己的左腕給達摩看，表示他入門的決心（《傳燈錄》中記載為「時鮮血，淋漓雪上」）。

這時達摩才轉頭問說「你來做什麼？」神光即刻討教說「我想使我的心安定」。達摩回答說「好，要使你安心，那麼你將心拿過來。」神光說「求心不可得了，心不可取出。」達摩馬上一喝說「你安心了。」那一瞬

間神光恍然大悟，其後神光成為達摩的弟子，即禪宗第二代祖師慧可大師。

從這故事可知，心本來就無法掌握，此即心的本性。心無一定的方向，不會終身悲傷。有時憎心會改變為愛心。因為心的本性非憎亦非惜，這種狀態在禪中稱為「無」與「空」。本來心的本性無定向，和外界的種種事物結合而成憎、惜等狀態，千變萬化。

有「憎愛煩惱」的人的心，本來並無具備任何憎愛因素，將這種無向之心稱為佛心。接下來看無門和尚的注釋。

無門曰：「若能直下領略得去。著佛衣喫佛飯。說佛語行佛行。即是佛也。」表示如果能馬上理解馬祖所說的「即心即佛」的意義，而著佛衣，吃佛飯，說佛的教義，行佛作佛法的就是佛——無門如此注釋。簡單的說，能了解馬祖所說的話才能稱為僧。

「然雖如是。大梅引多少人。錯認定盤星。」錯認定盤星表示看錯了刻度。定盤星就是秤的刻度。表示「雖如此說，但大梅和尚讓許多人誤認佛法的基準」。

也就是說，無門讓很多人誤解，以為「佛心原來如此，以為惜、慾、憎、愛之人心為佛心，那麼我們如此生活就好」，閱讀此公案而產生誤解的人不少。

人道主義將佛教中的惜、慾、憎、愛的人心等加以肯定，認為這是人類真實的狀態。但是，我們不可依賴近代的人道主義來理解佛心。禪並無直接承認愛憎之心，而是將其根源之心稱為佛。

　　你的心是佛，並非意謂日常的惜、慾之心為佛。假使盲目相信即心即佛，肚子餓了就吃飯，想喝啤酒就喝啤酒、想睡覺就睡覺，成為自我中心主義毫無秩序，若誤解這就是佛，則大錯特錯。

　　惜、慾、憎、愛之心本源完全不同，本源之心才是「無心」，佛亦即如此。

　　「爭知道說箇佛字三日漱口」，表示只是開口道出個佛字，就應當漱口三天。

　　「若是箇漢。見說即心是佛。掩耳便走。」意謂一個男子漢，聽到即心是佛這句話，就應該掩耳走開，無門如此嚴格的評論。

　　望求佛心，恐生愛心和憎心，而呆板坐禪的話，好比路邊的石頭和樹木般。必須體會無心的心是自由自在的狀態，不可隨意開口言佛或佛心。

　　主張開悟或佛心的人們從未真正開悟過，就如同「味噌有味噌氣味存在的，非高級味噌」。表示一舉手、一投足，自然呈現出來的開悟狀態，非真開悟。如果有人在旁邊很嚴肅的說「即心是佛」時，我們掩耳迴避就好，若一不小心說出話時，要漱漱口。

　　古代有位高德之人名叫許由（大約前2323～前2244）。堯帝八十六歲（前2287），深感衰老，兒子丹朱不肖，在他那個時期，世襲制尚未形成，而且帝堯也不願因愛子而誤天下，聽說許由清高大志，便派人求賢，想把帝位禪讓給許由。許由聽後匆忙到潁水河畔掏水洗耳，認為帝堯的話染了他的耳朵。

這時剛好許由的好友巢父牽牛而過，問許由說「你為何洗耳？」於是許由回答。

「現今的皇帝欲讓位給我，且派遣敕使前來通知我，聽了敕使的話後，我才來洗耳。」

巢父接著說：「原來如此，那麼我不能讓牛喝這些污水。」便牽著牛離開。

這就是著名「許由洗耳」的故事。

這則故事的宗旨和無門所說的相同。

常被尋問「坐禪可達到無心的境地嗎？」為得無心而努力坐禪，但愈努力坐禪愈會想出許多事。偉大的禪師白隱和尚說：「坐禪時想到許多事情，最後想不出什麼時，便想到二十年前跟鄰居的老婆婆借了三盒黑豆。」

若被問及何為無心時，最便捷的答覆方法，就是用力刮對方的耳朵，被打者會叫說「好痛」，在剎那間除了痛之外不會有任何感覺。

無門談及無心時，頌曰：

「青天白日。切忌尋覓。」青天白日表示天空萬里無雲，一片蔚藍的天。

「君子之心如天不知白日」是《菜根譚》中的一句話，表示君子之心應像青天白日般才行。不說謊、不隱瞞，找不到一絲錯誤，如青空般的心，才是君子之心。

有時我們會感到悲傷、憎恨，但是無論如何都應努力使心如青天白日，這也就是修行的目的。

如青天白日般的心，非神或君子才擁有，凡人也能

擁有這樣的心。因此頌勸我們「切忌尋覓」，意謂到處
搜尋追求也不會有。

即使讀了萬卷的佛教和哲學書籍，也無法找到青天
白日之心。好比讀了幾十回的聖經，也不能覓得神之
心。大家自己問問自己看看，了解自己心的本源，就是
青天白日的無心之心。

「更問如何。抱贓叫屈。」贓是盜品；屈是無辜的
罪，好比手緊抱盜品，卻喊叫自己無罪的竊盜般。

喊叫無罪的人，騙得了他人騙不了自己。想知道自
己的心，問別人或閱讀書籍都無用，除了自己尋找以外
別無他法。

本故事以人為中心問題。唯識學派會說佛教是「萬
法唯識」與「三界唯心所造」。表示一切萬有的世界是
從一心所造成的。但是，所謂「造成」並不像基督教所
說，天地由神所創造那樣。一切萬有表示依靠人之心認
識其存在的意思。由於承認萬有，使本來無心之一心產
生了一切悲喜憎愛之心。這就是即心即佛之意。

從唯一的佛心生起凡人的千念萬念。一念成為萬
念，萬念經壓抑後會回復一念，一念經擴展後會形成萬
念。哲學家將這些情形稱為「一即多的理論」。

這種一即多的思考法，在佛教以前已存在於印度。
自己心中信仰的一神會成為八百萬的神，自己信仰的一
佛在十方剎土裏會呈現為諸佛諸菩薩，這是一即多的狀
態。

第三十一則　趙州勘婆

趙州因僧問婆子。臺山路向甚處去。婆云。驀直去。僧纔行三五步。婆云。好箇師僧又恁麼去。後有僧舉似州。州云。待我去與爾勘過這婆子。明日便去亦如是問。婆亦如是答。州歸謂眾曰。臺山婆子我與爾勘破了也。

【無門曰】

婆子只解坐籌帷幄。要且著賊。不知趙州老人善用偷營劫塞之機。又且無大人相。檢點將來二俱有過。且道那裏是趙州勘破婆子處。

【頌曰】

問既一般。答亦相似。飯裏有砂。泥中有刺。

【譯解】

據說趙州八十歲時，擔任趙州觀音院的住持，才開始教育弟子，在這之前他都進行修行的工作。

「因僧問婆子」，表示有一天僧侶問一位老婆子，有關趙州和尚的弟子的故事。禪宗的叢林和老婆子有密切的關係，在偉大的和尚的寺廟附近有一位學問充實的老婆子。

著名的白隱和尚住處附近，有一位老婆子。僧侶們

偶爾被請客時要做禪的問答，老婆子常手持火筷，若是僧侶答錯則用火筷燒僧侶的大腿。

在此列出修行中的僧侶與老婆子的對答。

「臺山路向甚處去」，臺山指五台山，位於中國的山西省，傳說從古以來文殊菩薩居住於此山，高約三千公尺，夏季時留有殘雪，山上有五台山清涼寺。

文殊菩薩被尊稱為智慧的菩薩，禪堂中必祭祀文殊菩薩。《碧巖錄》第三十五則記載禪僧無著文喜上五台山，遇見文殊菩薩與之對談的故事。當時的人認為登上五台山，遇見文殊菩薩是最高的理想。因此不僅禪宗如此，佛教各宗的僧侶也爭先恐後的去參拜。可是，進行普通修行的人無法瞻仰文殊菩薩的容顏，須下山重新修行。據說此地是佛教徒最憧憬的聖地。

黃檗希運亦確信，自己真正開悟，可遇見文殊菩薩，於是到五台山去，在途中遇見了一位禪僧，禪僧問他「你要去那裏」，他回答「我要到五台山見文殊菩薩」，禪僧笑著說：「無論你的修行多麼高深，到五台山也沒辦法見到文殊菩薩，但是五台山必然在山上。在街中、川中各地區都有五台山，都有文殊菩薩存在。」

聽完這番話他忽然徹底大悟，從此黃檗希運不再上五台上。

本則故事以街巷中的傳說做為問題。

「臺山路向甚處去」，表示修行僧請教老婆子「到五台山應走那條路？」

「婆云。驀直去。」表示這位老婆子說「直走」就

可到達目的地。

「僧纔行三五步」，是說問路的僧侶道謝後走了三五步。

「婆云。好箇師僧又恁麼去。」好箇師僧意謂偉大的僧侶。老婆子說「偉大的僧侶又走了」，隨後在僧侶的背後伸了伸舌頭。這裡的「又」字，表示每天想去五台山的修行僧多的無法計數之意。雖然如此，但到茶店的僧侶必會跟老婆子問路。

「後有僧舉似州」，舉似的似字和表示同意思。意謂到後來僧侶們向趙州說明老婆子的事情，闡述他們詢問如何至五台山的經過，並明白敘述老婆子在背後嘲笑他們的細節，問趙州說：「老婆子這樣做的用意何在？」

「州云。待我去與爾勘過這婆子。」勘過是勘見、調查的意思。聽了這些敘述後，趙州說：「好，我為你們前往試探，為何老婆子這麼說。」

「明日便去亦如是問。婆亦如是答。」意謂聞此話的趙州於第二天，打扮成旅行的裝束登上五台山，和普通的僧侶一樣問老婆子相同的問題，而老婆子也一如往昔的回答。

「州歸謂眾曰。臺山婆子我與爾勘破了也。」是說趙州歸來向寺中的弟子們說「我已為你們看穿了老婆子的心理」，到底看穿了什麼？只看文章無法得知，我們還須閱讀無門慧開的注釋。

無門曰：「婆子只解坐籌帷幄。要且著賊。」坐籌

帷幄這句話出自《史記》張良的故事。帷幄的帷指垂幕、幄指拉幕，指戰鬥時圍陣營的幕，而後轉變為進行作戰計劃之處，即參謀本營。坐在後方的本營，不到外面去，只計劃作戰的策略，才是「坐籌帷幄」。

表示這位老婆子，如同參謀將軍般，坐著進行計劃，決定勝負。意謂老婆子自己不到五台山，也不到趙州這兒，只坐在那裡和許多僧侶做禪的問答，決定孰勝孰負。「解」並非理解的意思，而是能做到的意思，為助動詞。

很遺憾的，被賊偷竊了卻未察覺。著賊是遭賊擊之意。這個老婆子想坐在那兒來決定千里之外的勝負，卻不知自己的心意已被趙州和尚視破了。所以用被賊侵襲而不自知來比喻這位老婆子。

第一次向老婆子問路的弟子資質較愚鈍，因此被老婆子猜中了。可是，第二次趙州喬裝成弟子的裝扮，老婆子就猜錯了。趙州是偉大的禪僧，但老婆子卻沒視穿，而回答相同的話，即「好箇師僧又恁麼去」。老婆子的心理反而被趙州看透，露出馬腳。

「不知趙州老人善用偷營劫塞之機。又且無大人相。」善用偷營劫塞表示深入敵陣，威脅到對方的意思，意謂忍者的雕蟲小技。

趙州和尚年歲已高，弟子向他抱怨，他馬上說「好，我替你們討回公道」，彷彿孩子們吵架時大人助陣般，此非大人應有的行為。這二句話直接的翻譯是趙州和尚潛入敵陣中，擊敵人的行為很了不起，但這不是

大將軍應有的作風。

「檢點將來二俱有過」，檢點是檢討的意思。表示無門說，經過仔細檢討之後，發現二人都有過失。趙州不具有大人氣概，而老婆子也沒能看出趙州的道行，因此趙州和老婆子都不合格，但是不合格並非本義。

其實，由另一角度看來，是在讚美趙州和老婆子，認為這二人的所作所為都很偉大。但是他們本來不須說多餘的話，只須打坐就好。因此由這點看，二人都有過失，但這並無大礙。

「且道那裏是趙州勘破婆子處」，且道是說「不論如何你們說說看」的意思。那裏是什麼的意思，表示趙州為了弟子們前去視破老婆子的心理，但他究竟視破了什麼呢？

無門慧開雖然如此注釋，但自己沒說明答案，反而說這就是問題所在。認為自古來「答案就在問題中」，確實，若能解釋問題，必能自然求得答案。

例如：升學考試時，考生被問成績如何？若回答「還好」、「大概會」的人，必定落榜。因為其對問題只做大約的理解，而沒全然了解。假使明瞭考題問的是什麼？自然會回答。

但是本則的問題重點為何呢？趙州究竟視穿了老婆子什麼呢？此處只提問題並答解答，接著頌曰：

「問既一般。答亦相似。」一般是同一的意思。顯然，問題相同，答覆也相似。弟子與趙州皆問老婆子「臺山路向甚處去」老婆子以「驀直去」回答。

「飯裏有砂。泥中有刺。」表示假使飯中雜有砂粒，咀嚼時會發出聲音，損害牙齒。泥中存有刺時，以手握泥會刺傷手指。

有些人說的話會刺激人的心，擅長發言。像這樣的人，腦筋雖好但不受歡迎。意謂說話不可太尖銳的意思。

趙州問老婆子「臺山路向甚處去」，這個問題另有含意，如飯中有砂、泥中有刺一般，若沒看出飯中砂及泥中刺，就會像五台山的老婆子那樣，不設防的露出馬腳。無門如此訓誡我們。

那麼，到底趙州看透了老婆子什麼呢？

最近已無男女的差別，因此女權運動者主張男女平等是很公道的事情。但是在佛界從古以來就無歧視女性的文獻記錄，而儒教有非常蔑視女性的精神。有關佛教方面釋尊初次組織教團時，他的妃子和叔母都出家當比丘尼，這就是尼姑的起源。以佛教徒的觀點而言，認為男女完全相同擁有權利。但是儒教傳入後，社會組織中自然造成了尊男卑女的觀念，產生社會倫理。其實佛教自始至終都沒否定過女性。

但是，觀察禪的歷史，發現從未產生過偉大的女性禪僧。只有一位名叫鎦鐵磨的尼姑較著名，這個人生於唐代已得到開悟的境地。只有她是著名的女禪僧，其餘皆為男性禪僧。

其實，在男性的禪修行中，能成為偉大的僧侶，其背後必有偉大的女性存在。

　　主張男女平等，期望發揮自己的能力，固然是一種好現象，但須知真正的女性是當母親或當支持丈夫的妻子，在背後的力量「才是女性最偉大之處」。但是愈隱藏愈會彰顯，自己愈謙虛在社會上愈被人肯定。例如：某公司的董事長很了不起，他的妻子也很了不起。相反的，太過突顯自己的女性，會被批評說「董事長很了不起，但他的妻子太好管閒事」。

　　老婆子每當遇到僧侶時，便對他們指示應走的方向，告訴僧侶直走就好，不須到五台山。也就是說，在自己的寺廟中坐禪就可以的意思。

　　這位老婆子具有母愛，這才是真正的女性魅力。本來，每位母親都覺得自己所生的小孩最可愛，不論腦筋聰穎或愚笨，不論健康與否，只要是自己的小孩，就覺得他伶俐乖巧。默默的養育孩子，使孩子在社會上有出人頭地的一天，像這樣的女性才是真正的佛教女性觀。

　　高雅的女性不會穿著價錢昂貴、標新立異的服裝，更不會想出風頭。也許各位會認為這樣的思想太落伍，但是在丈夫背後協助、支持丈夫，讓丈夫安心在外工作，才是真正的女性像。當然，不喜歡待在家的人，可參加社會活動。但是，那些喪失高雅的女性和喪失風味的女性，已無女性魅力可言。

　　所以五台山的老婆子，是女性中的女性，由於有這樣的老婆子，中國才會有臨濟、趙州、德山等偉大的禪僧輩出。

第三十二則　外道問佛

世尊因外道問。不問有言。不問無言。世尊據座。外道讚嘆云。世尊大慈大悲。開我迷雲。令我得入。乃具禮而去。阿難尋問佛。外道有何所證讚嘆而去。世尊云。如世良馬見鞭影而行。

【無門曰】

阿難乃佛弟子。宛不如外道見解。且道外道與佛弟子相去多少。

【頌曰】

劍刃上行。冰稜上走。不涉階梯。懸崖撒手。

【譯解】

世尊指佛教立教開宗的釋迦，由於世人尊敬他，因此稱他為世尊。

所謂外道，現在使用為脫離正道的壞人。但是本來外道並沒這種意思，原本是指信仰佛教以外的宗教或哲學思想的人。

釋迦在世的紀元前五百年左右，是恆河流域古印度文明最發達的時期。當時的印度和現在的印度迥然不同，在文化、學術方面為世界第一，現在仍然存有許多我們無法製造的偉大雕刻和寺廟建築。

　　因此他們的思想也非常自由，處於無戰爭、平和的時代，所以各種學說思想嶄露，可謂為百花齊放的時代。聽說當時佛教以外的學說思想，即外道，已有九十六種。

　　其中最有權威的是正統婆羅門派的思想，他們認為梵天才是最高、唯一絕對的神，一切事物由此而生，同時自己本身也溶入萬物之中的思想。據其思想認為，人類也是梵天創造的，同時梵天自身也溶入人類心中。因此，認為可去除煩惱、發現自己中心的梵天——也就是阿恆摩（自我），確立永遠不滅的自己的想法。佛教稱此情形為「常見」與「常住之見」。

　　與婆羅門教的思想「常見」相對立的思想是「斷見」與「斷滅之見」，即印度古典唯物論。這在前面已說過，再此簡單重複一遍。

　　認為一切的現象是從阿拏（原子）而形成的。所以人類死亡被視為構成人類的阿拏分解的原因。當亞歷山大帝遠征時，身旁跟隨許多希臘哲學家，因此在印度產生了印度哲學家和希臘哲學家的爭論，受到各地的影響，尤其受古典唯物論的影響最大。例如：希臘的Demokritos是創造古典唯物論的人，到了後代，馬克斯在柏林大學的畢業論文就是有關Demokritos的唯物論。

　　據唯物論的思想看來，不承認溶入於個人的梵天（阿恆摩）又回到天的梵天（根本我）的輪迴思想。當然，他們認為死只是原子分解而已，因此不肯定做壞事的人死後在冥界中被稱為獸類。

如前所說，主張梵天不滅的存在說，是依靠坐禪冥想將自己與不滅合為一體，以此為人生最終目的常見論。以及主張一切虛無，不可能有不滅存在的斷見論。這二種論系使古印度思想分為二派。當然，尚有其他小勢力的思想，但印度人大部份都相信常見論或斷見論。

可是，釋尊卻否定了這二種論調，他認為無論常見或斷見，都只不過是淺薄的人類知識所產生的，隨意想像永遠不滅的存在，或主張一切皆由阿拏（原子）形成。本來人類的知識和理性只是幻影般的存在而已，因此這二種主張只不過是人類的智慧所產生的罷了。然而，太執著於人類的知識所產生的萬物，因此會引起煩惱。釋尊認為能脫離執著於知識之心，才是唯一的方法。

釋迦是年輕哲學家，但他和現在的年輕哲學家不同，主要在於他不會對煩惱耿耿於懷，且能果斷下定決心，自己離家出走，為追求不滅的真理，到大雪麓拜訪聖者。他最初遇見的師父屬於常見派，相信平靜坐禪冥想，心中便會浮現不滅的靈根。

修行了六年後他斷念下了山，在恆河的菩薩樹下再一次熬夜坐禪，約在凌晨三點左右看見曉明之星，於是他徹底大悟。那天是十二月八日，因此現在的禪寺稱這天為成道會，每逢此日必隆重舉行紀念儀式。

「世尊因外道問。不問有言。不問無言。」

有一回外道請問世尊「不問有言。不問無言」這句話，有言與有見是常見論，無言和無見是指斷見論。捨

棄有見與無見等於虛無主義，年輕人對這種思想非常青睞，什麼皆無的唯物論思想，自然會傾向虛無主義的想法，因此唯物論哲學和虛無主義可以相通。當然，並不僅有唯物論會發展而成虛無主義，其他各種理論也會發展成虛無主義。

但是，捨棄虛無和永遠不滅的靈根，在佛教興起的背景之下問道：「即然非有見，亦非無見，則佛教之真理為何？」

「世尊據座」，據座是默默坐著的意思。外道問「釋迦否定了常見論和斷見論，那麼佛教的真理為何？」對於這個問題，世尊不做任何答覆只沉默的靜坐，類似這種情形只有禪的問題才會發生。

例如：站在門檻上問別人「你猜我要進來或出去」，對方答「進來」他就出去，答「出去」他就進來。像這種矛盾的話，當然形成問題後，就成為矛盾的問題。

世界上沒有只存在著幸福而無痛苦的生活，沒有痛苦只有快樂的世界是極樂世界，極樂世界是非常無聊、乏味的。本來勞苦和幸福是一體的，以此想來可知，這世界不會只有真實而無虛假存在。即有真實必有虛假，例如：伸出手來，就有手心與手背。人也是一樣，有男女之別才有意義，像這樣的世界是相對的世界。

不過我們人類因有苦、樂、悲的事情，才會造成各種迷妄與煩惱，想解決苦惱，須先超越這種相對的世界。能超脫有無、悲喜的境地，才是人的基本，這種境

地再回復到煩惱、迷妄的境地，就是佛教教示的中心。

因此有無相同，生死無異，這樣的境地才是真正的生死狀態，能醒覺到這種情形，才能稱為開悟或徹底大悟。

但是有即是無這句話不能視為理論。在歐洲興起的形式論理學，主張有就是有，無就是絕對的無。自然科學也是以這種想法為基礎而形成的。但是佛教卻教導我們「有即是無」，此稱為佛教性的真實，但這種論調不合乎邏輯，由於無法明白表達，因此以言語道斷來表現。世尊就是依靠沉默來表達，言語道斷的境界是依靠經驗而不是依靠禪說。

「外道讚嘆云。世尊大慈大悲。開我迷雲。令我得入。」外道也是很偉大，後來他成為佛教的僧侶，他非常稱讚釋迦，他說：「釋尊十分慈悲，為我開迷妄之雲，使我進入開悟的世界。」令我得入是使我開悟的意思。

「乃具禮而去」，表示做過禮拜之後離去。

外道已領會世尊沉默的含意，但在旁邊看著他們二人做問答的佛弟子阿難並不了解。

阿難隨著釋尊修行了二十年，釋尊在世時他沒能開悟，後來因自己的師弟迦葉的關係才開悟。阿難被稱為坐行第一，是非常綿密的人，乃是一面流淚一面坐禪的偉大僧侶。雖然他受到釋尊的教導，但卻無法開悟，是釋尊的弟子中資質較愚鈍，較無慧根的一位。

「阿難尋問佛。外道有何所證讚嘆而去。」是說在

一旁觀看的阿難尋問「那位外道開悟了什麼？才如此的讚美你，然後離去」。

「世尊云。如世良馬見鞭影而行。」即釋尊回答：「他好比世間的良馬，看見鞭子的影子就飛奔而出。」世良馬是好馬的意思。

據釋迦所說馬有四種。第一種——駕馭者手拿鞭子，馬立刻會跑，這種馬即良馬。第二種——駕馭者以鞭子觸碰馬的鬃毛或身體，馬就會跑。第三種——用鞭子鞭策才會跑的馬。第四種——被鞭打感覺疼痛時才會跑的馬。經典中記載有這四種馬。

其實人的性質和這四種相同。進行禪修行的人當中，有些人看見鞭影就會開悟，但是有些人卻要被鞭打到很痛，才慢慢醒悟。然而，最後的結果如何呢？這就另當別論了。

經過鞭策才會站起來的人，要吃苦一、二十年後才能成為偉大禪僧。而看見鞭影馬上跑的優秀人才，往往被寄予莫大的期望，但也許一年後他就消失的無影無蹤。因此不見得看見鞭影馬上奔跑的馬就是良馬。

坐禪時有一種狀態稱為茶壺坐禪，其情形如茶壺般，坐下來馬上發熱，從火爐放下來馬上冷卻，這種坐禪方式不會有成就。應該像鐵茶壺般，放於火爐上很久才會熱，一旦熱就難以冷卻，這才是最好的方式。相信阿難尊者是屬於後者。

無門曰：「阿難乃佛弟子。宛不如外道見解。」阿難尊者是跟隨釋迦做了二十年佛教修行的佛弟子，但是

其力量還不及外道。外道看世尊沉默馬上恍然大悟，道謝後即離開，但是阿難卻還不能醒悟。

「且道外道與佛弟子相去多少」，表示試看外道與佛弟子的才能相差多少，無門如此注釋。

可是，如前所說，未必看見鞭影馬上就跑的人才是偉大的人，而斷定被鞭打後才跑的人是偉人的想法也不對。阿難尊者勞苦二十年，如鐵茶壺般慢慢加熱，後來繼承迦葉為第三代祖師。其實阿難已深深體會到佛教的教示，可能在外道開悟的那一瞬間他疏忽而沒開悟吧。

確實，即刻開悟和逐漸開悟的理解力有所不同，可是一旦開悟後情形是相同的，無門這樣說明。

無門於頌中說——

「劍刃上行。冰稜上走。」表示如走在銳利的劍刃上，不知何時會被割破；又如走在冰上般，一不小心就會喪失生命。總而言之，無門勸我們要像賭注自己的性命般認真去做。

「不涉階梯。懸崖撒手。」不涉階梯是不爬上梯子的意思。從前在印度要成佛必先入菩薩的世界，據《菩薩十地經》所說，菩薩的世界裏有如梯子般的五十階梯，沒登上這五十階梯無法進入佛的世界。但是傳入中國以後，禪的世界發展成在一瞬間可開悟，將這種狀態以「不涉階梯」表現出來。

「懸崖撒手」，表示在絕壁上放了手的意思，意謂「大死一番」，一離開就會墜落的意思。

具有大死一番的決心，才能成為有成就的佛教僧，

以生命為賭注求得開悟的阿難比外道更偉大，無門為了表達這個意念才引用此公案。

換句話說，要徹底研究自己的專業，不可像打工般隨便就結束了人生。現代的社會中，很少有人會以自己的生命為賭注而努力工作，多半人過著「醉生夢死」的生活，在如夢似幻的生活中度日，繼而死亡，這樣的人生多麼沒有價值。

二十年勞苦才開悟的阿難，和一瞬間就開悟的外道不同，他是專業的佛教徒。雖然開悟的時間是外道較簡短，但是對於佛教的熱愛和修行、努力方面，阿難卻勝過許多。因為阿難以自己的生命來修行。

所謂專業，首為貫徹一種工作，次為工作的基本態度正確，第三是了解正的基本知識，一旦失敗能馬上恢復。第四是知道基本的應用問題無限多。無論走那條路，對一件事情專心，就會產生無限的問題，這無限感可和無限者合為一體感。進而對無限的創造產生喜悅感，感到生活很有意義。

禪的修行無止境，這種無限感使無限者與自我合為一體，這種無限者在基督教中稱為神，佛教中稱為佛，因此無常的人可得永遠的生命。劍術之所以成為劍道，棒球之所以變為球道的原因，在於能醒悟無限的境地。

阿難尊者雖被認為是較愚鈍的弟子，可是當了佛弟子二十年後，他具備豐富的專業知識。阿難的宗教生涯實在令人佩服，這二千年來一直繼承佛法的，並不是聰明伶俐的外道，而是愚鈍的專業佛弟子們。

第三十三則　非心非佛

馬祖因僧問。如何是佛。祖曰。非心非佛。

【無門曰】
若向者裏見得。參學事畢。

【頌曰】
路逢劍客須呈。不遇詩人莫獻。
逢人且說三分。未可全施一片。

【譯解】
馬祖道一（西元709～788年）是南嶽懷讓的弟子，馬祖道一重禪機，亦即禪的作用，吐喝、皺眉、棒打，這樣特別的傳達方法都是馬祖所創。馬祖禪師是洪州宗的宗祖，傳統的禪風在馬祖時代完全改變。唐德宗貞元四年二月一日，馬祖沐浴跏趺入滅。其舍利建塔歸葬於建昌石門山，塔曰大莊嚴。

馬祖的弟子為百丈懷海，百丈亦有弟子黃蘗希運，而臨濟義玄又為黃蘗希運之弟子。此三人皆為洪州宗的直系傳人。他們否定教相、教學，想用極簡單的條則，如吐喝、皺眉、棒打等來傳襲真道，這也是馬祖獨特的宗風。

馬祖的容姿在「第三十則即心即佛」中已詳述。他

是個得道的高僧，自己開山立派，在他之後也有偉大的繼承者。

當馬祖出家，成為名僧後，有一天，帶了許多弟子，回到四川省馬家村的故鄉。村人們知道了名僧要來這偏僻的小村莊，都覺得很光榮，為馬祖舉行了盛大的歡迎會。

馬祖帶著眾小僧乘著大轎而來，村人們夾道歡迎，突然道路旁有一個人吃驚地大叫：「這不是在河邊編畚箕的小子嗎？」馬祖聞言大笑。

「士別三日，刮目相看。」馬祖開懷豪邁地說。這句話比喻，即使多日不見，別人已有進步，即不能再用老眼光去看人。男子漢不斷的奮發努力，總會不停的進步。

一天早上，馬祖在禪堂坐禪，師父南嶽懷讓來，南嶽問他：「你在做什麼？」

馬祖回答：「我要成佛。」

南嶽撿起地上的一片瓦來磨，馬祖奇怪的問：「師父，您在做什麼？」

「我要把瓦磨成鏡子。」

「哈！哈！那是一塊瓦啊，不論磨多久都不會成為鏡子的，這麼作是徒勞無功的。」

南嶽微笑地看著大笑的馬祖說：

「不論你怎麼努力，像這樣坐禪，永遠也不會成佛，一樣是徒勞無功啊！」

聽了南嶽師父的話，馬祖恍然大悟。

　　自古以來，禪宗都很注重「坐禪」，但這並不是意味著只是坐禪一生，就可得道。若只是坐禪，是無法悟道的。

　　凝然不動地坐禪——若只是這樣便能悟道，那麼所有大自然中不動的事物，像松樹、石頭就都能得道了。

　　在人世這樣活潑有生氣的地方，必須有「無入而不自得」的大自在態度，才可悟道。這是南嶽想以瓦為喻，來教導馬祖的。

　　「馬祖因僧問。如何是佛。」有一天，一僧問馬祖「什麼是佛？」

　　「祖曰。非心非佛。」馬祖：「不是心也不是佛。」

　　自古以來，就有「如何是佛」的疑問。新入佛門的弟子都會向自己的師父提出一些基本的疑問。「佛是什麼？」「佛法的大意為何？」「祖師西來之意為何？」諸如此類的問題，幾乎已成為一種固定的形式題了。

　　被請教的師父，若是正在秤麻，就會回答「麻三斤」或「乾屎橛」，或突然捉著疑惑的弟子，反問道：「你說呢？」配合各種時、地顯佛法與弟子。像這樣奇怪的問答方式在禪僧之間很常見。

　　在這裡所回答的「非心非佛」，意思是說，佛道不是心，也不是佛。

　　先解釋「佛道非心」，這句話是有典故的。之前，「即心即佛」都被認為是馬祖的中心論旨，馬祖說，這裡的「心」，若是凡子之心，就是佛。

　　心的解釋，非常困難，若翻成英文，可有 Sprit、

Mind、 Heart三字。但在禪佛之中的心是包括了這三字的所有意思，若只譯成Sprit就少了Mind、 Heart的意思，只譯成Heart又缺了Sprit、 Mind的意念，選其一即乏其二。

普通人把心叫一心，唯識學派（唯識）在心之下加上意識二字，成為心意識，而在大乘起信論中則叫做凡夫心。

不管多麼平凡的小人物，心中纏擾著如何世俗的愛、慾、憎、惜，總會有那一時片刻心繫眾生，願眾生安樂。

所謂凡夫心即為有愛、慾、憎、惜等的心，唯識學派非常重視這個問題，因為凡夫心的根源就是佛心。

因為凡夫心的本源為佛心，所以又有佛凡一體的說法，佛凡一體，為真正的佛心。

在大乘起信論中，將如來心和眾生心視為一體，又名一心。一心即佛心，也就是馬祖常對弟子說的，即心即佛。

語言的本意常被人誤解，說的是即心即佛，有人以為就是愛、慾、憎、惜等的凡夫心。能將凡夫心和如來心分辨清楚的人，才能即心即佛。

單純地將凡夫心解釋為佛或佛心是不對的，不然就會有心猿意馬即佛心的錯覺，但馬祖並非將心猿意馬的不定心看成是佛心。

談到即心即佛，會有心猿意馬即佛心的錯覺。馬祖對「如何是佛」之問回答「非心非佛」，對「即心即

佛」之問亦答「非心非佛」。

再來談非佛，佛非佛，這樣的表示方法非常有趣。佛非佛，才是真佛。

張無盡居士，為中國三大居士之一，亦是禪界有名的人。在未皈依佛教之前，對老莊思想很有研究的他曾非常排斥佛教，還曾寫過反佛的論文，叫「無佛論」。張居士的夫人是個信仰十分虔誠的佛教徒，她看了張居士的「無佛論」之後對他說：「很好啊！你若能將這無佛論徹底了解，就能更了解佛。」之後，張居士就皈依了佛教的禪宗。

《臨濟錄》上說「逢佛殺佛，逢祖殺祖」，意思是要殺死自己最尊敬的人。面對佛時，會感到莫大的感動，但若太執著於「佛」，反而會被佛所束縛，叫作佛縛。或被法所縛，叫法縛。能擺脫這些束縛才能達到大自在，大自由的真佛世界。無佛才是真佛，即佛非佛。

非心非佛中的佛是主詞，非佛心，佛亦非佛。也可說即心即佛，心即是佛。

無門曰：「若向者裏見得。參學事畢。」

如果能了解馬祖「非心非佛」的本意，那麼參修的學習就告一段落了。

者裏就是這裡所說的「非心非佛」。

頌曰：「路逢劍客須呈。不遇詩人莫獻。逢人且說三分。未可全施一片。」

這是從《臨濟錄》中所摘錄的古句。在「呈」下加「劍」字；「獻」下加「詩」字；「分」下加「話」

字；「片」下加「心」字，即可成一七言絕句：「路逢劍客須呈劍，不遇詩人莫獻詩。逢人且說三分話，未可全施一片心。」

如遇劍道高手，才可呈出寶劍，見到詩人，再對他獻詩。

若非劍客而呈劍就不對了。一般人對劍客的概念都是劍術很高的「俠客」，其實所謂「劍客」亦有其卑劣的一面。他們挾著劍術而欺負弱小，但遇到比自己厲害的高手時，卻又卑躬曲膝或抱頭鼠竄。

遇非劍客而呈劍，對不是詩人的人獻詩，都是對牛彈琴，掃興之至。真正的佛法，不是真心研究佛法的人很難了解體會。

僧人問「如何是佛」，馬祖答「非心非佛」。其實僧人預期的答案是「即心即佛」，也就是心即是佛。因此當馬祖答「非心非佛」時，僧人十分驚訝，因為答案出乎其意料之外。馬祖對吃驚的僧人說，像你這樣雜念多，慾望多的凡夫心如何成佛？僧人啞然慚愧。

馬祖很親切誠懇的將「佛」完全表示出，佛並不只是凡夫之心而已，若只是佛的世界才存在佛，那就不是真佛了。所以能真正體會出「非心非佛」的人，他的參修就已達到某個境地了。

無門慧開在頌中說，對不懂佛的人說這麼深的道理，就好像對不懂詩的人獻詩一樣；除非對方是對佛法有相當認識的人，否則不要用「非心非佛」來回答。

「路逢劍客須呈劍」無門慧開用開玩笑的口氣說：

若不是劍客就不要揮劍，以免嚇著了對方。

「逢人且說三分。未可全施一片。」這兩句話是七言絕句，在「分」下加「話」，「片」下加「心」而成。這兩句話是說，不可對別人交出全部的真心，說話時不要完全將意思說出，要留下一些空間讓對方自己去領悟。

逢人說話時，只能說出三分之一，要留下三分之二，不可說出全部。這真是有趣的說法。

大慧語中說「勢使盡，災必至」，「福受盡，緣必孤」，「規矩行盡，人必病」，「好語說盡，人必悔之」這樣的四句話。

在勢盛時，不可不留餘地的仗勢欺人，當大勢已去，必然會招來災害。這句話對行事衝動的人有很大的幫助。

青春、青春。年輕人總是恣意的享受青春，其實不只是二十歲的年輕人才有享受青春的權利，三十歲、四十歲、五十歲、六十歲，甚至七十歲的人都可以享受他們那個年紀的「青春」。若在二十多歲時就將一生所有的青春用盡，那麼過了三十歲後就和七老八十的老人沒兩樣了。三十歲有三十歲的青春，四十歲有四十歲的青春，各年代有各別不同的人生樂趣，千萬不要在太年輕的二十歲時就將青春完全使盡，否則往後的數十年就成為無生氣的行屍走肉了。

「勢使盡，災必至。」現在的學生們和上一代的人大不相同，許多人在年輕時就浪費青春，以致中年時便

孤苦無依，晚景淒涼。

福不能享盡。在今天的社會裏，不能一個人將福和富全享完，要留一部分予子孫，若一個人獨自享完福和富，子孫會抱怨，而年老時就會因子孫的怨恨而無人奉養，而過著孤獨寂寞的生活。若能將一部分的福留予子孫，於是當你年紀大了以後，子孫就會感恩而照顧你，不致因年老而孤單寂寞。

「規矩行盡，人必病。」太過嚴格細密的規則，有如雞蛋裡挑骨頭般的，這樣的規矩，會因太束縛而受不了。有些人用嚴苛的規矩對待下屬，使下屬不但敬而遠之，甚至怨恨。

「好話說盡，人必侮之。」不可將心裡所有的話全部說盡，以免遭人輕侮，最好只說出三分之一，留下三分之二給別人想像的空間。但這也不表示要表裡不一，言不由衷，這其中的平衡點，要自己拿捏準確。

馬祖道一禪師說「非心非佛」，將參禪學習的要點全部說了出來，全部的心都給了對方。但無門慧開禪師對馬祖的這種作法並不以為然，他認為應該只說出三分之一，而留下三分之二給弟子們自行去領悟，這才是習禪的正確方法，這亦是無門給馬祖的忠告。

自古以來就有一個不成文的傳統，當講解《碧巖錄》時，一百則中只講九十九則，必定會留下一則讓弟子自己去摸索。

「逢人且說三分，未可全施一片。」由於如此，習禪的弟子才會不斷的在折葉微笑的禪意中進步。

第三十四則　智不是道

南泉云。心不是佛。智不是道。

【無門曰】

南泉可謂。老不識羞。纔開臭口。家醜外揚。然雖如是。知恩者少。

【頌曰】

天晴日頭出。雨下地上濕。

盡情都說了。只恐信不及。

【譯解】

「第三十四則智不是道」，其實和「第三十三則非心非佛」有異曲同工之妙。語氣上略有差異，但本質上是相同的。

南泉所說的「心不是佛。智不是道」，和前面所說的「即心即佛」是相對的。「即心即佛」容易被誤解，以為所謂佛心就是人間愛、慾、憎、惜的凡心，將即心即佛的價值全抹煞了。

《南泉語要》中有一段話「時僧問祖師，江西大師皆至云，即心即佛，平常心是道。今和尚云，心不是佛，智不是道，學人悉生疑惑，請和尚慈悲指示。」這段話和馬祖的「即心即佛」有關聯。也和第二十七則的

「不是心佛」，第三十三則的「非心非佛」有關。

馬祖道一禪師說「即心即佛」，「平常心是道」。馬祖的弟子南泉和尚又說「心不是佛」。因此學生們很疑惑，請和尚發慈悲心說明一下。根據《南泉語要》而節錄了二句「心不是佛，智不是道」。

「心不是佛」和前面所說的「即心即佛」是相對的，和「非心非佛」卻是相同的。凡夫心必定不是佛心，好比鏡子能照人，鏡中出現人影，但鏡之本身卻是無色無物的，而佛心便是鏡子。

唐朝的圭峰宗密（西元780～841年），南宗六祖禪之直系荷澤神會法系，同時為華嚴宗的祖師。荷澤禪和華嚴哲學有教禪一致說，宗密認為禪教和實踐哲學是相對的，而在《禪源諸詮集》中卻主張實踐和學習一致，宗密和馬祖道一以洪州宗的智慧評摩尼之珠，認為摩尼之珠就是用玻璃製成的鏡子。這鏡子照到紅色，就成紅鏡，照到藍色，就成藍鏡，將被反射物撤去，就成無色的鏡子。無色鏡子好比如來心，那些紅色、藍色的反射物就如同凡夫心。鏡可以是無色、紅色、藍色、黃色，可以是任何的顏色。

馬祖道一說了「即心即佛」，因此馬祖的弟子看到鏡子成紅色，就以為是一面紅鏡，所以說馬祖道一的洪州禪有缺點。這是圭峰宗密的看法。

和圭峰宗密的看法相反的，就是馬祖自己所說的「即心即佛」，和「非心非佛」。紅色的鏡並非真正的鏡子，鏡子的真正面目應該是無色的。

「智不是道」中的智是智慧之意，而這智慧是般若的智慧，而非知識的智慧。

現今大學中所教的都是學術上的知識，而非智慧的教授和指導。佛教的智慧指的是般若的智慧，在智慧上加「般若」二字。事實上，般若即智慧，二個詞的詞意是相同的。

普通的智慧指的就是人世間一般的智慧，或學問的知識。為了有所區別，因此有禪的智慧、般若的智慧，也可叫悟的智慧。有了悟的智慧，才能了解天地的大道。大道原本是道教的術語，是說掌管天地的一切秩序，能隨著天地大道行走的人，就是所謂的聖人君子。

在佛教中，也有佛道一詞。這裡的「道」，是表示要到達佛的境界的般若智慧，而能了解如何走向此境界的過程，就叫開悟。

助道、方便皆為佛教的常用語。所謂八正道，是指開悟的八種方法。道，在印度佛教中稱為Marga，傳入中國後被翻譯成「道」。

在中國的老莊哲學中所謂的天地正道，是指世界運行的基礎，後來轉變為天地的大道，這就是佛教的基本意義。

佛教的根本是般若開悟智慧，什麼是般若的智慧？並不是說有一種東西存在著叫般若的智慧。

大道無心。真正佛之大道是無心的，所謂無心即無一心之謂。像清楚的看「智慧」，就要用無心，此即所謂「智不是道」。

以普通的方法來看般若的智慧才是佛教的大道。般若開悟智慧和佛教基本之道在本質上是相同的。

智不是道。但若說「智慧是道」，會讓人以為「般若智慧」是一種實在的東西。事實上，般若的智慧是空無的，道本無，此境地即大道。

佛非佛，即真佛。為道而道，才是真悟。開悟之悟，即為真悟。因此，南泉說：「智不是道」。

「大道無心」，這句話已在這反覆許多次了，已經成為當然之語。雖然是當然，但在學習的過程中卻很難發現這當然的道理，頓悟之後才了解到這是一件多麼容易的一件事。

在競賽中，不斷的想著要獲勝，所有的心智被好勝的邪魔所據而失敗。這是德國哲學家海利格(E.Herrigel)在《弓與禪》之書中提到的理論。海利格教授起先研究康德哲學，在習弓之後，對禪產生興趣。他在習弓時，箭上弦後，心中所想的只是如何射中標的，但愈是想射中，心完全被此想法占據而無法正常思考。

當海利格教授被這個問題困擾時，他的弓箭老師勸他去坐禪，因此他開始熱心的習禪想達到無心的境界。

一天，正下著雪，海利格在屋後的小山散步。雪慢慢的落下，積在箭竹葉上，當積至某個固定量時，就自動落到地上，但箭竹葉並沒有抖雪，一動也不動，就將雪拂落。看到這個情形，海利格恍然大悟。

箭竹葉並沒有刻意讓雪滑落地上，在無心中，就達到了目的，這就是無心的境地。

　　大道無心，悟的智慧，般若的智慧。這些並非是實體的存在，只是大自然中的一種境地而已。要體得此境界，才能體得無心的大道。這裡所謂的體得是指無心世界的體會，而不是有心世界的獲得。

　　無門曰：「南泉可謂。老不識羞。纔開臭口。家醜外揚。然雖如是。知恩者少。」南泉和尚的年紀已高，不知羞了。這是什麼意思呢？因為太熱心而說得太多了，正應得「好語說盡，人必侮之。」弟子只一味的模仿重複師父所說的話，這對老師和弟子都是一種恥辱。南泉說這句話的意思就是指說了太多多餘的話。

　　年老後，牙齒骯髒，內臟老化，因此吐出的氣息讓人感覺污臭。

　　家醜不可外揚的意思是說，不可將自家內部的醜事外揚讓外人知道。這是禪道的常用語。家醜不可外揚，這是自古以來的一種美德，認為自家的恥辱不足與外人道。在禪的世界中也是同樣的情形。

　　無門慧開批評馬祖和南泉的教法錯誤，使得其弟子到外面向人訴說本門的醜事。但在禪的世界中，無門的批評就是讚美，因為只有知己才會如此的了解。

　　頌曰：「天晴日頭出。雨下地上濕。盡情都說了。只恐信不及。」日頭的頭是助詞，無意義。太陽是天空晴朗，陽光普照，降雨之後，地上自然就濕潤了。這是讚美無心世界的詞句。

　　南泉說，智不是道。天地的大道並不像般若的智慧，開悟的般若那樣困難。而般若的智慧和開悟的般

若不如天地的大道偉大。什麼都成為無心，才是最真實的。

完全無心的大道世界，天氣晴朗太陽就出來，降雨之後地上自然濕潤，這是當然的道理。

積在箭竹葉上的雪，葉不動，雪自然落下。這樣的無心力學世界是人們所無法想像的，這樣的情形有人叫「智慧」，有人叫「一心」、「佛」等，怎麼稱呼都無所謂。

「盡情都說了。只恐信不及。」不論是「心」、「佛」、「非心非佛」、「即心即佛」，都不如自行體驗的好。

信不及就是不充分的意思。這裡的信不是信仰的意思。《臨濟錄》的「示眾」篇中說「學人，信不及而向外馳求。」「你，若自信不及，即便忙忙地一切徇境而轉世。」這裡的信，信他人的「信」或「信仰」。

凡對彌陀或神的信仰，凡信自身以外的，都不是這裡所說的信。勉強要解釋，可說是自信滿滿之意。

馬祖和南泉，對不同的人說出「即心即佛」、「非心非佛」這二種不同的話。而後說「心不是佛」、「智不是道」提出智與道的世界。

前面提到馬祖、南泉所說的話，但不了解心不是佛的般若的智慧，就無法體會天地的大道。

或許各位可能還不是很懂，但是不要心急，好好的將心不是佛、智不是道體會一番，必會心有所得。

第三十五則　倩女離魂

五祖問僧云。倩女離魂。那個是真底。

【無門曰】

若向者裏悟得真底。便知出殼入殼。如宿旅舍。其或未然。切莫亂走。驀然地水火風一散。如落湯螃蟹七手八腳。那時莫言。不道。

【頌曰】

雲月是同。溪山各異。萬福萬福。是一是二。

【譯解】

五祖乃五祖法演禪師（西元1024～1104年），俗姓鄧，北宋綿州巴西（今四川綿陽縣）人，居住於新州黃梅的五祖山，又被稱為五祖法演。編輯《碧巖錄》的圓悟克勤即為其弟子，無門慧開為法演的第五代法孫。

「五祖問僧云。倩女離魂。那個是真底。」五祖法演禪師有一天問僧侶說：「倩女亡故之後，從肉體脫離的靈魂又投生，到底那個才是真正的倩女呢？」只看問題無法了解其義，這問題是從當時著名的傳說中取錄的，現在從傳說說起。

古代，中國揚子江中流的鄱陽湖邊的衡陽村，有位名叫張鑑的富裕地主，他的女兒十分美麗動人，張鑑的

外甥王宙，他是一位俊美的男子，張鑑常說「等我的女兒倩女長大後就將他嫁給王宙」。事實上這兩個人從小就非常要好，曾互相發誓將來一定要在一起。

但是當倩女到了適婚年齡時，其父張鑑改變主意，將倩女嫁給一位較有成就的賓僚，倩女於是終日悶悶不樂。王宙非常懷恨，但是又覺得若他一直住在倩女的附近，倩女對他必然依依難捨，這樣反而會痛苦，因此決心遠行，一人離開家鄉，偷偷準備了舟，從揚子江開始南行，王宙就這樣捨棄了心愛的人和自己的故鄉。

正失意的划舟時，發現岸上有人追著王宙，他回頭一看，竟然是倩女，當然王宙心中的喜悅非筆墨足以形容，二人緊緊相擁，發誓要離開家鄉到他鄉奮鬥。他們沿著揚子江划行，覓得一處田舍，於是他們定居在那裏，二人過著和睦的生活，並育有二個孩子。

但是，有一天倩女看見自己的小孩，心中想起自己違背父命遠走他鄉，有了孩子之後方能體會父母心，才感覺到年老的父母真是太可憐了，於是他將自己的心意告訴丈夫。

王宙的心地善良，因此商量計劃帶著二個小孩回家鄉探望岳父母，並道歉其不孝的行為，所以帶著孩子上揚子江，過了好幾年才回到故鄉。

起初王宙拜訪張鑑，一面流淚一面道謝說：「我在幾年前帶著你的女兒倩女離家出走，請你原諒我們的不孝。」

這時張鑑十分納悶，一頭霧水，連忙問王宙：「你

究竟帶誰一起回來。」

王宙回答：「前幾年和我一起出走的倩女。」

這時，張鑑搖搖頭說：「豈有此理，倩女自你離開後，整日臥病於床，不言一字，雙眼無神，就像離了魂一般，一直保持沉默。」

王宙感到驚訝，於是細說當年他們乘舟離開的情形，但是其岳父母仍然覺得不可思議，所以王宙直接帶岳父母去見倩女。

真意想不到，看見倩女帶著二個小孩站於門外，父母親覺得十分意外，接著來到原本倩女的寢室，倩女依舊躺在床上一言不發，父母感到萬分吃驚，目瞪口呆，連忙將站在門外的倩女帶回家。

站在玄關的婢女，對倩女說「現在倩女回家了」，說也奇怪，一直無言的倩女站起身來，和回家的倩女互相擁抱，欣喜萬分，最後二人合為一體變成一個倩女。

這則傳說主要是表達靈魂與肉體過去一直分離，一位倩女跟王宙結婚，另一位倩女臥病在床，這二位倩女終於結合為一位，這是一種怪談。

現在回到本題，討論五祖法演所提出的問題。到底和王宙結婚的是真正的倩女，還是臥病於床的才是真正的倩女。也就是說，肉體的倩女和靈魂的倩女那邊才是本物——五祖法演如此尋問。

有句俚語「前不著店，後不著村」，就是第三十五則的宗旨。

本來，人的肉體與靈魂是合一而成的，這世界的存

在究竟是以物質為源？還是以心為源？亦即物先或心先？這個問題從古希臘以來便爭論不止，至今仍未解決。前面已介紹過唯物論的思想和絕對論創造宇宙天地的思想對立的情形。同時，自二十世紀後，唯物論的科學思想更加發達，例如：殺一隻蟲時，只認為是抹殺物質。像唯心論與唯物論對立般，有關人的本性的想法也都有矛盾。

例如：孔子、孟子主張人性本善說，而採取唯物論立場的荀子與墨子則主張人性本惡說，自古以來就有這二種思想對立，到底那種思想才是正確的呢？「倩女離魂」的公案，也是如此般的提示二者擇一的問題，諸如此類的問題在禪的公案中經常被探討。

其中最具代表性的二者擇一的問題如下——有位僧侶向禪僧說，我的手中握有一隻麻雀，你猜牠是生還是死？若禪僧答「死」，僧侶就將手打開。假使答「生」，則將牠握死。像這類的問題很難以正確的回答，因為問題本身不可成立。可是這個例子是很典型的二者擇一的問題。

無門曰：「若向者裏悟得真底。便知出殼入殼。如宿旅舍。」者裏是「這裏」的意思，意謂如果對此問題——即五祖法演所提出的疑問，能了解那邊才是真實的倩女，才能了解生命（靈根）出入肉體的情形，這情形好比旅人住宿般，隔天早上就會遷出旅舍。所謂殼入殼出是指不滅的靈根進入人類的肉體中。

「出殼入殼」的另一種解釋為，在天上界、人間

界、地獄界、餓鬼界、畜生界、阿修羅界這六道的世界中，一直旋轉輪迴的意思。

人的肉體頂多維持百年，不論如何遲早會滅亡，但是靈魂卻恆常不滅。根據道元禪師所說「由生轉為死的想法是錯誤的」，表示認為自己活著，但最後會死亡的想法是不正確的。

那麼到底如何呢？

例如：「生之外無，死之外無」，生時稱為不生不滅，死時是不滅之意。生死是佛的生命，表示生著佛的生命而死之意，是將不生不滅的佛的生命加以生死而已，將佛的生命稱為靈魂。

因此，當生時應盡情的生，死時應樂意接受死，除此之外別無他法。生時充分發揮自己，壽命盡時向大家道別，離開這世界就好。

在禪界中，可真實活下去的，則可視為真死，這就稱為「生死一如」。

「濱之海女雨時著簑」，表示認為反正要入海，因此不須穿簑衣，一路被雨淋的海女不會存在。努力維護身體，不弄濕身體的保持最好的狀況才是最優秀的海女。

「我想喝杯水。」

「現在沒水，但是有柿子，吃柿子可止渴。」

「我今天肚子不舒服，因此不能吃柿子。」

「你快被斬首了，還怕吃壞肚子嗎？」

「抱有大志者，至死仍會珍重自己的身體。」這是

一句名言,可能聽過的人不少,這種精神也是「生死一如」的態度。

總而言之,人生擁有不生不死的佛的生命而已,如果「其或未然。切莫亂走。」即表示假使無開悟的話,絕不可亂鑽亂想。人如何去死(反過來說,人如何去生),本來是重大的問題,可是勿說「我不了解生死如一,因此不亂走」,無門如此勸告我們。

《傳燈錄》中介紹了一種死的方法。

五台山隱峰禪師,是馬祖道一禪師的法嗣,建州(今福建建甌)邵武人,俗姓鄧,人稱鄧隱峰。當時的禪僧常告訴弟子「『坐脫立亡』,才是禪僧的態度」。坐脫是一面坐禪而死。立亡是站立之姿斷氣的。

但是,這位和尚臨死時曾痛苦的掙扎,張大雙眼,雙手憑空而抓。他不僅沒有坐脫立亡,且屍體僵硬,連棺木都無法容納。

「哎,聞名天下的名僧竟然這樣的死,太沒面子了……」,弟子們正困惑時,隨鄧隱峰參禪許久的老太婆在門前說。

「哎,和尚連死也會開玩笑。」那一剎那,和尚掙扎狀的屍體忽然變端正。當然,這只是一則傳說而已,但這種死法相當有趣。

「驀然地水火風一散。如落湯螃蟹七手八腳。那時莫言。不道。」螃蟹的七手八腳,如同螃蟹落入熱水中,手腳掙扎之狀,並非手腳全部散開之意。

未開悟生死一如的意義,突然地水火風四大分散而

被迫死時，好像螃蟹掉進水中，手腳掙扎那樣痛苦。

但是，這表示自己的修行尚不足，勿抱怨無門沒有教導你們，接著頌曰：

「雲月是同。溪山各異。」表示到底靈魂之心是真實？還是肉體之物為真實？物與心為一致，或生與死相同？頌又提起這問題。

照耀喜馬拉雅山之月，和照射太平洋海之月，雖一邊是山一邊是海，但照耀之月是同一個月亮。陽明山降的雪和街道中降的雪，僅管場所不同，但所降的雪卻無變化。

「萬福萬福。是一是二。」萬福是恭喜、寒暄的用語。

生與死、心與物是一體的（絕對的），若牽強分開則成為二部分。

高明的商人所賣的物品，非但賣其物品，而是將精神注入於物中，然後賣出。將人之心和物合一賣出，才是真正的商道。禪門中常供給客人膳食，所給的食物中非只有蘿蔔葉，而且希望客人能嚐到料理者之心，體會素食料理的意思，因為提供大蘿蔔，並將其烹調為佳餚，故稱為精進料理。

綜合以上所說，各位可知物與心完全相同，身與心是一致的，誠如「萬福萬福，是一是二」，肉體的倩女和靈魂的倩女其實是一體的，五祖法演借此傳說來表達。

第三十六則　路逢達道

五祖曰。路逢達道人。不將語默對。且道將甚麼對。

【無門曰】

若向者裏。對得親切。不妨慶快。其或未然。也須一切處著眼。

【頌曰】

路逢達道人。不將語默對。
攔腮劈面拳。直下會便會。

【譯解】

五祖是第三十五則中出現的五祖法演，前則已介紹過，這裡不再敘述。

「五祖曰。路逢達道人。不將語默對。」五祖法演所說的，於路上遇到達道知識的人，不可以語言或沉默對應。

所謂達道的人，是指某方面的高手，例如：劍道的達人、柔道的達人或茶道的達人，達到道境界的人，可稱為達道的人。

路是小道之意，達道是大道之意。

此處所說，路上逢達道的人，所指的人非像劍道或茶道般的小人物，而是更偉大之道。

　　更偉大的道到底為何道呢？本來道這句話是很難解釋的，佛教在紀元二世紀左右傳入中國，但在這之前中國已有各種思想存在。

　　其中最顯耀的是道教，孔子和孟子提倡的儒教，最古的為道教，究竟道教的教示為何呢？即教示天地的大道，順應天地的大道自然生活，絕不以人類微妙的頭腦去思考或安排。假如天地的大道命令你死，便要樂意接受這項命令。以微小的頭腦去鑽牛角尖，違背天地的大道是最愚痴的行為。能順從天地的大道的人才是賢人。道教主張君子多遵循天地的大道而生活，而終其一生，這才是真實的聖人、賢人。

　　那麼，何為天地的大道呢？眼睛看不見，耳朵聽不到。可是秋天時嵐山滿樹遍紅，不久東北風吹來，樹葉全部凋落，接著降雪，越過寒冬，在不知不覺中梅花開放，接著全山開滿櫻花，草原及田地百草綻開，隨著陽光逐漸變亮起來，樹木會開始發芽，冷風轉為微風，感覺到心情十分舒暢後，接著慢慢感受到暑熱，然而樹木繼續繁茂下去。

　　像這樣支配天地四季的運行即為天地的大道，人不過是自然界的一部分而已，因此好像花開、樹木繁茂、到秋天時葉子變色、繼而凋零般，人的一生也會凋落，順應天地的大道而終其一生，才是聖人、君子的思想。

　　達觀天地的大道之人稱為達道的人，這是道教的想法。雖然稱天地的大道，實際上很難具體說明，那麼該如何具體的表達天地的大道呢？

　　儒教就是加以具體的表示天地的大道，也就是孔子、孟子的教示，主張五常之道，即仁義禮智信五個教示。「五常」是做人的起碼道德準則，此為倫理原則，用以處理與諧和人與人之間的關係。

　　仁是勿施於人，事物為人，而不為己，發為深切憐憫他人之心。在現實社會中這項教示已被人們遺忘，若是現在的人太有憐憫之心，就業考試或升學考試就會考不上，因為沒有將競爭對手排擠開而不斷上進，則無法獲得光明的前途。

　　可是，假使人們喪失了憐憫之心，那麼這世界就不再是人的世界了。以人性的觀點來看現代人的生活態度，實在是太過冷漠。因此可以安慰落榜生說，因為你落榜才能讓別人考上，你這樣給予憐憫之心的態度很不錯，如此的安慰考試落榜的學生。

　　但是，現代人已不會產生自己落榜無所謂，讓別人考上的憐憫之心，都想盡辦法擠開別人，爭先恐後，否則就無法上好學校或進好公司。

　　其實，考上好學校或進好公司，不見得將來的成就很顯赫。實際上，唸完中學後可讀餐飲學校，學成後開設一家餐廳，逐漸擴大事業，其生活會比那些在公司工作的人更優游自在。

　　或是跟著木匠師父當學徒，學習木工的技藝，自己腳踏實地運用自己的嗜好，當木匠賺錢，這種生活也非常愜意。

　　其實就整體而言，未必上好學校、進好公司，其後

就可獲得幸福的保障。儘管如此，社會上仍有許多人使盡方法排擠他人，認為上好學校或好公司的人，他們的幸福比一般人高出三、四倍，這種想法非必為真。

至於義是道理的意思，不論如何一切事物都應合乎道理。所當做就做，不該做就不做。見得思義，不因果濫取不義之財物。

第三為禮，古代「禮」有敬神的意思。是規定社會的行為、法則、規範、儀式的總稱。與人接觸須有禮貌，對人表示敬意。

其次為智，明白是非、曲直、邪正、真妄，即人發為是非之心，文理密察。智非知識之智，能詳知何為仁？何為義？何為禮？則為當時所稱的智慧。

最後為信，是信賴、信義、互信的意思。信與知對立，知宜者唯宜以行，不知宜者從他人言而信，進而以禮以近仁。

但是，在現今的社會中若互信，不知會變成如何的情形，可是這是可悲的事，是不良的狀況。因此可互信而結交為朋友後，才是真正的友誼。互相信任，不違背對方對自己的信賴之心，不論對方是否落魄，依舊和對方互相來往，才是真摯的友情。

如今不僅朋友之間互不信賴，連夫妻之間也互不信任，例如：丈夫喝酒晚歸，夫妻不只會吵架，甚至會提出離婚。

當時，根據儒教教示，實踐仁義禮智信，就是順從天地的大道的意思。但是，道教主張天地的大道是漠然

的、不太明確的，若將天地的大道具體的運用於現實生活上，有關仁是給予別人深切的憐憫之心，不做不合乎道理的事情。

可是，自佛教傳入以來，所謂的大道概念開始轉變，例如：五祖法演所說的「路逢達道人」的道，是指佛道。所謂佛道是指二千五百年前釋迦在印度所自覺的開悟境地，醒悟於自己本來的狀態，這個悟境稱為佛道。

當然，所謂的悟非特別存在，但是許多人認為特別叫做悟的存在，在於天空上，一直持續坐禪，會從天空降落下來。認為開悟是神秘性質的人相當多，因此有很多外國人也要求坐禪，希望獲得開悟。

其實並非坐禪才能獲至開悟，坐禪是促進開悟的一種方法而已，並不是說只要坐禪必可開悟或非有特別的悟存在。

那麼坐禪的意義為何呢？其目的為，醒悟自己本來的狀態，真正的狀態。既然如此，則不限定於坐禪，吃飯、步行或就寢，自己本身沒有二樣，還是自己本身，想醒悟自己真正的狀態，未必侷限於坐禪的方式。

開悟並不是離開自己而存在於特別的狀態，而是指醒悟於本來的自己的人，這種人我們稱之為達人。

五祖法演所說的「路逢達道人」的達道，非天地的大道或儒教教示中所說的道，而是比喻能達到佛教的真實的人。

在路上逢真實的達人，可是很難以遇到。倘若所遇

的師父非達人，則所學的禪為奇怪的禪。能遇到正確的師父，才能了解真正的禪。因此說很難以遇到，可遇不可求。

國中時遇到優秀的老師，經其指導之後，自己的人生會更幸福。國中或高中遇到不好的老師，受其不良的影響，會毀壞自己一生的幸福。相同的，就業後遇到賞識自己的上司和怪異的上司，都會影響自己的人生。

我們的修行也完全相通，逢好的師父便能順利修行，相反的，逢惡的師父，這修行便無效。此非自己的罪，而變成師父的罪。

所以修行時必須選擇正師。但是年輕時不知那位師父較好。其實，並非社會評價高的師父就是好師父，也許隱居於深山的高人才是正師。年輕人若無法辨別，應向自己的長輩請教，選擇良師。

「不將語默對」，語是說話，默是沉默，本來人的一生就是在說話與沉默的交替中度過。

人們常會思考，在心中所想的會表現出來，古言說「不言肚會脹」，自己所想的無以語言表達，如同腹脹般，會變成不平衡不滿的狀況，因此所想的應充分表現出來，但是說太多話又會變成多餘。

在路上逢人時應說早安，看見假裝沒看到而掉頭離去是東方人的壞習慣。搭乘交通工具時，和初次見面的鄰座的人打招呼，那麼旅途就會很愉快。

在路上逢禪的達人，絕不可便問禪為何？或是說出「若是你已開悟，請分一部分給我」這樣的話。

　　但是，在路上逢達人，若裝成沒看見，也是不禮貌的行為。

　　「且道將甚麼對」，表示那麼說話和沉默都不行。要如何打招呼？即為現在的問題。

　　沉默和說話都不合宜，那麼路逢達人時應如何打招呼呢？現在我們就是要找問題的答案，禪界中通常只提出問題，答案由個人思索。

　　無門曰：「若向者裏。對得親切。不妨慶快。」表示無門慧開評論說，若在此處能正確的打招呼非常理想。「不妨慶快」是不妨很輕鬆愉快之意。

　　「其或未然。也須一切處著眼。」著眼是細心觀察、清楚的意思，意謂如果這樣仍尋不得答案，須注意觀察你所遇到的一切情形。

　　頌曰：「路逢達道人。不將語默對。」表示在路上遇見具有道的知識的人，不能以沉默或言語應對。

　　「攔腮劈面拳。直下會便會。」所謂攔腮劈面是壓著對方的臉頰打其耳光的意思。腮是顋的俗字，意謂由正面打對方一耳光，那瞬間應了解的事馬上能了解。

　　無門以這種粗暴的打招呼方式告訴大家，當然不是教導各位使用暴力，而是要各位配合工作場合、對方，做各種適當的招呼。有時須嚴格對待對方，有時應有禮貌的對應。逢達人時要「活殺自在」、「硬軟自由」的對應才行，本則就是教導我們應培養這樣的能力。

第三十七則　庭前柏樹

趙州因僧問。如何是祖師西來意。州云。庭前柏樹子。

【無門曰】

若向趙州答處。見得親切。前無釋迦。後無彌勒。

【頌曰】

言無展事。語不投機。承言者喪。滯句者迷。

【譯解】

趙州為唐末的人，和同一時代活躍的祖師——臨濟禪師的禪風不同。臨濟禪師遇人時，先給予一喝，讓對方害怕。德山和尚則是「道得也三十棒，道不得也三十棒」的方式，會解答的給予六尺棒，不會答者也給予棒擊，禪風相當殘暴。與之比較起來，趙州和尚在八十歲時才當寺廟的住持，這時才收弟子，人生一切的酸甜苦辣他都經驗過，因此他都以親切的語言來說明禪，是非常著名的和尚。

「趙州因僧問。如何是祖師西來意。州云。庭前柏樹子。」表示僧侶問趙州說「我們的初祖菩提達摩，他特地從印度來的意圖為何？」趙州答「庭前的柏樹子」，這就是本則的故事。

以往在禪界中會預先做好質問，做這樣的質問時，被問的師父，不一定會做固定的答覆。

在此對「如何是祖師西來意」的質問，答覆「庭前的柏樹子」。被問及「如何是佛」時，和尚剛好在量麻布，因此順口達「麻三斤」，至於雲門對相同的質問答「乾屎橛」，也有人回答「花藥欄」，對同一個問題有各種不同的答覆。

「如何是祖師西來意」是僧侶對趙州提出的問題。菩提達摩從印度至中國來傳禪時，以前被認為中國人沒有哲學，其實孔子、孟子所提倡的是倫理道德方面的教示，並非哲學，不太有哲學的中國人是比較實際行動的民族，因此對印度所傳入的法相、唯識或華嚴等具有龐大體系的學問和哲學都不太擅長。

由於較注重實際，因此「行」、「實踐的佛教」在中國更能繁榮，其中特別是禪的佛教最合乎中國人的性格，從唐末至宋、元、明時代，在中國全土擁有具大的勢力，最初創立的人為菩提達摩，因此尊稱為祖師。

西來表示從西方來，印度位於中國的西邊，因此這是意謂菩提達摩由西而來的目的為何？

常說達摩是到中國傳佛心，佛心表示佛的心，至於日常的惜、慾等心稱為平常心，易產生平常心的根本之心稱為本來之心，來加以區別，這是以理論分別罷了，本來之心和日常之心二合為一則成為心。追究本來之心的狀態，才是佛教的目的，釋尊所創立的佛教，是以追究人之心到底是什麼狀態為最重要的使命。為要教導本

來之心為何？達摩特地從西印度來到中國。

　　僧侶提出的「如何是祖師西來意」，表示達摩從印度來傳教之心究竟是什麼？其實這個疑問和「如何是佛」的內容性質相同。

　　趙州卻回答「庭前柏樹子」，柏樹子的子字是助詞，指柏樹的意思。

　　河北的趙州地區柏樹繁茂，以庭前柏樹子來回答「人之本來之心為何？」的問題，實在太文不對題、太不成體統了。

　　本來在原典的《趙州錄》中文章還繼續下去，但本則無敘述。「學云『和尚，莫將境示人』」，境比喻物質。有疑問的僧侶詢問說：「我是請教本來之心為何？而不是尋問物質。」由於這位僧侶還不了解佛是什麼？本來之心是什麼？因此對趙州的答案感到莫名奇妙。

　　接著趙州和尚說「我不將境示人」。表示我不是以物質做為解答。

　　由於感到莫名奇妙，於是僧侶又將「如何是祖師西來意」這問題說了一遍，而趙州依舊以同樣的答覆來回答。

　　自此看來，各位可能已體會趙州答「庭前柏樹子」的含意。在趙州心中這一句話代表的意思並不是指一棵樹。所謂一棵樹指的是自己和對面的一棵樹，自己與一棵樹是分開的。就哲學的觀點而言，將自己的心稱為主觀界，將自己的對方物質，也就是將人的一切加以包含的稱為客觀界。

　　通常我們在幼小時，尚不能區別主觀和客觀的差距，在呱呱墜地時，沒有一位嬰兒會知道哺育自己母乳的是自己的母親，只是本能的看見乳就吸吮獲取營養而已。上幼稚園後，結交了朋友才開始區別自己與他人的差距。可是真正能清楚區別自己與他人，是在高中或大學時期。因此為了保護自己，就會採取排斥他人的行動，互相爭鬥、吵鬧。

　　和朋友共同爭奪一個東西時，心智未成熟時會想擠開對方，使自己得手，但成人後，具有判斷能力，知道吵架是不好的行為，所以會自動提出一人一半的建議，這是心智已成熟的成人境地，自己與他人、主觀與客觀的區別很清楚後，能區別這二種境地，就是我們日常生活的環境。

　　對於對象，不論是人或物，能冷靜加以觀察、整理並分析，才造成了科學或學問等學術。有時和自己相對的並非物或他人，而是自己的心。將人的心當成對象，加深認識，將其認識加以整理為知識，則稱為心理學。

　　對於一種對象物，很冷靜的觀察才造成了科學，因此所謂的自然科學是從日常的一般常識為出發點，而獲至學問。

　　可是，宗教的世界不同於科學的世界，在日常生活中產生煩惱與迷妄，是因為經常區別自己與他人的境界所形成的，因此人才會有各種痛苦和迷妄。

　　宗教的根本世界為一體的世界，是自己與對方合為一體的世界。

　　《趙州錄》中接著記載「柏樹有無佛性」，尋問那麼柏樹是否具有佛性呢？其實這位僧侶的想法較單純，因為他問「佛為何？」之後，所得的答案是「庭前柏樹子」，又問「是嗎？」我想問本來之心為何？並沒有問有關物質的問題。趙州回答他「我並沒有以物質向你表達啊」。於是僧侶又問「何為本來之心？」但是所得的答覆依然是「庭前柏樹子」，這種答案令僧侶不知如何是好，接著問「那麼，柏樹也是佛嗎？柏樹有佛性嗎？可成佛嗎？」趙州回答「有」。

　　僧侶疑惑的問「一木一草也能成佛嗎？坐禪可成佛嗎？」趙州說「有可能」、「會成佛」。「柏樹幾時成佛呢？」他問柏樹何時會成佛呢？趙州從諗和尚的回答相當精彩，他說「待虛空落地」，表示天落於大地時就可成佛的意思。

　　天落於大地時這答覆很有趣，其實趙州和尚常將一切視為一個世界，天落於地表示天地合一，即天地一體的意思。

　　僧侶於是問「天何時落於地？」趙州「待柏樹成就時」，意謂等待天地一體、對方與自己結為一體時。

　　看見一朵玫瑰花開放時，會覺得非常美，在感受美的那一瞬間不須用語言來表達，這樣的經驗人人皆有，就哲學的觀點看來，稱其為純粹經驗。感覺美時，自己與玫瑰花成為一體，這時與其說一朵玫瑰花開放，不如說自己正綻開著，像這種自己與玫瑰花結合為一的境地，在那時不須任何語言。其後，才會開口讚嘆說「好

美的花啊」，或是寫出優美的詩篇，這些語言和詩都是從純粹經驗產生而出的。

人的知識與學問亦是由純粹經驗形成的。

無門曰：「若向趙州答處。見得親切。前無釋迦。後無彌勒。」表示無門接著評論說，如果能清楚理解趙州所答的意義，對你們而言，過去釋迦佛、未來彌勒佛，都不存在一般。

前面敘述的彌勒菩薩，在五十六億七千萬年之後，大千世界滅亡時才會出現，拯救以往未被超度的眾生。據現在的天文學推論，六十億年後，地球、月球、以及宇宙全體皆會毀壞，這個數字和佛教所說的五十六億七千萬年的數字大約相同，因此很不可思議。當時古印度並無現代天文學的存在，所以這個數據是古印度的人們在坐禪的冥想中思考而得的。

「如何是祖師西來意」、「庭前柏樹子」，這種對答是否有做什麼解釋呢？其實什麼都沒有，只說明假使理解答案的含意就不須宗教，這種說法實在太籠統，太不親切，其實不親切才是親切。本來，在社會上就應注意勿太過親切，有時對人親切，反會招致禍害，所以有時加以毆打對方才是親切之心。

臨濟和尚將對弟子說教的方法分為四點。首為，奪對方不可奪自己。次為，奪自己不可奪對方。三為，自己與對方共奪。末為，自己與對方均不奪，自己與對方共立。

學劍道的原理亦同，起先由正面攻擊對方時，就會

產生前進和後退二種形態。接下來自己與對方共奪時，即同時打對方面具的方法。但是與對方共立時，兩方都會後退。像這樣的劍道也有各種奧義，這和臨濟和尚的「四料簡」非常相似。

人與境、自己的對手，皆將自己與對方的存在合為一的境地展開為四種方式。如下——立自己不立對方。立對方不立自己。對方與自己共立。自己與對方不共立。其實最原本是自己與對方合一。

像這樣的世界為無心的世界、開悟的世界，雖說有佛的存在，但與自己相對立的佛，非真實的佛。

祭祀於本堂的佛像，是表示和自己一體的世界，即自己與佛合為一的境地。所以不尊重佛像，意謂不尊重自己的真實之佛。本來，真實之佛是表示真正的自己，自己與佛成為一體，才是真實的佛、真正的自己。加以禮拜、信仰的佛，即在自己外界的佛，非真實之佛。

對如何是祖師西來意的問題，趙州回答「庭前柏樹子」，是表示問問題的僧侶和做答的趙州、以及庭前柏樹子，三者為一體的世界，成為天地一體的世界，即虛空地落於大地的境界。

頌曰：「言無展事。語不投機。」表示不能依靠語言來描述真實的世界。語是說話的意思，投機意謂掌握重點的意思。即依靠語言無法表達其真實之意。

「承言者喪。滯句者迷。」表示只執著於語言的人，會喪失真正的生命。閱讀他人所寫的書，反倒會覺得迷妄，因為真正的真實是無法以語言表達的。

第三十八則　牛過窗櫺

　　五祖曰。譬如水牯牛過窗櫺。頭角四蹄都過了。因甚麼。尾巴過不得。

【無門曰】

　　若向者裏。顛倒著得一隻眼。下得一轉語。可以上報四恩下資三有。其或未然。更須照顧尾巴始得。

【頌曰】

　　過去墮坑塹。回來卻被壞。
　　者些尾巴子。真是甚奇怪。

【譯解】

　　本則亦為五祖法演的故事，他初習法相宗教學基礎的唯識教學，一般稱為佛教心理學。這種學問相當繁瑣，又被稱為繁瑣哲學，是十分堅難的佛教學問。但是他雖學過這種學問，可是卻沒有開悟。

　　因此他產生疑問，最初至禪僧圓照悟本禪師那裡參禪，但是他和圓照禪師無機緣，無法更進一步修行。於是改與著名的浮山法遠禪師參禪，才使自己的疑問獲得解決，且據說他悟到真正的佛教精髓。但是當時浮山法遠禪師已年高，無法繼續訓練五祖法演，所以寫了推薦狀給當時非常有名的白雲守端，讓五祖法演帶著，所

以他在白雲守端之下做最後的修行，得到白雲守端的印記，即繼承他的法。

《五祖法演語錄》共有三卷，他的弟子在當時被稱為五祖下的三佛，其中最有名的為寫《碧巖錄》的圓悟克勤禪師。無門慧開即五祖法演的第五代法孫。

因此《無門關》中常出現五祖法演禪師的名字。四十八則中有四則為五祖法演的故事，這正表現出無門慧開多麼敬仰五祖法演。

五祖法演禪師建立了獨自的宗風，其中有「東山下的暗號密令」這項，所謂暗號密令是暗號，因此不可告人。所謂密令，是秘密的法佛上的命令。即秘密與暗號都不可告人。但是，其實懂的人不需要暗號和密令，這種境地就如知道松風如語佛法般，達到平淡的境界。可是，不論是否將一切皆露於白天，不知者為不知，像這種情形在佛教上稱為秘密或暗號密令。

至於真言宗教，對懂的人而言，並無任何意義，一切皆表示佛法，對本人而言，絕無密教存在。但是對不知者來說，會將看到的事情稱為暗號、密令或密教，以「密」字來表現。

至於水牯牛的問題，也是對知者而言，既然是當然，不知者必然會不知而感到莫名其妙。這個問題可說是五祖下的暗號密令中最具代表性的模式。

「五祖曰。譬如水牯牛過窗櫺，頭角四蹄都過了。」水牯牛是水牛的意思。中國時常可看見拖著犁在田中的水牛，也常看見額頭有瘤的牛的繪畫。問說「為

何圖上的牛畫有額頭」，原來是為了表現牛一直默默使勁拉引鋤鍬，因此才以瘤做為表達。

窗櫺的櫺指窗戶的格子。利用窗櫺設定了如下的問題，有一個人從房間的窗中，看見在街上行走的牛。

五祖法演禪師說：「假定透過窗子看見在街上走動的牛通過，頭、角和四腳都全部通過。」

「因甚麼。尾巴過不得。」因甚麼是常套語，為什麼的疑問詞。「只剩下尾巴沒通過窗子，為什麼呢？」

以普通常識來思考，一匹牛通過後，必然頭角四蹄都通過，才可表現為一匹牛走過窗前的狀態。但是就暗號密令看來，頭角四蹄皆已通過，為何尾巴卡住通不過呢？這就是問題所在。

本則故事的起源為何？有關古事來歷為何？從古以來眾說紛紜，有人認為是引述於《涅槃經》的譬喻，也有另一種說法，認為是從《阿難七夢經》中，阿難夢見七種經典而引用轉化的。另外有人覺得是從《佛說給狐長者女得度因緣經》中而來的，但這是印度的故事，因此不是牛而是象。在《因緣經》中，王夢見了一隻大象從窗而出，全身都能通過，但只有尾巴卡住過不去。到底這故事有何含意呢？結論在最後才出現。

「假使已出家，心猶貪著名利的俗事，不能解脫。」表示，好比出家時，身體已遵守戒律，著衣而為真正的僧侶，然而心中卻仍貪著名譽利益這些世俗之事，即使出家也無法真正解脫。因此殘留尾巴未通過，即意謂貪著名利。

　　經典故事中所說的象，傳入中國後變成水牯牛，才形成暗號密令的問題。

　　不論如何，因尾巴卡住才會形成問題。其實不只牛的尾巴會為卡住，學者也常會卡住於學問，商人會卡住於金錢，宗教家會卡住於執著開悟。但是學者必須要研究學問，一直到學問卡住的程度，否則不可稱為學者。商人要熱衷於做生意，不然不夠資格稱為商人。沒有執著於開悟，一直修行到被卡住的程度，不能稱為僧侶。因為希望開悟，才會勉勵修行，結果產生一種宗教體驗，認為這才是自己的金科玉律、寶藏，而加以執著。若無此體驗者不可稱為宗教家。當然，這是極為自然的事。但是，一直為開悟而執著的話，無法成為真正的宗教家。執著於金錢的人，不可成為真正的商人。學者須勉勵研究真正的學問，一直到被卡住為止，但若太執著於學問，也不能稱為真正偉大的學者。

　　本故事中所謂的「卡住」可解釋為，因為被卡住，結果必會喪失真實。

　　無門曰：「若向者裏。顛倒著得一隻眼。下得一轉語。可以上報四恩下資三有。」若向者裏是指朝向五祖法演所提倡的暗號密令的問題。「顛倒」的釋義有好幾種，本來意謂「相反」、「荒謬」，但是在《西柏鈔》中卻解釋為著慌。《萬安鈔》則解釋為轉身、轉回。

　　由於執著於有，故主張說空。我們在生活中，眼睛的所見所聞，或鼻子所聞到的才認為有存在。可是其存在經幾年或幾十年後便會如泡沫般消失，因此非真正的

存在。能消失才是真正的存在，真實的存在、實存。

在歐洲等地，有一種學問叫做實存的哲學，已具有顛倒哲學的想法，而佛教在二千年以來，一直有這樣的顛倒哲學。

一隻眼即指一顆眼睛。我們有一對肉眼，實際上尚有另外一隻眼睛，即是在頭頂的真正的眼。我們雖以二隻肉眼來看事物，但其實我們所看到的世界只是常識的世界。

處於常識世界的我們，看見牛的頭角四腳通過之後，還殘留著尾巴未通過，要如何排除呢？這時須以逆轉的設想去想才行。由於加以逆轉才能排除其尾巴。逆轉時所要用的眼稱為一隻眼，即第三隻眼，這隻眼只有一個，因此稱為一隻眼或正法眼。

一轉語表示以一種語言能將人生做一百八十度的轉變。以前禪宗的世界中將這種情形稱為一轉語。在常識世界中的各種煩惱和痛苦，能依靠他人所說的一句話，而改變了整個人生觀。像這種情形就叫做一轉語。將五祖法演提出於我們眼前的暗號密令，加以逆轉得答案出來，才可以上報四恩，下資三有。

上四恩表示四恩，對父母養育自己的感恩、生於富庶的國家的人民的感恩、對別人的幫助才能平安生存的感恩。但是，最近對於眾生的感恩常被遺忘。

現在的小學至大學的教育原則，是以自我意識為中心的教育法。因此在入學考試時會互相爭取，產生自己上榜，將別人排擠開的意識。其實人是絕對無法離群而

生存的，表面上看來似乎可依靠自己的力量存在於世界，但實際上卻須依靠他人的力量才能生存，依賴自己以外的一切人們的力量才可生存。例如：若無農夫則無米可炊。漁夫出海捕魚，我們才有魚可吃。以此想來就不難理解，我們是被許多人養育才能生存的。自己有生命的生存，須有生存和賦存二個條件，我們才可實存。像這樣賦存的教育，最近已消失殆盡，因此只剩下自我本位的意識，社會的傾向都變成如此。

　　所謂三寶，指的是佛和佛說教的方法、以及遵守佛說教的僧侶們，像這樣的佛法僧稱為三寶。佛教依靠這三寶才能綿延不絕，持續二千年的歷史，實在十分尊貴。

　　三有包括慾界、色界、無色界這三界。將物質界與精神界綜合的存在，在佛教中稱為三界與三有。我們在慾界之下坐禪進入色界和無色界，能享受最高的開悟的世界，接著又會墜落於慾界，這就稱為三界輪迴。在三界中，迷妄、煩惱和痛苦被超渡，即下資三有之意。

　　若對於五祖法演所提示的暗號密令的問題，能有真正的正法眼，而得真正的答案，才能向父母報恩、向政府報恩、向眾生報恩，也就能向佛法僧的三寶報恩，才能超度沉浮於三界的一切眾生。

　　所謂報恩，就禪門而言，我能成為禪僧是師父的恩德，被師父培養而成的。雖如此說，但並非按師父的肩或挽其手，就算報答師恩。禪僧的恩須回饋於弟子，如自己被培育的方式培養弟子們。栽培弟子的思想，到最

近已有些改變，比以前指導僧侶們的方式困難許多。因為現在的僧侶有學習新反體制理論，因此想以傳統的方式培育弟子，是無法達到目的的。能克服困難，師父和弟子共甘苦邁向一條道路。這種努力便是向師父、釋尊、達摩或臨濟禪師報恩的行為。

「其或未然。更須照顧尾巴始得。」更須……始得，意謂必須如此做……這樣才可以開始進行的意思。比喻可得到好，並非可得到什麼或做到什麼的意思。意謂須做什麼。

無門和尚注釋說，假使不知道這點的人，須自己好好反省，清楚自己執著的是什麼。但是，只想被卡住的尾巴是什麼，而加以反省還不夠，應將尾巴加以排除。

例如：以為釋迦和達摩值得尊敬，而對這對象禮拜，這還不是真正的禪。遇佛殺佛，遇祖殺祖，像這樣的清淨法身前進，才能使禪門更上一層樓，雖然要排除尾巴、克服困難很不容易，可是不可置之不理，對於困難的事應以全身的力量去突破，由於如此才能更向前邁開大道。在禪界中，雖然獲得開悟，仍須無止盡的前進向上，直至進棺材的那一刻，每日每日一步一步前進，這樣的世界才是日日好日的世界。

這種情形「頌」表現為——

「過去墮坑塹。回來卻被壞。者些尾巴子。真是甚奇怪。」表示以這種前進的力量，拔去尾巴，也就是排除阻礙。這才是「過去世界」，過去之後一切為空、一切為無。

　　尾巴過去之後會落於一切皆空的境界，其實要做到這種程度也是很難的。但是若因此而覺得尾巴無法過去，而一再轉回頭，反而法身會被破壞，這麼做很沒意義，只不過是又回到常識世界而已。

　　「過去墮坑塹」，表示前一句的空。「回來卻被壞」，表示有的世界。因此不可落於空的世界，亦不可回復於有的世界。假使將空的世界解釋為開悟的世界，那麼有的世界即可說為迷妄的世界。不可墮於開悟的世界，亦不可墮於迷妄的世界。將開悟與迷妄以一刀兩斷的情形斬捨的世界，般若的學者稱此為真空妙有的世界，或稱為中道實相的世界。以此可知這句話是以一頭牛的尾巴來說明真空妙有的世界。

　　「者些尾巴子。真是甚奇怪。」意謂確實這尾巴實在非常奇怪。

　　這頭牛的小尾巴的確奇怪至極。像這樣談到尾巴的故事，談到尾巴被卡住，又將尾巴斬除，使一切為空，接下來又卡住於空。

　　當然不能被空卡住，但亦不能回到有的世界。因此空與有、無與有、悟與迷、開悟的世界若比喻為佛的世界的話，則迷妄的世界就是凡夫的世界了。將佛與凡夫區分為二的心理狀態，表示此人還未徹底真正開悟，真正徹底開悟時應知佛凡一體。既不可名為佛，亦不可名為凡夫。以逆的方向來看，是佛亦是凡夫，這樣的佛凡一體的世界才是佛的世界。理解無佛也無凡夫，方為真正的佛的世界。

第三十九則　雲門話墮

雲門因僧問。光明寂照遍河沙。一句未絕。門遽曰。豈不是張拙秀才語。僧云是。門云話墮也。後來死心。拈云。且道那裏是者僧話墮處。

【無門曰】

若向者裏見得。雲門用處孤危。者僧因甚話墮。堪與人天為師。若也未明。自救不了。

【頌曰】

急流垂釣。貪餌者著。口縫纔開。性命喪卻。

【譯解】

雲門是在「第十五則洞山三頓」出現的雲門文偃禪師，晚唐末期人。雲門和尚以非常簡潔、簡單，又明瞭的語言來表現禪，因此被形容為從口發光。將雲門的一生所說之言編輯而成《雲門廣錄》。

例如：著名的雲門一字關，即不論所問為何，皆以一個「關」字回答。後來雲門的弟子將雲門所說之言整理為三部分。

其一為「隨波逐浪」，意謂在海中隨著波浪游泳，大波湧來隨著大波游，小波湧時隨著小波游，表示配合對象而說佛法。

　　其二為「涵蓋乾坤」，意謂以一句言語涵蓋天地乾坤、天地宇宙，也就是可覆蓋天地乾坤。因此他的語句並無限定於一種意思，都擁有涵蓋乾坤的性質。

　　其三為「眾流截斷」，眾流是煩惱、迷妄的意思。從古來就有人類具有八萬四千個迷妄與苦惱的說法。在印度的古代醫學中，認為人的毛孔有八萬四千個，且認為人的一生中會從每一個毛孔中湧現一個個迷妄與煩惱，又將這八萬四千個煩惱進而分類為一百零八種，最後歸納為五慾。五慾又展開為一百零八種，這一百零八個種類又細分為八萬四千，這種情形在中國稱為眾流。

　　雲門僅僅以一句話，就能一刀兩斷的斬掉對方的迷妄與煩惱，因此據說雲門一生中都以優美的句子，簡潔的語言進行禪的問答。將雲門所言集聚起來可分為「隨波逐浪」，「涵蓋乾坤」，「眾流截斷」這三種。這是由他的弟子五代宋初德山緣密禪師（？～949～？年）所整理的，被稱為「雲門三句」。先了解其意，再看本則的問題，就會發覺十分有趣。

　　前面敘述過，在當時中國的唐代禪寺中，新入的弟子必然以固定的形式對師父發出疑問，這些問題大抵是「如何是佛」或「如何是祖師西來意」、「何為禪」、「何為禪之心」等，像此類的疑問，是非常樸素木訥的疑問。

　　像身為僧侶的人，會先思及何為佛教？佛教教示我們什麼？佛是什麼？如何可知佛為何？自己的人生會變的如何等問題，然後才會下定決心勉勵求佛教或研究禪

學，而進入佛教與禪的世界。但是一生當中所尋得的解答會隨年紀而不斷更改。三十多歲時有三十多歲對佛教的見解，到了四十、五十多歲時對佛的解釋又不同，隨著年齡的增長想法會改變。可是這個問題是至死都要探求的疑問。起初是最樸素的疑問，到進入棺材時一直還會探討這個問題。僧侶和佛教徒就是將這問題在自己心中反覆討論而生活的人們。

在此所說的僧侶，是已經歷長時間佛教或禪的佛教的人，因此問題才不會那麼單純。由於閱讀的書籍增多，所以對佛教、有關禪的知識非常豐富。

「光明寂照遍河沙」，這句話並非尋問的僧侶所說的話，而是秀才張拙所說的。現在稱呼的秀才，如同說他考上某大學般，表示資質聰明的人。唐朝時代中央舉行考試，能突破難關的人才可成為官吏，獲得秀才的地位，因此所謂秀才，是官吏地位的名稱。

張拙腦筋非常靈活，是一位相當優秀的官吏。並且他隨石霜慶諸禪師參禪了一段很長的時間，是已開悟的人。這句「光明寂照遍河沙」，就是他開悟時所說的句子。

光明是一片光明之意，意謂光明會照耀一切，太陽的光可普照於世界。寂字是靜的意思。佛的大光明，也就是開悟智慧的光明。表示光明平靜照耀河沙、普照大千世界，照遍全世界的意思。

「光明寂照遍河沙」，這句後面還有句子，但問問題的僧侶只說到此句而已，雲門就憤怒的說：

「一句未絕。門遽曰。豈不是張拙秀才語。」表示那位僧侶想繼續往下說時，雲門阻止說「這是秀才張拙開悟時所說的話」。意謂想依靠他人拳頭打架的僧侶，其拳頭被阻擋了。

「僧云是」，表示僧侶坦誠的說：「是的，沒錯。」

「門云話墮也」，話墮是說出多餘之言的意思，雲門與僧侶的故事到此告一段落。

本來真正的真實是無法言語的。在佛教中認為，語言或文字好比用手指指月的指頭般。在著名的《楞伽經》或《涅槃經》中有敘述這個問題。假使真實為月，則指頭只不過是要指出真實的月的一種工具而已。語言如同指月的手指，僅是為表示真實的道具罷了。

在禪的世界中，以記號表現語言的文字，或由文字匯集所形成的教義、教示，並無法表達真實，也就是說可傳達真實的非文字亦非語言，因此禪才被認為是不立文字、教外別傳。這種情形不只限定於佛的世界和禪的世界，一切皆是如此。

不論游泳技術多高超的選手，只在教室中說明游泳的技巧，仍無法教會那些不會游泳的人。因此寧可不聽這些理論，而突然被推入水中，在水中拼命掙扎，吃了一些水後，突然能掌握游水的要訣，以自己的經驗學來的無法教導他人，同時也不能依靠他人的教導。

佛教中將透過學習所學到的稱為智慧。現今的學校教育，只注重教導知識，而忽視了教導真正的智慧。本來，不論學到多少知識，經過幾年後都會遺忘，為要應

付困難的入學考試而以填鴨式的方法背誦很多問題，一旦考試結束後，即使可通過，馬上會忘得一乾二淨。

其實，本來以知識所學的不久就會淡忘。透過眼睛所見，耳朵所聞的事物，幾年後就會忘記，但是智慧卻不會遺忘。例如：會騎腳踏車的人，即使長久不騎，其要訣記得清楚，幾年後還會騎腳踏車，像這種智慧不會被遺忘。由於如此，佛教、特別是禪的世界有極端排斥知識的傾向，不重視知識而注重智慧。

提出問題的僧侶，只記得秀才張拙開悟時所說的那句話，或是某某禪師在某時說了某話，並沒有真正理解何為禪，實際上並無對禪有體驗。這位僧侶像雲門說這些話露出自己的馬腳，表現自己的能力不足。

「後來死心。拈云。」後來表示其後的意思。死心是意謂北宋黃龍死心悟新禪師（西元1044～1115年），是禪宗歷史上著名的人物。他將臨濟宗黃龍派的宗風加以發揚光大，為晦堂祖心的法嗣。拈表示列舉，即黃龍死心禪師將雲門與僧侶的問答舉出來。

「且道那裏是者僧話墮處」，那裏是何處，即「你說看看，這位僧侶的語墮是什麼」，在此另外又提出一個問題。結果在這故事中最大的問題就是不可依賴他人的拳頭打架的意思。了解真實除了自己的體驗外別無他法，因此勿只重視知識而注重智慧。經過一段長時間而開發的智慧才是尊貴的，一生中不可忘懷的。無論在任何部門中被稱為達人的，以全心全意去研究獲得智慧的人，才是最寶貴的。相信像那類的人物，他們的人生觀

必可得到接近開悟的境地。

　　但是一般人都著重於閱讀，以為讀了幾本禪書後就知道禪為何，如同自己已開悟一般，其實什麼都不知道。因為語言、文字好比指月的指頭而已，手指只不過是表現真實的工具而已，這和歐洲人的想法相差甚遠，歐洲人認為人的語言中就涵蓋有神的論理，因此以為追究語言就可達到真理。在佛教方面卻認為追究語言的根源無法找到真實。

　　其次，若用指頭指月，然後告訴小孩說「你看月亮」，這時孩子會產生不看月亮而看手指的愚蠢行為。這是說，太注重語言，想依賴語言表達佛教上的真理，只是執著於想表達真實的工具而已，反倒無法找到真實，因此語言有太令人執著的缺點。

　　再則，語言必有虛假，孔子曰「巧言令色鮮矣仁」。表示愈正直的人話愈少，愈是惡人愈喜歡運用華麗優美的言辭。對於很巧妙說出美好語句的人，應加以警戒。

　　本來佛教的真實是無法用語言或文字來表達，欲用語言表達的人，就會陷入「話墮」的結果。

　　但是假使說佛教的教示為一切皆空，又容易讓人誤解為「佛教的教示為一切皆無」，這也是「話墮」。雖如此說，若無語言什麼都無法表現。指頭並非月亮，但若沒有指頭無法指月。以此看來，語言也是很重要的，儘管重要但仍無法百分之百的表現真實，語言本身有矛盾的情形產生。

因此這個僧侶只是話墮，借用他人之言露出自己的馬腳，表示出自己的能力不足。若只是這樣解釋本則故事的本意並不正確。加以深究發現，無論多麼開悟的人，將自己的開悟用語言表現出來，也無法說出真實，「話墮」這句話就是表示這種情形。

無門曰：「若向者裏見得。雲門用處孤危。」者裏是這邊，用處是作用，孤危是孤絕危高的意思。危是很險要高聳，如阿爾卑斯山般孤危的狀態。表示雲門的作用好比高聳的山崖般，無法接近。

「者僧因甚話墮」，表示雲門對發出疑問的僧侶說「你語墮了」。

「堪與人天為師」，人是人間、天是指住於天國的天人。表示能為人間界或天上界的人們，而當師父教禪的意思。

「若也未明。自救不了。」自救不了表示不只救不了他人，連自己也救不了，沒有任何作用的意思。為救他人須先救自己，否則無法達成目的。宗教亦說不先救自己而救他人，但是禪卻不這麼認為，禪的基本就是自己，起先須依靠自己的智慧，真正體會到開悟的智慧。因此自救才是根本原則。若是不能了解這問題，自己都無法救，何況是救他人呢？

頌曰：「急流垂釣。食餌者著。」表示一位漁夫在急湍中垂釣。腹空的魚在食餌的情形下必然上鉤。可能這位向雲門質問的僧侶就像腹空的魚般，結果被雲門所釣上。

「光明寂照遍河沙」，表示想借一句話表現自己的知識，結果馬上被覷破說「那是秀才張拙所說的話」。僧侶很尷尬的回答「是的」，結果雲門說「你話太多，露出馬腳」。無門慧開的詩以「急流垂釣。貪餌者著」來表達。

「口縫纔開。性命喪卻。」口縫是嘴唇的意思，縫是縫隙。性命是命，喪是失，卻為助詞無意義，表示稍微張開嘴唇就喪失性命的意思。

在急流中垂釣，貪餌者上鉤，表示在開口那瞬間，生命會完全消失，頌的意思即此。聽到一切皆空，就錯覺為什麼都沒有。說出語言，太執著於語言，這是人所無法避免的宿命。

可是要如何排除對語言的執著之心呢？佛教中所稱的空，即為排除執著於存在之物，即執著於有而假定以空這語言來表達而已。一聽到空就錯覺為什麼皆無，是空洞、虛無的想法。因此為要除去對無、空的語言的執著，可用有、非空、妙有等語言來排除空。

在佛教中說了一句話後，馬上會出現另一句話來排除前一句話，於是才有百千萬言的佛教語出現。這些語句匯集所造成的經典則稱為「佛教的文學」或「法相」、「唯識」等哲學，以及心理學。

可是這些經典並不能百分之百的表現真實，這也就是說語言具有此宿命。各位可從「話墮」這句話中理解這情形，本則故事到此結束。

第四十則 趯倒淨瓶

　　潙山和尚。始在百丈會中。充典座。百丈將選大潙主人。乃請同首座。對眾下語。出格者可往。百丈遂拈淨瓶。置地上。設問云。不得喚作淨瓶。汝喚作甚麼。首座乃云。不可喚作木㮼也。百丈卻問山。山乃趯倒淨瓶而去。百丈笑云。第一座輸卻山子。也因命之為開山。

【無門曰】

　　潙山一期之勇。爭奈跳百丈圈圚不出。檢點將來。便重不便輕。何故薲。脫得盤頭。擔起鐵枷。

【頌曰】

　　颺下笊籬並木杓。當陽一突絕周遮。
　　百丈重關攔不住。腳尖趯出佛如麻。

【譯解】

　　從達摩開始遞傳的第六代祖師，稱為六祖慧能大鑑禪師。慧能的弟子又分為二派，其一為南嶽懷讓禪師，另一為青原行思禪師。青原行思的弟子即為石頭希遷禪師。曹洞宗的開祖洞山良價禪師和曹山慧寂禪師亦屬於青原派。

　　另一方面，六祖的弟子南嶽懷讓禪師，其後世出現

了馬祖道一禪師。從馬祖道一開始,其禪風及禪的作用始有變化。馬祖之前的禪是理智的禪,到馬祖之後成為「機關」的禪,亦即發揮功能的禪。現在一般的禪宗承襲此風。

何為「機關禪」呢?是不重視理論的禪問答,而超越理論與語言,以人的作用來表現禪。有句話說「揚眉瞬目」,究竟為何意呢?表示眉毛上揚、擠弄眼睛、或一喝、給予一棒來表現禪的意思。所謂超越語言論理論,完全自由自在的世界,表示佛法的真理。極為自由闊達的禪風,從馬祖道一開始興起,被稱為洪州宗。

但是,這種結果會誤解為揚眉、給予一棒或一喝即為禪,以為這樣做就是禪。

馬祖道一時期還是很單純的時代,從馬祖道一以後就使用人的手腳、眉毛和鼻子,自在的表現佛法的真理。馬祖道一的弟子百丈懷海禪師,他又有二個弟子,其一為黃檗希運禪師,另一位為溈山靈祐禪師。而臨濟義玄禪師是黃檗希運禪師的弟子,即臨濟宗的宗祖。

另一方面,在溈山靈祐禪師之後又出現仰山慧寂禪師。溈山與仰山合為一體,產生了新的禪宗派——溈仰宗。到唐末時,禪形成五家七宗,順從這五種風格而分為五派。黃檗希運的後世臨濟,當了宗祖形成臨濟宗。溈山、仰山二人形成為溈仰宗,隨之又產生了雲門宗、曹洞宗、法眼宗三種宗派,因此稱此為唐末五代禪之五家。有句話說「一花開五葉」,一朵花開了五片葉子的詩,其實就是用以指稱五家七宗。

在此提及的溈山靈祐禪師，他年輕時曾在百丈之下修行，本則即是講述這段內容。

本來溈山靈祐禪師（西元771～853年）出生於唐代中國南部福州長溪，十五歲時椎髮短褐依止建善寺法常律師修行。三年後在杭州龍興寺受具足戒，研究大乘佛教和小乘佛教。但是，他感覺深奧的義理畢竟不能代替實際的修行，更不能保證臨終解脫。因此，他決定放棄義學的研究，尋找新的修行途徑。後跟隨百丈懷海禪師參禪，據說後來得到百丈的印記。禪書上記載說，時常有一千五百位僧侶聚集於此接受其教導。

溈山這二字令人聯想到非常有錢的寺廟，我們稱有錢的寺廟為肉山，而貧乏的寺廟則稱為骨山。溈山靈祐禪師十分具有福緣，因此當了肉山寺廟的住持，他的一生在此度過。有關溈山靈祐禪師的故事相當有趣。

他在臨終時將弟子召集在一起，令他們圍在枕頭邊，然後對弟子們說：「如果我死後你們想找我，就找街道上的牛吧。背上背著大袋，滿身大汗，喘氣步行的那頭牛即是我的來世出生。我在有生之年當禪僧，獲致許多供養，沒做什麼修行就亡故，因此來生可能會落為畜生。若是你們想找溈山靈祐，就找一頭牛吧！」說完遺言後他就過世了。

溈山亡故後，其弟子希望遇見師父溈山靈祐禪師，於是到街中尋找牛。有一天他看見一頭牛，背負重物，汗流全身。就認為那頭牛必是溈山靈祐禪師變的，因此弟子們跑到牛身旁，在牛的後腳左內側看見了溈山靈祐

這四個字。

　　這只不過是個傳說罷了，但由此可知，當時在中國禪僧間，輪迴轉世的想法非常盛行。

　　「溈山和尚。始在百丈會中。充典座。」典座是負責膳食的人。他當時沒有成為偉大的和尚，依順序排列，他只在中央稍高的地位。在禪堂中要輪到炊飯的身份，須經過相當長久歲月的修行才能擔任。新入的修行者，他們不須炊飯，而且進食時有人替他們服務。在禪堂中被服務者並不偉大，服務他人者的地位反而較高、較偉大。

　　由此看來，靈祐這位僧侶，在百丈之下修行了相當長的歲月，但是還未達到最高地位。剛好這時有錢的大溈山到我們的寺廟來，要求百丈派人到他們的寺中擔任住持。百丈想物色自己的弟子，選擇一位適當的人選到大溈山當住持，但是不知選誰較好，因為要從一千五百名僧侶中選出一位，實在不簡單，於是百丈和尚提出問題考他們。

　　「百丈將選大溈主人。乃請同首座。對眾下語。出格者可往。」他召集了幾位弟子到面前來。

　　首座是對修行歲月最久的僧侶稱謂。在寺中非常注重系列，所謂一日之長非指年齡順序或學歷，而是單就進入道場的時間早晚而定，較前入者即成為一日前輩。不論頭腦好壞，有無學歷，年齡大小，早日進入的人，他的一日順位會高一點。順位最高的人意謂在道場中最久的人，亦即首座。

　　下語是指師父說出一句有關禪的語句，由其他人接著說出評論的句子的意思。對於師父所提的話，能以好的下語接續的，並且可出格入格。「出格入格」是禪的用語，所謂格是形式、模子、範圍的意思。

　　本來東方的教育法，尤其是佛教的教育法，都是在最初先擬定好一定的規格和形式，讓學生們遵循這個格子和規則學習，接著讓他們出國，培養可運用格的能力，這種方法就是東方的教育法。

　　劍道和柔道等原理亦相通，起先學其形式。並非一開始就持木刀互相攻擊。最初教持刀的方式、出足的方法、退後的方法。接下來才教導持木刀發動攻勢的方法。最後才教各式各樣的形態。一切都注重形，學會形之後，接下來則為如何自由自在運用形的問題。

　　百丈告訴大家，有能力的人可到大潙山擔任住持。說完便開始考試，百丈和尚出的問題如下。

　　「百丈遂拈淨瓶。置地上。設問云。」淨瓶又叫七事隨身，是禪僧行腳時，所帶的七個道具。將行李用繩子綁起來，垂掛於兩肩，頭帶帽子。拄杖是手拿木杖的意思。至於淨瓶也是七個道具之一。當我們上盥洗室後必須洗手，淨瓶即是裝洗手用的水。傳入日本之後，改變了原意，將注茶時的水壺稱為淨瓶。百丈拿起淨瓶放在地上問說。

　　「不得喚作淨瓶。汝喚作甚麼。」世俗的一般常識喚此為淨瓶，那麼「汝喚作甚麼」，才合乎佛法呢？在《無門關》「第四十三則首山竹篦」中，首山和尚設

置了一個問題，他拿了一個竹篦說，將這東西稱為竹篦的，沒資格當禪僧，但是又不能不稱為竹篦。既然不可喚作竹篦，又不可不喚作竹篦，應喚作什麼才好呢？百丈的問題和首山和尚的問題性質大約相同。

或者拿起一支火夾。喚此為火夾是屬於常識世界，在佛法的世界中，不可喚此為火夾。那麼究竟要喚作什麼才正確呢？這是相當惡質的問題，如同站在門檻中央，問他人「你認為我要進入或出去」，他人答「進入」則出去，答「出去」則進入般。無論如何這種問題很難找到答案，往往由於這些問題矛盾所造成的，因此稱這問題為二律相駁。

確實，這世上原本就充滿了矛盾，只注重理論不重視情調，因此這世界太嚴肅了，會互相衝突。德國人便屬於這類型，只注重理論，不合乎合理主義，因此德國人之間的人際關係非常冷淡、不圓滑。

現在支配歐洲歷史，甚至支配全世界歷史的，是由歐洲興起的合理主義。

禪確實超越了合理主義的存在，在合理主義的世界中，淨瓶是淨瓶，除此稱呼外無其他稱謂。而一支火夾就代表一支火夾而已，不可稱為鐵瓶，這就是合理主義的狀況。可是，人若只依靠合理主義，留於此水準，結果會造成僵硬的社會。因為過於注重理論會產生摩擦，照這麼說來，人只要注重感情就好了嗎？

現代的人道主義是以感情為中心思想的存在，可是太過重感情反而會被水流走，感情上想這麼做，但因為

不合乎情理，所以不能做。不合乎情理就不做，而只重
視理論的話，人際關係又會產生摩擦，因此捨棄理論或
順從感情都行不通，必會產生不合理的事。

　　究竟人以感情為中心較好呢？還是以理性為中心較
好呢？有時理論也會有錯誤，有時只因感情上的渴望而
想做某事，會陷於衝動。由於如此才會產生人的根源的
苦惱，也就是出現矛盾的問題。

　　「不得喚作淨瓶」，不能喚作淨瓶，那麼應喚作甚
麼呢？這實在是很矛盾的問題，禪的答問方式就是以這
種矛盾來表現的。

　　現代社會又被稱為機器人的世界，也許不久之後人
會被機器人征服。到底要如何使用機器，使機器發揮便
利的功效呢？人往往在使用機器中被機器征服。以機器
為例：它具有優缺點，本身自有矛盾，因此如何驅使機
器才好呢？這是有關矛盾發展的思考。

　　回到本則「不得喚作淨瓶。汝喚作甚麼。」聽完這
問題之後，有一位修行長久歲月的偉大僧侶說「不可喚
作木楔也」，他回答「這淨瓶不可喚作木楔」。

　　百丈和尚對此答案感到不滿意，認為這是一般常識
世界的答案，此人雖修行長久，但看來大概都半睡半醒
的坐禪，因此未開悟，還徘徊於常識世界中。所以百丈
師父不欣賞他，換問他自己特別喜愛的弟子靈祐。

　　「百丈卻問山。山乃趯倒淨瓶而去。」溈山靈祐一
腳踢開淨瓶，然後離開。

　　「百丈笑云。第一座輸卻山子。」第一座是首座的

意思。山子的子字是助詞，無意義，指溈山。輸卻的輸字是吃敗的意思，比賽負者為輸。卻字亦為助詞，無意義。

「也因命之為開山」，靈祐，你到大溈山當住持的意思。本則故事就是溈山靈祐到大鴻山當第一代開山祖師的故事。

前面已說過要如何解決人類社會矛盾的問題，本來世上的問題，如前所說，發生一事後會馬上產生另一事，這是一種反對現象。例如：使用便利的電力，創造了電氣洗衣機、炊飯器、電視等。人們習慣於快活舒適的生活之後，夏天沒冷氣就受不了，無法生活。大家爭先恐後買電視，覺得看電視十分有趣，一旦沒電視可看就感到生活乏味無趣。

當電力不足時，使用水力發電還不足以供應，應用石油來發電。而石油是由外國輸入，因此不得不限定用量，最後運用核能作為發電。建設核能發電廠後，接踵而來的必是一堆公害的問題，既然那麼排斥公害問題，乾脆將洗衣機、電視等電器用品一併消毀就好，也不須建造核能發電廠了。

那麼，如何對應矛盾呢？只要超越矛盾就可以了，本則即是提起這個問題。

無門慧開更進一步思考說——

無門曰：「溈山一期之勇。爭奈跳百丈圈圚不出。」溈山一期之勇意謂溈山靈祐一生都發揮勇氣，將師父提出的問題「淨瓶」踢開而往外走。百丈對溈山的

答案十分讚美。可是更深一層來看「爭奈跳百丈圈圓不出」。圈圓表示正圓形，意謂他並無法從百丈所描繪的圓中跳出，還是百丈道高一層。

「檢點將來。便重不便輕。」便重不便輕的便字是依靠自己的方便的意思，即以為自己有方便而加以選擇。選重表示當大溈山的住持，不選輕表示捨棄禪堂中不重要的職位，而到大溈山當住持的意思。表示溈山便重不便輕，所以才丟棄炊飯的職責而當住持。

「何故聻」何故在此解釋為「其理由就是……」，其實這麼解釋並不完全正確。「何故聻」，可視為「且看」的意思，意謂為何溈山靈祐便重不便輕，捨棄典座的職位，而到大溈山。到了又大又有錢的寺廟時，會有各種問題產生，那麼他為何特別到有許多問題無法解決的寺廟中去呢？

「脫得盤頭。擔起鐵枷。」盤頭這二字很有趣，本來靈祐擔任典座、炊飯的工作，因此裝飯的缽則稱為盤頭，所以脫得盤頭表示放棄典座的工作。鐵枷的枷是首枷、手枷、足枷的意思。古代在罪犯的脖子上套上打有洞穴的四角板，然後在街道上遊街示眾，是一種刑罰，加上鎖字則稱為枷鎖。

如同裝上鐵製的手枷、足枷般，溈山靈祐禪師應該是當典座的職位較舒服，為何反到寺廟當住持受苦勞呢？無門如此注釋。這些話不過是說明溈山靈祐到大溈山當住持而已，並沒說明故事中提出「如何解決矛盾」的答案。

　　頌曰：「颺下笊籬並木杓。當陽一突絕周遮。」由於他不擔任炊飯的工作，因此笊籬、杓子全部捨棄。當陽一突的當陽是正面南方的位置。天子是南面。王室、天子的宮殿或偉人的住家都朝南向，以南向為建築的原則，這就是所謂的當陽，後來意思轉變為認真或直接。一突是突擊的意思，周遮是迂迴繞道或話多的意思。意謂十分認真的將麻煩的問題一擊解決。

　　「百丈重關攔不住。腳尖趯出佛如麻。」百丈和尚提出非常困難的問題。重關是指重大的關卡、大的關卡。百丈說「你們通看看」，然後說出一個問題，說能回答這問題的人，就不阻擋他，讓他衝出。所謂「腳尖趯出」，表示用腳尖將淨瓶踢開，越過這個考試的試驗，迅速當了大溈山住持的意思。

　　「佛如麻」表示如麻般的多，同時也是如麻般亂的意思。溈山靈祐踢倒淨瓶而後離去，結果連佛也不知其意，佛也會感到莫名其妙。為何說如麻迷亂呢？因為前面無門注釋說溈山無法脫離百丈所設的圓，但是現在頌的部分卻又讚美說，百丈的問題雖然非常艱難，但是溈山並沒被阻擋，反而巧妙的克服了關卡，當了大溈山的住持。

　　淨瓶不可喚作淨瓶，亦不可喚作木楔，究竟要如何稱呼較好呢？其實這個問題本身就屬於迷妄世界的疑問，我不會滯留於這樣的迷妄世界，因此將淨瓶踢開，師父表示溈山靈祐禪已進入開悟世界了。

第四十一則　達摩安心

　　達摩面壁。二祖立雪。斷臂云。弟子心未安。乞師安心。摩云。將心來。與汝安。祖云。覓心了不可得。摩云。為汝安心竟。

【無門曰】
　　缺齒老胡。十萬里航海特特而來。可謂是無風起浪。末後接得一箇門人。又卻六根不具。咦謝三郎。不識四字。

【頌曰】
　　西來直指。事因囑起。撓聒叢林。元來是爾。

【譯解】
　　達摩被視為禪的開山祖宗，且傳說紛紜。實際上有無達摩這個人存在呢？因為傳說中國有許多達摩所著的書，但一一檢查後，發現達摩的書少之又少。只有《二入四行論》這本書，可能是達摩所寫的，其餘的書都是比達摩晚三、四百年以後所寫的文章，文章相當精鍊，所以可能都是假冒的。
　　達摩（382年～536年）這個名稱是梵文Bodhidharma的古代發音，譯成漢字為「菩提達摩」。從印度來的達摩，和梁武帝進行一場問答後，留下了「廓然無聖」這

句名言，然後到嵩山的少林寺面壁。有關達摩的故事，前面已經詳細說明，因此這裡省略。

廓然，指大悟之境地；此大悟之境無凡聖的區別，既不搶凡，亦不求聖，稱為廓然無聖。

將禪高僧的傳說記錄下來加以保存的書，高僧傳一直傳襲至今，但是高僧傳中都有記載達摩的故事，高僧傳是完成於紀元七、八百年左右的書，聽說達摩渡來三百年後已有其故事傳襲出來。另一種說法認為達摩並非從南方來，而是由絲路進入洛陽，從北方而來。再加上菩提達摩這個名稱實在太巧妙了。菩提是開悟的意思，達摩是教示的意思，以開悟的教示為其名，實在太偶然、太巧妙了，因此多半是假的。由於如此，菩提達摩是否實存，在學術上仍有待研究。

但是，實際上達摩這位人物有無存在都無所謂。可能達摩只是代表某人在佛教中有保存特別的宗旨。如前所說，確實有人為實踐佛教的指導者，大概是將此人設定為菩提達摩吧。

「達摩面壁」，達摩面壁坐禪，面壁是面對牆壁而坐禪的意思，聽說他面壁了九年。

「二祖立雪」，二祖指第二代祖師，達摩為第一代祖師，這裡所說的二祖即為慧可。其人名為神光，聽說他從母親的胎內出生時身上帶有光芒，將室內照成一片紅色，因為這個傳說的原故，因此以此命名。

他出身於武夫家族，本身非常勤奮，四十二歲時已習遍了儒教和道教的經典，雖然他屬於武夫階級，卻是

位偉大的學者。他雖然閱讀了四書五經，但仍找不到自己能接納的智慧，還未發現如何度過有意義的人生。那時他聽說從印度來了一位奇妙的僧侶菩提達摩，這位大師一直在少林寺坐禪，聽聞此消息之後，他即刻下定決心想請問大師「自己的一生中應遵守那些原則？」希望成為他的弟子，並得安心，於是他四十二歲那年便到嵩山參見達摩。

但是，無論他怎麼要求，達摩都不做聲，只是一直面壁坐禪，不理會他。他繼續請求說「請讓我入門」，達摩仍然保持沉默，完全無視於他的存在。

這個傳說到現在仍流傳於修行道場中，因此新入的僧侶要進道場的二天之前須進行庭詰，也就是在早上七點至傍晚五點，於玄關處頭垂下要求入門。現在這只成為一種形式，雖然是形式，但是要保持二天頭往下垂的姿勢，卻需要極大的耐性。

若是在寒冷的時期做垂頭的姿勢，腳會感覺到寒氣，並且胸部會疼痛。隨時都會有前輩路過身旁，在那麼多人出入的玄關處進行庭詰，雖然只是一種形式，可是卻十分痛苦。

慧可拜訪乞求入門時，聽說是二月十五日。又聽聞當時雪淹沒了他的膝蓋，但無論如何他仍舊要求入門，眼見達摩對他置之不理，於是他立於庭前，任使晚雪遮蓋了他的膝蓋。雖然如此，達摩仍無動於衷。本來慧可就是一介武夫出身，是一位相當勇敢的人，因此拿起刀來砍斷自己的左臂。他說我心意已決，讓達摩看他自己

砍斷的手臂。他的鮮血撒在雪地上，將雪地染成一片鮮紅，見此光景，達摩才轉過頭來微笑著。

「斷臂云。弟子心未安。乞師安心。」表示二祖砍斷自己的手臂說：「我心仍不安，請使我不安的心能安。」後來慧可繼承了達摩的法，並當了中國禪宗的第二代祖師。

這就是初次要求入門禪界時的二祖慧可的故事。問題在於安心這句話。成語說「安心立命」，是指身心安定，精神上有所寄託，亦即盡人事行道，並隨順天命而安住其心，不為一切外物所動。安心為佛教的終極目的，至於開悟或解脫等用詞都是安心的別稱。

慧可四十二歲那年，閱讀了萬般的書。可是卻沒發覺人生方針的原則，無法得到能加以安心的原則，為了心安才如此問。

「摩云。將心來。為汝安。」意謂達摩對他說：「好，你將心拿給我，我使你不安的心安吧。」這是很諷刺的回答，如同要他拿水果或一個東西到達摩面前般。但是很遺憾的，心既無形態亦無色，要如何將心取出來呢？

最近在新興宗教中誦經時，從後面拍照片，顯示誦經時靈根有出現，拿照片來表示。被拍成照片的靈根非為靈根，因為靈根是沒有形狀的。

有位哲學家將物和心加以區別，稱說物有限量，心卻是無限。本來物就是被放置於同一處、被規定於固定時間的物質。但是心卻與物質相反，心是無限的。假定

現在於心中想著印度，心馬上就能飛到印度。心不僅能到達世界各角落，連宇宙也能達到。

確實，心是自由自在的，即使肉體沒有行走，但心卻已到達。因此心沒有固定的場所或時間的限制，心可任意遨翔四方。所以達摩要求他把心取出來，實際不可取出，達摩這麼要求有他的目的存在。

「祖云。覓心了不可得。」「好，你將心拿給我，我使你不安的心安吧。」聽到達摩的話，二祖說：「自己真正安心的心是怎樣的狀態呢？我四十二年來一直努力追求，但終不可得。」

「摩云。為汝安心竟。」表示達摩說：「我已使你安心了。」聽到這句話後，二祖忽然醒悟，於是繼承了達摩的大法。

問題在於「覓心了不可得」這句話。不可得在《般若經》中常出現。

《金剛經》中有「過去心不可得，現在心不可得、未來心不可得」的說法。在德山宣鑑禪師那一節中已說明，無法得過去之心、現在之心、未來之心，這句話確實沒錯。因為未來還未嘗發生，因此不存在。而過去已成過去，所以也不存在。只有現在存在，但是現在又於思考的瞬間溜走，因此不可說有存在，現在馬上會轉變為過去。

南懷瑾的解釋是：眾生一切的心都在變化中，像時間一樣，像物理世界一樣，永遠不會停留，永遠把握不住，永遠是過去的，所以三心不可得。

　　所謂時間是指，現在為十二點，但是一秒、二秒馬上在這時流逝，因此真正的現在是無法掌握的。

　　既然如此，沒有過去與未來，以為只有現在，但現在也在思考中成為過去，因此追求下去，實在可以說時間本來就沒有存在。

　　所以無法逮著時間，相同的，心也無法掌握，心與時間相同會流失。因此，昨日哭泣的人，可能今天會笑。人遇到多麼悲傷痛苦的事，即使不忘也會逐漸淡化。而喜、笑意謂著心本來無怒、悲、喜的存在，原本就無任何存在。由於心會不斷改變，因此我們才能平安度日，如果一旦怒，一輩子都怒。一旦笑，一生都笑。悲傷的心產生後，一直無法消除，那麼這一生都會在悲泣中度過。

　　因為歲月可沖淡悲傷的事件，因此才有再次出發的人生。因為心本身無悲或喜的存在，所以稱為無心。無心會造成喜怒哀樂之心，因此站在無心的立場來調節喜怒哀樂，那就是禪。

　　所謂安心，是依靠坐禪將一切的心加以排除的意思。恢復無心，從無心的角度來調節喜怒哀樂，調心則為坐禪的最終目的。

　　弟子慧可回答說「覓心了不可得」的那一瞬間，達摩告訴他，你已經領悟了，既得不可得之心已足夠了。

　　無門曰：「缺齒老胡。十萬里航海特特而來。」缺齒是齒缺的意思。老指年老，胡是胡人。缺齒老胡表示落齒的老胡人，意謂達摩。傳說他會被菩提流支等教相

家所憎恨，被毒殺後並沒有死，只是牙齒掉落、頭禿。因此才得到缺齒老胡的綽號。特特是特別的意思。

　　無門評論說，牙齒掉光的老印度人，遠渡十萬里遠的海，特別航海到中國來。

　　「可謂是無風起浪」，謂是可謂的意思。表示可在無風中起浪。如前所說，心本無悲喜的存在，在什麼皆無的地方使之產生情緒，就是無風起浪的狀態。

　　「末後接得一箇門人。又卻六根不具。」六根指目耳鼻口、身體、意志的六種感覺器官。表示最後才可得一個門徒，其門徒是缺了手臂的殘障者。

　　「咦謝三郎。不識四字。」咦是一種吶喊的聲音。謝三郎指雪蜂門下的玄沙師備，聽說他幼年時當漁夫。所謂不識四字，有人認為是當過漁夫的僧侶謝三郎，將祖師西來這四字抹殺掉的意思，這是由於雪蜂與玄沙曾進行有關祖師西來的問答，因此有人如此認為。

　　另一種說法主張說，謝三郎是無知識的代表人物，只會寫謝三郎這三個字，第四個字就不會寫了。以後者的意思看來，意謂達摩是無知的人。表示他連一個字都看不懂的意思。

　　頌曰：「西來直指。事因囑起。」意謂達摩從西方來，直接教導人們，結果引起騷動，此事是因為祖師的遺囑而起的。

　　「撓聒叢林。元來是爾。」撓聒是騷動、迷惑人。表示原來騷動叢林的人就是你，爾指的就是達摩。本則是依據達摩與慧可這二人來教導「本來無心」的內容。

第四十二則　女子出定

　　世尊昔因文殊至諸佛集處。值諸佛各還本處。惟有一女人。近彼佛座入於三昧。文殊乃白佛。云何女人得近佛座。而我不得。佛告文殊。汝但覺此女。令從三昧起。汝自問之。文殊遶女人三匝。鳴指一下。乃托至梵天。盡其神力。而不能出。世尊云。假使百千文殊亦出此女人定不得。下方過一十二億河沙國土。有罔明菩薩。能出此女人定。須臾罔明大士從地湧出。禮拜世尊。世尊勅罔明。卻至女人前。鳴指一下。女人於是從定而出。

【無門曰】

　　釋迦老子做者一場雜劇。不通小小。且道文殊是七佛之師。因甚出女人定不得。罔明初地菩薩。為甚卻出得。若向者裏。見得親切。業識忙忙那伽大定。

【頌曰】

　　出得出不得。渠儂得自由。

　　神頭並鬼面。敗闕當風流。

【譯解】

　　世尊在本書中出現過數次，有關釋尊的名稱之──「世尊」，表示在世上十分受人尊敬的人物。

「世尊昔因文殊至諸佛集處。值諸佛各還本處。」
文殊指文殊師利菩薩，在菩薩群中智慧第一。常坐在釋
尊左側的蓮華座上，右手拿著般若的智劍，左手持著青
蓮華。

文殊菩薩擔任智慧的菩薩，觀世音菩薩是掌管慈悲
的菩薩。各菩薩分別有各種不同的任務，但是一切皆以
拯救眾生為主，這是佛教的想法。但是基督教中只有一
位神來拯救所有的人類。

本故事的起源為《諸佛要集經》，在《傳燈錄》中
已成為第二十七則公案。罔明菩薩的罔明，與無明同意
思。明是指智慧，因此無明是無知、不懂事的意思。

佛位比菩薩更高，但是菩薩中又分為十地菩薩的等
級，愈偉大的菩薩其階級愈高。然而一個階級又分為五
個種類，合計共有五十個菩薩等級。

罔明菩薩是最初級的菩薩，是煩惱、無明未消的菩
薩，即現在才開始立志修行佛道的新入菩薩。當然在還
未得開悟智慧時，不太清楚如何修行，只是剛立誓願希
望脫離迷妄世界而已。但是，文殊菩薩卻已經入佛位，
且一直保持於最高位的菩薩階級。本則表示二位菩薩在
較量能力。.

文殊菩薩參加諸佛的集會時，剛好諸佛已準備各自
回自己的居所。

「惟有一女人。近彼佛座入於三昧。」是說有一位
高雅嫻靜的女子，坐在佛的附近，正邁入深度的禪定世
界。三昧意思是止息雜念，使心神平靜，是佛教的重要

修行方法，借指事物的要領、真諦。在三昧下寫地字，則稱為三昧地（三摩地），這是梵文的譯音，其後地字被省略，而簡稱為三昧，並將禪定的世界名為三昧。

可能這是以佛為中心，諸佛、諸菩薩一起坐禪，結束後諸佛、諸菩薩都各自回家。但是不知何因，有一位年輕女子，坐在佛的附近，一直沉於禪定世界中，動也不動。

「文殊乃白佛。云何女人得近佛座。而我不得。」文殊菩薩看見這情景，於是對佛說「既然那女子可靠近佛坐禪，我為何不可坐於佛旁坐禪呢？」這表示從古以來女人一直為佛教所排斥。實際上從佛教的根本立場而言，男女是平等的，權利相同，女人也可以坐禪，也可以修行佛道。

當釋尊徹底大悟，轉初法輪時，最先來到的人是他的王妃，當釋尊的弟子而入佛門，此稱為比丘尼，亦即尼姑的起源。後來有許多尼僧當佛弟子，坐禪追求真理。

從佛教的立場看釋尊的思想，認為男女有平等修行的權利。但是在僧堂修行中，對僧侶而言，戀愛和酒是最忌諱的事情。確實，沉迷於酒色是修行僧最須禁止的，酒與女人會使人喪志而失敗，因此對於弟子們嚴禁酒色。

結果佛向文殊菩薩說：「汝但覺此女。令從三昧起。汝自問之。」表示佛說：「如果我回答你這個問題沒什麼意思，你叫醒正進入禪定世界的女子，使她從三

昧的境界醒來，然後你再問她為何可坐在佛的附近。」

「文殊遶女人三匝。鳴指一下。」意謂文殊菩薩於是在安靜坐禪的女子身旁繞了三圈，然後彈響手指一下，鳴指的動作日常可以看見。例如：觀看棒球比賽，當球員擊出全壘打時，感到快樂就會鳴指，有時失敗不甘心也會鳴指，或是當對方出神時在他面前鳴指一下叫醒他。

「乃托至梵天。盡其神力。而不能出。」表示那女子雖然被文殊繞了身旁三圈，但是並沒從禪定中醒來，因此文殊將那女子推到梵天的世界，盡一切神通的力量，想使他從禪定的世界中醒來，可是文殊仍無法阻擾女子的禪定，所以他的疑問也得不到答案，這種情形表示女子的三昧力量比文殊的神通力更強。

梵天是婆羅門教最高的神，其後引進佛教來。在慾界、色界、無色界這三界中，色界為最初的禪定世界，其神為梵天，或稱為梵神。將五慾的煩惱加以脫離的神即為梵天。

文殊菩薩朝向坐禪的女人說，你已脫離一切的慾界，邁入色界的境地。讚美她是脫離一切慾望的偉人，希望以這讚美詞使女子從禪定世界中醒來，結果仍然無法使她醒來。

「假百千文殊亦出此女人定不得」，被稱為智慧第一的文殊菩薩，也無法阻礙這位女性深入禪定的世界，連文殊的神通力也比不過她。

「下方過一十二億河沙國土。有罔明菩薩。能出此

女人定。」河沙表示恆河的沙，意謂無限的意思。因為
恆河的沙無法數盡。在大地下方，被稱為十二億河沙的
無限遠處，有位名叫罔明的菩薩，他是初級的菩薩。釋
尊告訴文殊說，這位菩薩能使那位女子從禪定中醒來。

　　「須臾罔明大士從地湧出。禮拜世尊。」表示罔明
菩薩偶然走過十二億河沙的國土，忽然出現於大地上向
世尊禮拜。所謂大士指的是具有大意志的人，也意謂菩
薩。

　　「世尊勅罔明」，表示世尊命令罔明菩薩說，你使
這女子從禪定的世界中醒來。

　　「卻至女人前。鳴指一下。女人於是從定而出。」
表示罔明菩薩走到女人的面前，鳴指一下。這時女子馬
上從禪定中醒來。其實這只是虛構的故事，但是說在上
位的文殊菩薩的神通力行不通，反而最下位的罔明能使
女子覺醒，因此很有趣。

　　普萊斯氏對本則做了如下的解說。例如：有一位小
孩正在哭泣，這時基督、佛陀、耶穌或孔子到來，都無
法使哭泣的小孩止哭。但是一個牙齒幾乎掉光的老太
婆，只說了幾句話，小孩馬上停止哭泣。這表示聖人都
太嚴肅，因此無法使小孩接納他們，這種解釋法相當具
有趣味。

　　無門曰：「釋迦老子做者一場雜劇。不通小小。」
表示釋迦玩了一場雜劇，但這場雜劇非常偉大。

　　不通小小的釋義有很多種，例如「偉大」的意思、
「不通小乘」的意思，但這些都太牽強。小小又稱為小

可，意謂沒那麼簡單的，表示不單純或非常偉大。

「且道文殊是七佛之師。因甚出女人定不得。」表示有關智慧方面，文殊擁有比被形容為有七佛之師更優秀的開悟智慧。但是貫徹一切皆空的文殊為何無法使那女子覺醒？

「罔明初地菩薩。為甚卻出得。」意謂罔明是最初級的菩薩，但卻可使那女子從禪定中醒來，原因何在？

「若向者裏。見得親切。業識忙忙那伽大定。」表示能徹底理解這境地的，能在無限度的宿業支配的日常意識中，得到大龍三昧（最高的三昧）。

業識是前世的業輪迴的心。忙忙是忙碌的意思。實際上應寫為茫茫，表示不清楚、模糊的意思。《臨濟錄》中有記載「真佛無形，真道無體，真法無相，三法混融和合一處，既不得辨，喚作忙忙業識眾生」。無法掌握輪迴的主體和人心的本源，稱為業識忙忙。

那伽是Naga的譯音，意謂龍，大龍三昧稱為三昧大定。這是屬於禪定三昧之中最高的三昧境地。

能確實見得這問題，在凡夫之中就可進入佛的世界。生死的世界就可成為涅槃的世界。迷妄的世界就可成為開悟的世界。

然而無門慧開將這故事又提高一層。

頌曰：「出得出不得。渠儂得自由。」文殊無法使女子脫離禪定，而罔明卻做到，這就是出得出不得的意思。

渠與儂，渠代表文殊菩薩，儂代表罔明菩薩，也可

以反過來說，表示文殊菩薩和罔明菩薩做自由的行動就好。只有文殊菩薩或只有罔明菩薩都不行。既然文殊菩薩為開悟的世界，則罔明菩薩可稱為迷妄的世界。只是迷妄世界或開悟世界都不行。開悟和迷妄應結為一體，才可真正獲得自由，不被任何東西所拘束。

自由這個名詞很有意思，最近多翻譯為 freedom 或 liberal。但是，本來自由是佛教用語，自己所造成的自在，以自己為中心，一切行動皆由自己衡量進行，這才是真正的自由。

至於外國語 free-from，表示從某處可得到自由。例如：封建社會主義解放，才產生了法國革命。所謂自由與平等，意謂從封建社會主義脫離而獲至自由之意。

然而佛教用語的自由，雖涵蓋有從某某解放的意思，但更徹底的含意是以自己為中心。這裡所說的以自己為中心，並不像西洋所說的自我、個人或自己，而是和所有的人一致的自己，這才是自由的真意。

所謂禪，雖然是精神集中，但是假使全副精神都集中於一處，而固定無法動彈的話，非真正的禪集中，不限定於一處，可自由自在行動，才是真正的自由。本來自由是更獨創性的，因此要維護自由，只想固守一處，完全沒有獨創性，就已經不自由了。所以維護自由這句話在語言上已有矛盾。

文殊菩薩無法使女人甦醒，罔明菩薩卻能使他脫離禪定的世界。無論能否做到，每個人都任意去演戲就好。

僅有文殊或罔明都不行，只有煩惱或開悟也不行，能夠自由自在運用開悟與迷妄，才是真自由。

聖嚴法師說：人生處世，有人「混世」，有人「戀世」。混世，是渾渾噩噩度日，甚至造成世界的混亂；戀世，是對世間依戀不捨，執著與自己相關的一切。

「神頭並鬼面。敗闕當風流。」神頭是指神的頭、鬼面是指鬼的顏貌、怪物的意思。敗闕是失敗的意思。

說罔明、文殊和怪物等，聚集在一起演雜劇，這時文殊輸給了迷妄的典型代表罔明菩薩。這齣雜場表面上看起來，似乎是文殊的能力輸給罔明，其實失敗也無所謂。失敗才是風流。和奇怪的怪物們同台演出，失敗也是屬於風流的事而已。

結果，在此所欲表達的是，僅有文殊或罔明都不行，開悟和迷妄合為一體，才可得到真正的自由。將拳頭伸出來並緊握的就是文殊，相反的，將緊握的拳頭張開則表示罔明菩薩。

因為人能握緊自己的手，也能放鬆自由的手，因此才能自由的使用我們的手。開悟與迷妄的狀態也是如此，開悟中有迷妄，迷妄中有開悟，這才是真正的開悟、真實的迷妄。

本則的故事即表示，人都是在真正的迷妄中度過一生的。人若能真正放下一切，就能包容一切，擁有一切。

第四十三則　首山竹篦

首山和尚。拈竹篦示眾云。汝等諸人若喚作竹篦則觸。不喚作竹篦則背。汝諸人且道。喚作甚麼。

【無門曰】

喚作竹篦則觸。不喚作竹篦則背。不得有語。不得無語。速道速道。

【頌曰】

拈起竹篦。行殺活令。背觸交馳。佛祖乞命。

【譯解】

首山和尚（西元926～993年），山東萊州人，幼年出家，俗姓狄。是著名的臨濟義玄禪師的第五代法孫，因為精通《妙法蓮華經》，因此又被稱為「念法華」，他參禪汝州的風穴延沼禪師，並受其印記，著有《首山語錄》。

「首山和尚。拈竹篦示眾云。」表示首山省念和尚命令自己的弟子坐禪時，取出竹篦來讓弟子們看。

竹篦是師父為了教導弟子們所使用的道具，長約一尺五、六寸，五十公分左右，將竹子做成「ㄟ」字形，或是利用弓來製作。這是古代的如意棒轉化而成的形狀。當僧侶到師父那裏做問答時，師父手中都會持有竹

篦，遇怠慢者就在他頭部或背部打一下。

拈是起來的意思，表示將竹篦突出於僧侶面前，然後首山和尚開始問題目。

「汝等諸人若喚作竹篦則觸。不喚作竹篦則背。」汝等諸人是你們的意思，觸為輕喚之意。因為輕喚必會抵觸，因此寫成觸。表示各位若將此喚作竹篦，必會抵觸對方，但不喚作竹篦，又會辜負對方的期待。

你們若將竹篦喚作竹篦的話則有問題。《般若心經》或佛教皆稱一切為空，意謂一切皆無。眼前有山，眼前有河，到了春天梅花芬芳，百花綻放。秋季時楓葉變紅，生命是短暫的。看見一朵只開到三分之一的花，認為花要完全綻開還早，但是在一週至十天當中花就會凋謝，並不只是花如此，人也是相同。

到底人由何處出生？死於何處？死後請僧侶唸經，送入棺材，舉行葬禮，大家送到火葬場就結束了人生。確實，令人感到很不可思議，不知人死後會到何處。只是如一條煙般化成灰，留下的只是骨灰而已。

不僅限定於人，大千世界與宇宙本體也是如此。前面已說過，經典中記載宇宙在五十六億七千萬年之後會消失。依據天文學的知識推測，六十億年後宇宙會消失。不論如何，一切皆是出生於無，又回歸於無。

閱讀基督教聖經的創世紀，寫著神從無中創造出天地宇宙。從一切皆無創造宇宙，然後宇宙又消失為一切皆無。實際上《般若心經》也是如此記載。現在我們眼睛所觀看，耳朵所聽聞的事情，會使我們的知識增長，

但是我們所認識的一切，實際上什麼皆無。既然如此，那麼有位名叫冠宇的人，我們可說他是冠宇嗎？本來人在七、八十年後不知會消失於何處，如果不稱此人為冠宇，又要如何稱呼呢？這種情形即為「若喚作竹篦則觸」，表示若將竹篦喚作竹篦，則違背了一切皆空的佛教真理。

「不喚作竹篦則背」，若這竹篦不喚作竹篦的話，要喚作什麼呢？既然冠宇非冠宇，那麼我們可稱呼他為武雄了嘛，有人如此議論著。但是，若將冠宇喚作武雄，那世界豈不大亂。其實，冠宇就是冠宇，我就是我。

竹篦不可喚作竹篦，但又不可不喚作竹篦，確實有道理。世上的一切亦是這種情形。本來社會上有倫理與道德，但是所謂道德是以善惡為判斷準則，以好壞為區別，若說這世上根本沒有絕對的好存在，那麼道德與倫理必會經常變化。

站在一切皆空的立場而言，不可將竹篦喚作竹篦。但是就一切皆無的立場而言，將靴子戴在頭上也好，腳穿帽子也好，這種想法稱為虛無主義。但是，這是不正確的，靴子應穿在腳上，帽子應戴在頭上才對。

既然如此，既不可喚作竹篦，亦不可不喚作竹篦，那麼「汝諸人且道。喚作甚麼。」表示究竟要如何稱呼呢？這問題要如何克服呢？

僧侶們一面坐禪一面想著，到底要喚作什麼呢？也不能將竹篦喚作紙片。雖然如此，若只回答一切皆

空，則只談到理論罷了，實際上並不是空。假使回答
「空」，得到的結果是被棒子敲一下，倘若回答「什麼
皆無」也不對。這東西應喚作什麼呢？當然不可喚作竹
篦。在思考當中不知何因，竹篦和自己會突然變為一
體，這時會聽到自己真實的心。

禪的中文意思為靜慮、靜考。這類的問題稱為公
案，所謂考和普通使用的考意思不同。一談到考，就會
令人想到以頭腦思考數學、或做生意等，必須發揮大腦
神經的功能。但是靜慮並非禪的正確解釋，勉強說是將
全部的精神集中，或將自己的心一直集中於一種事項，
一般人多半有惜、悲、憎、喜等心浮現，以此狀態過著
日常生活。

但是若追究惜、憎之心的根源，會發現那樣的心本
身不但無憎亦無悲喜。

那麼心真的什麼皆無嗎？其實也並非如此。和心愛
的人離別時會感到悲傷、寂寞，有喜事時會雀躍不已，
這也是心。憎、惜之心與什麼皆無之心結為一體，稱為
人之心。說了這麼多理論，實際上沒有自己去發覺、滿
足自己本身的要求的話，即使聽了我的理論，也無法得
到深刻的意義。

由於如此，稱禪為不立文字，既不立為文字，且不
以深奧的理論來傳達。主張實際上應自己坐禪修行，探
索自己的心是如何，而探求自己的心是如何的心，又是
怎樣的存在呢？

像這樣深深凝視自己的內心，可發覺自己的心是何

狀態。為了期待這種效果，禪宗才注重坐禪。

可是若只坐禪，感覺腳酸痛、注意會不會被警策打，時間就在這當中一分一秒過去了。持續坐禪五年、十年，只是沉默靜坐會覺得無聊，因此坐禪時出問題使自己思考，結果心會集中於思考，逐漸發現自己的心的本來形態。

為了令修行者能知曉心的形態，才故意出一些困難的問題，無風起浪，欲鎮壓波浪則須進行禪的教育。

無門曰：「喚作竹篦則觸。不喚作竹篦則背。」無門評論說，喚作竹篦就抵觸到忌諱，不喚作竹篦會辜負對方的期待。

「不得有語。不得無語。速道速道。」表示說話不行，沉默也不行，快說吧！快說吧！

頌曰：「拈起竹篦，行殺活令。」表示拿出竹篦來，並發出勅令。

「背觸交馳。佛祖乞命。」觸是抵觸，背是違背，交馳是攻的意思。意謂背與觸交替攻佛祖或學人。表示立於抵觸忌諱和辜負對方期待的歧路上，連佛祖也可能向人求救。

總而言之，觸是表示觸犯了竹篦的名稱，背是違背竹篦用處的意思。要求弟子們突破這個問題，便可得背觸一如的個別體驗。簡單的說，即等待透過公案，使竹篦與自己結為一體。只有如此才能超越背觸根元的世界，即佛凡一體的境界。

第四十四則　芭蕉拄杖

芭蕉和尚示眾云。爾有拄杖子。我與爾拄杖子。爾無拄杖子。我奪卻爾拄杖子。

【無門曰】

扶過斷橋水。伴歸無月村。若喚作拄杖。入地獄如箭。

【頌曰】

諸方深與淺。都在掌握中。撐天並拄地。隨處振宗風。

【譯解】

芭蕉和尚的芭蕉，以芭蕉樹而得名，居住於芭蕉山的和尚，稱為芭蕉和尚，《傳燈錄》中記載了六位曾在芭蕉山當住持的和尚。本則的芭蕉和尚即芭蕉慧清禪師。他是新羅（今韓國）人僧侶，在《無門關》四十八則中的韓國僧侶只有芭蕉慧清一人而已。其年代不詳，因為是偽仰宗的第四代法孫，因此被推測為九世紀至十世紀時期的人物。

「芭蕉和尚示云。」表示芭蕉和尚對大家說。

「爾有拄杖子。我與爾拄杖子。爾無拄杖子。我奪卻爾拄杖子。」拄杖子是古代印度使用於老人或病者的手杖。在中國是修行僧們行腳時所帶的七種道具之一。

手杖非常便利，本文後面有所敘述，例如：渡河時

怕陷入急湍深處。當時不比今日，並非到處都建有橋
樑，因此有錢人欲渡河時，多聘請專門背人過河的人，
幫助其過河，若是渡頭有舟則划舟渡河。但是淺灘的地
方既無專門背人的腳夫，亦無舟可划，這時只能依靠自
己的腳行走，若有手杖就更方便了。

　　又如在行腳途中遇到暴徒時，可成為保護自己的武
器，夜晚步行時，在杖上裝鈴噹，發出鈴聲後，毒蟲或
毒蛇都會遠離。其用途廣泛，因此中國僧侶在行腳時有
攜帶手杖的習慣。

　　從古以來禪僧就對拄杖子做種種有關的問答，雲門
和尚將杖伸到面前來，說：「昨夜的拄杖子吞了天地乾
坤。」

　　這裡的芭蕉和尚亦將杖拿到自己面前，開始作問
答。本來就實際需要才攜帶手杖，但後來杖成為儀式的
道具之一。和尚對弟子說法時必帶杖在身旁。這個習慣
現在仍保存著。

　　「爾有拄杖子。我與爾拄杖子。」以常識來判斷這
句話，似乎不合邏輯。

　　「爾無拄杖子。我奪卻爾拄杖子。」這句話也不能
以常識理論來判斷。表示若你沒有拄杖，我要奪你的拄
杖。這到底是什麼意思呢？這是禪僧們之間的問答，並
非以一個真實性質的杖為問題。而是透過杖談論佛性、
本來的自己的問題。

　　外國人很難理解這個問題。英國的東洋學者普萊
斯，他將《無門關》翻譯為英文，他的翻譯相當有趣，

將「與」譯為 give，將「與爾」翻成 give you，把「使汝覺醒」解釋為 make you aware of。這種翻法十分引人注目。意謂「若是你只持有物質性的拄杖，那麼我須給你真實的柱杖（絕對的真實）。若是你沒有絕對真實的柱杖，我必須先將你那沒有用途的、相對性質的拄杖先奪走才對。」說法非常有趣，但太不合乎理論。

例如：你有饅頭，我就給你饅頭。你沒有饅頭，我就奪走你的饅頭。這句話你們要如何解釋呢？聽說古代擅於射箭的高手教導弟子時常說，若是箭太長，要將前端弄長，太短時要把箭弄的更短。覺得箭長的人是初學的人。當初學者要上弓射箭時，會感到箭很長，因此在那時心中想著箭很長，而更用力拉弓，這就是正確的射箭方法。逐漸訓練熟悉之後，任何箭一上弓，都能拉得很順暢，並且會覺得箭很短。這時就教導說，將箭弄的更短才恰當。高手都是如此教導弟子的，這種比喻相當有趣。不論是普萊斯的理論或射箭的譬喻，兩者都十分精彩，但是這個問題無法以常識論來解決。

我們可將拄杖子解釋為佛性。表示如果你有佛性，那麼我要讓你真實品嚐到何為佛性，即意謂若是你有佛性，我要讓你看看真實的佛性是什麼。若是你沒有佛性，我要將你認為沒有的錯認之心加以排除，使你感覺到你有佛性。

在此自由自在的使用「有時給予，無時奪取」的語句。以普通常識界而言，應是「從有奪取，而給予無」，二者的想法恰好完全不同，自由自在使用給予或

奪取的說法令人感到有趣。

　　本來佛性這二字，在《般若心經》中記載為不生不滅，即不增不減。勿認為有自覺到佛性，就會比以往更增，而無自覺佛性的人，會比自覺的人減少佛性。其實，無論是否自覺，人皆平等、皆具有佛性。不論凡夫或已開悟的人，皆擁有佛性，因此不會增加或減少。人天生就擁有佛性，只是有自覺和無自覺的差別而已。

　　為了使人自覺到這一點，因此使用各種方便之詞來表現。趙州使用「無」讓弟子清楚自覺到佛性。聽見「無」會令人聯想到一切皆虛空的狀態，其實絕不是虛空，這只是語句上的口氣而已。存於世間的一切皆無常，可是不論是否無常，我們只會被眼睛所看、耳朵所聞的一切所執著，認為那是永久的存在，為要排除對眼前之物的執著心，才說什麼皆無，因此以「無與空」來稱呼。結果產生了世間一切皆無、空的誤解，認為不可稱為無，於是趙州改稱「有」，目的在於防止人們誤解人生是一場虛空。當禪僧言「無」時，相反的即言「有」，這種方式稱為奪。

　　禪中非常重視奪。人擁有語言，而語言是相當便利的工具。例如：欲傳達自己的意志給別人時，若無語言則無法達成。以此看來，語言是十分重要的。同時，有時語言如一種惡魔的存在。使用一個句子時，要思考其內容，錯覺為那內容有存在。

　　例如：同前所說，使用空與無這字眼，常會令人想到空虛，因此為了奪取一切皆無的誤解，才使用語

言，但使用語言後又會被誤解有存在，所以才使用「真無」、「真空」。有人將「真空」二字視為一切皆空，於是又使用「妙有」這二字來奪取真空。

禪界中會不斷的逐一產生各種語詞出來，這些語詞都是為了奪取在人們腦中造成的既定概念而產生的。為了做成奪取的手段，所以禪才有公案。引用成為「這句話之前的話是什麼？」「這是一種假定方便的說法」等技巧，能達成真正不執著於任何事物的絕對自由的人。

最近，機械人工學非常發達，例如：生產腳踏車的工程，多半由機器人負責。表面上看來，人類如同主人般的使喚機器，其實更深思會發現人反而被機器所控制。因為機器人負責各種工作，替人類進行難度高的操作，那麼人要做什麼呢？人只不過成為開關機器按鈕的存在罷了。

假使機器人可開口說話，他們會說「在你按開關之前我不想工作」，機器人反而變成主人。可能是因為這個原因吧，最近人們有變成機械化的傾向。換句話說，像機器人的人類愈來愈多了。所謂的機器人表示，在電腦中輸入各種程式，輸入的程式會被有規則性、正確的做出，程式之外的事一概不做。

只在固定的範圍內思考的話，其思想就如同機器人一樣。於固定範圍內，因時間、場所的不同，而做種種對應變化，能自主、自發的前進邁進，才是真正絕對自由的人類。

好比「爾無拄杖子。我奪卻爾拄杖子」般，一見就

覺得這理論很矛盾，其實這句話隨便應用皆無所謂。說東為西，或說西為東皆無所謂，實際上本來就無東也無西存在。例如：我們指著那側說是西方，那麼這側則為東方，若一直往地球的西方前進，必會從東方出現，這就稱為本來無東西，因此本來無奪取亦無給予。

我們天生具有的佛性，也不會被人所奪取或由人而給予。因此無法自覺佛性的人，被稱為凡人。可清楚自覺佛性的人則稱為佛。這樣看來「爾無拄杖子。我奪卻爾拄杖子」這句話，理論上並無矛盾。

歐洲有語言原則的形式理論學，因此談到語言矛盾的問題就會感到困惑，他們以印刷錯誤或文字排版錯誤加以反駁。其實，語言具有流動性，稱奪取或給予結果都是一樣的。受人讚美或譭罵的情形也相同，並不會因他人的稱讚而使自己更偉大，也不會因他人的譭罵而貶低自己的價值。所以，被讚賞不必高興，被指責也不必氣惱。

芭蕉和尚稱此心境為「爾有拄杖子。我與爾拄杖子。爾無拄杖子。我奪卻爾拄杖子」。完全無視於形式理論學的表現方法，即是本則的內容。

無門慧開接著注釋說：「扶過斷橋水。伴歸無月村。」斷橋指毀壞的橋。表示要渡過無橋之河時，依賴杖協助。在無月亮的夜晚，看不見前方，要回家時，可依賴杖指引。因此杖常帶在身旁，是一個多用途的工具。

「若喚作拄杖。入地獄如箭。」表示如果認為我所

說的杖是一種物質，那麼你們死後會馬上墮入地獄。

　　無門慧開對芭蕉和尚所說的拄杖子加以注釋說，所謂拄杖並非單指一種物質，那麼我們為何要修行呢？其實主要目的在於覺醒佛性。

　　臨濟禪師認為佛性是「一無位的真人」，趙州以「無」這個字來表現佛性。更極端的說法為雲門和尚所說的「乾屎橛」、洞山和尚所說的「麻三斤」。雖然表現方法各異，實際上都只在講佛性。倘若無法深刻的體會到各種不同的表現方法，你們會比箭更早墮入地獄，表示無門和尚藉著注釋拄杖子的問答來警告我們。

　　頌曰：「諸方深與淺。都在掌握中。」表示彷彿以杖試水的深淺，以這個拄杖子檢點諸方的師學，一切都歸於自己的掌握之中。從字面上看來，彷彿是談論拄杖子，實際上是透過拄杖子，而談論「一無位的真人」。

　　比如避免渡毀壞的橋時陷入深處，可以拿杖測水的深淺。芭蕉和尚便是拿著杖行腳全國，檢查僧侶坐禪能力的深淺。這個做為檢查道具的杖，被芭蕉和尚緊握在掌中。

　　「撐天並拄地。隨處振宗風。」杖可稱為佛法之寶，上支天下撐地。杖上達三十三天頂，下落深淵地獄，到處存在，這樣的存在，佛教學上稱為佛性。

　　普存於天地的杖，到處傳布禪的宗風。也就是說，芭蕉和尚以可貴的佛法寶物——杖，隨處興起宗風的意思。確實，杖實在很了不起，這就是「芭蕉拄杖」這則的內容。

第四十五則　他是阿誰

東山演師祖曰。釋迦彌勒猶是他奴。且道他是阿誰。

【無門曰】

若也見得他分曉。譬如十字街頭撞見親爺相似。更不須問別人。道是與不是。

【頌曰】

他弓莫挽。他馬莫騎。他非莫辨。他事莫知。

【譯解】

東山是指山名，為五祖北宋法演禪師（？～1104）所居之處。即自達摩以來的第五代祖師弘忍大滿的住處，因此這座山又命為五祖山。

「東山演師祖曰。釋迦彌勒猶是他奴。」表示東山五祖法演禪師說「釋迦和彌勒皆是從屬他人的僕人」。釋迦是紀元前五百年左右在印度創造印度佛教的人，又稱為釋迦牟尼佛、釋尊、世尊等。世尊顧名思義為受世人尊敬的人。對弟子們而言，他是最偉大的人。

大體佛教中有過去、現在、未來的三世世界。在過去的世界中，開悟並發誓解救一切眾生的為阿彌陀如來。現在的世界，即現世，出現於現在、現實世界中，

拯救人類的為釋迦牟尼佛，即釋迦。在遙遠的未來，即五十六億七千萬年後，出現於此世救助世人的為未來之佛，即彌勒菩薩。彌勒菩薩出現時劫火燃燒，三千大千世界就會毀滅，這就是所謂的佛教終末論。以上三佛則為三世諸佛。彌陀、釋迦、彌勒這三世諸佛，最為佛教徒所尊敬。

五祖法演禪師說這些佛「猶是他奴」。他是他人、別人的意思，但中文的他字有第三人稱的意思。

「且道他是阿誰」，阿是助詞，無意義。阿誰即誰的意思。

說完「你們十分尊敬，並且日夜加以禮拜的釋迦和彌勒，在我看來只是他人的僕人而已。」這些話之後，五祖法演接著問說「你們說看看，到底他是誰？」

一般人聽到這問題，通常無法猜出來。尤其是對日夜禮拜釋迦和彌勒的人而言，簡直太冒瀆佛了。稱釋迦和彌勒為僕人，會令信徒們感到憤怒，認為太過觸犯佛了。

然而就佛教的立場而言，確實如東山五祖法演禪師所說般，釋迦和彌勒都只是僕人而已。現代社會已很少使用僕人這個字眼，在過去封建時代裡，僕人是指侍奉主人的人。其實，仔細深思即知，世上的人都是僕人。唯有以主人和僕人互相想服侍對方的心情，才能使人類社會維持和平。

現在所謂的服務業，上至一個國家的行政首長，下至酒吧的女服務生，都是屬於服務業。大學教授也是為

學生服務。勿認為自己是行政首長就耀武揚威，應成為國民的僕人才是正確的理念。從古來就稱官吏為公僕，確實官吏應該以當公僕的態度服務人民。先天下之憂而憂，後天下之樂而樂，才是公僕的原則。

師父應如僕人般對待弟子，弟子應將師父視為自己的主人般，聽從師父的指導，如此才能使師父與弟子間的關係完善。但是現在互相關懷的情形已完全消失，主張師父和弟子是同等的。當然可說是同等，以師父的立場而言，他可從弟子身上學到許多事，即在教導弟子中學到東西。以此看來，師父和弟子本就同等。

現在只注重同等，而不互相尊敬、關懷，佛教認為這種平等非真平等。

釋迦和彌勒皆有拯救一切世人的願心，因此出現於世中，也就是為了一切眾生才出現於世。更誇張的說，釋迦和彌勒都是一切眾生的僕人。我們認為釋迦、彌勒、諸佛諸菩薩都是佛性的顯現。無論釋迦或彌勒皆是從佛性的世界中出生，存於世間幾十年之後，滅於生滅的世界，又歸於不生不滅的世界。

佛教中所說的三身佛，即表示佛有三個身體，這種說法記載於經典《涅槃經》中。身，即聚集之義，聚集諸法而成身。大乘佛教理論中，佛具有三種身；應身（變化身）、報身（受用身）、法身（自性身）。

當釋迦要圓寂時，許多弟子在他身旁，並問他「你已得不滅的佛性，為何還會亡呢？」這時釋迦在氣息厭厭之中回答：「不，現在滅的我，只不過是化身佛的我

滅亡罷了。法身佛的我是不生不滅的。」

　　法身佛的我絕不會滅亡，亦即不生不滅之軀。現在於大家面前消失滅亡的是化身佛的我。由於他這麼說，弟子們都破涕為笑。這種說法後來被體系化稱為三身佛。

　　所謂法身佛是指不生不滅。既然不滅那麼應是不生。佛教的理論認為，生於此世，絕無法不生不滅。雖有不滅靈根的說法，但是眼睛所看到的靈根，不能不滅，既產生必會滅，即相對的世界。有生必滅是佛教的因果律，因果的法則不可違背。

　　基督教經常使用不滅的靈根這句話，佛教中也有不滅靈根的說法。但是這種不滅的靈根，同時須有不生的靈根存在才行。基督教有不滅的靈根，卻無不生的靈根這句話存在。佛教中常說的不生的佛性，即不生的佛。在佛教中，不生即不滅，因為不生才不會滅，有生必會滅，這是必然的事。

　　道元禪師將不生不滅的靈根稱為「佛的生命」，表示我們只是將不生不滅的佛的生命加以生死而已。道元禪師如此喝破生死的問題。考慮生死的問題時，不可將生的世界直接轉移為死的世界。例如，河水由上往下流般，以從生到死的想法來看生死觀是錯誤的。本來時間並不是如此，真正的時間是不生不滅的。道元禪師所說的不生不滅的佛的生命，即為真正的時間，這也就是東山五祖法演禪師常說的「他」的意思。

　　出生於世上，具有不生不滅的佛的生命，而度過八

十年人生，然後才滅亡的人就是釋迦。五十六億七千萬年後，顯現於此世拯救眾生的人為彌勒菩薩。

以此看來，確實釋迦和彌勒只是他人的僕人而已。這麼說來，必會產生為何有不生不滅的佛的生命疑問，這個疑問成為佛教與禪的最中心問題。

瑞巖師彥禪師於岩石上建造如鳥巢般的居所，他終日坐禪，時常自問自答說「喂」、「是」。「醒覺了嗎？」、「是」。「你勿被人欺騙」、「好」，諸如此類的問答。這時詢問的自己和回答的自己截然不同。若以理論牽強分別，則詢問的自己是法身佛，回答的自己為應身佛。那麼我們真的分為法身佛和應身佛二身嗎？其實不然，實際上應為一身。只是為了說明一身，才假定為二、三身來說明而已，本來是一體的。

佛教往往將這些情形比喻為水與波浪的關係，本來波浪就是水受風之機緣而產生的。風大時波大，風小時波小，有三角波，亦有圓形波，與風結合才會產生這樣的千波萬波。水因風的機緣而有了波浪的因果。一切原理皆相同，人心的動態也是如此，由機緣因果造成的。因為外界之緣，而有八萬四千的種種心產生於人間。其關係如水與波浪般，離水則無波。

所謂波只是水造成的波而已，以此看來，二者不可分開。雖然如此，形成波時有千差萬別的波浪、和絕對靜止的水是迥然不同的。表示形態雖異，其實相同。雖然相同，其實又異。

佛教學上將此情形稱為不一不異。表示雖然意謂同

一物，其實非相同，依理論上來看，仍然可區分。我們凡夫的真正形態為佛。那麼凡夫等於佛，可稱為佛凡一體，佛與凡夫完全無異。雖然無異，但在經典中仍將佛與凡夫區分為二。究竟何處不同呢？因為凡夫的真正形態為佛，所以能真正自覺的人才是佛，未自覺的人則為凡夫。因此以自覺和未覺的理論為立場，將佛與凡夫區分為二。其實本來是一體的，即佛凡一體。

剛好「他是阿誰」的他、釋迦和彌勒、以及現存於世的我們合為一體，再將一體分為二部分，使人們去自覺本來的形態即為佛。把本來有的假定為沒有，然後再恢復到原來的形態，這就是佛的教示。

「釋迦彌勒猶是他奴。且道他是阿誰。」聽五祖法演這麼說，不禁令人猜想到底他是誰？成為一切主人的他是誰？大疑之下才會大悟，無大疑則無法大悟。由於疑慮而能解決其疑問，才能自覺到原來那就是本來的自己。五祖法演以暗號密令的公案來表現這個目的。

那麼，瑞巖師彥禪師常提到的「他」或「主人」究竟為何人物呢？

臨濟禪師回答說「這是你們嘛」，《臨濟錄》中如此記載，本則故事雖短，但卻意義深遠。無門慧開和尚加以注釋說：

「若也見得他分曉」，分曉是清楚的意思，他指佛的意思，表示「如果能夠清楚看見那個人」之意。

「譬如十字街頭撞見親爺相似。更不須問別人。道是與不是。」意謂如同在十字街口遇見自己的父親，不

須問別人「他是不是我的父親」。

　　瑞巖禪師稱其為「主人公」，臨濟禪師稱為「即今聽法的人」、「一無位的真人」。無位的真人，也就是父母未生以前自己未來的面目。

　　印度是非常重視哲學的民族，因此常使用如來、佛性、法性等困難的哲學用語。但是注重實際的中國人使用更實際具體的語言來表現。

　　例如：在路上遇見自己的父親，若問他人說「這是不是我的父親」，那就太愚蠢了。實際上這是自己的佛性、自性，因此不須問他人。

　　頌曰：「他弓莫挽。他馬莫騎。他非莫辨，他事莫知。」這首詩在唐代已存在了。

　　「他弓莫挽。他馬莫騎。」這句話記載於唐代中期所編的格言集《大公家教》中。

　　表示不能拉他人之弓，不可乘他人之馬，不可言他人之失敗，追究與自己無關係的事就好（即自知自身真佛）。

　　這些諺語在唐代時期相當盛行。最近少有人再使用這句諺語，其實現在的社會是最需要用這諺語的。最近人們多善言他人之非，而不反省自己之過。尤其是作家或評論家們，經常批評他人，卻將自己的問題放在一旁，總是批評說：「現在的禪如何……，佛教如何……。」以此做為素材寫文章，賺取金錢。

　　其實這樣的作家才是真正墮落的人。現在的和尚雖有墮落之處，但並非全部的僧侶皆如此。

第四十六則　竿頭進步

　　石霜和尚云。百尺竿頭如何進步。又古德云。百尺
竿頭坐底人。雖然得入。未為真。百尺竿頭須進步十方
世界現金身。

【無門曰】

　　進得步翻得身。更嫌何處不稱尊。然雖如是。且道
百尺竿頭如何進步。嗄。

【頌曰】

　　瞎卻頂門眼。錯認定盤星。

　　拼身能捨命。一盲引眾盲。

【譯解】

　　禪宗歷史上有二位石霜和尚。其一為石霜慶諸禪師
（西元807～888年），俗姓陳，盧陵新淦人。其為青
原下之人，學戒律之後，師事潙山與道吾，得道吾圓智
的印記。據說他居住於石霜山二十年，被稱為普會大
師。

　　其二為石霜楚圓禪師。石霜（西元986～1040年），
俗姓李，全州（今廣西壯族自治區）人，在汾陽善昭禪
師座下參學七年而得法，其第九代法孫為無門慧開（西
元986～1039年），是臨濟禪師以來的第六代法孫。

　　但是兩個石霜的語錄中皆無百尺竿頭的故事，那麼本則出現的石霜到底是那一位呢？據猜測可能是屬於後者的石霜楚圓禪師。本則中的古德與慶諸同一年代，為長沙景岑（南泉的法嗣），並非是將同年代的人都稱為古德，因此推測本則中的石霜為楚圓。

　　「石霜和尚云。百尺竿頭如何進步。」一般的「百尺竿頭」，意謂再前進一步。雖然一般常識界這樣使用，但是其用法完全不同。

　　竿頭進步是當時的一種特技表演。在竿上一直旋轉往上爬，稱為竿頭進步。

　　「又古德云。百尺竿頭坐底人。雖然得入。未為真。」表示一直坐在高竿上的人不可稱為真悟的人。

　　這是有關佛教與禪的問題，因此坐在高竿的人意謂進入徹底大悟的開悟世界。

　　《華嚴經》中的「菩薩十地品」記載說，菩薩的地位分為十個階級，一個地位又分為五個部分，合計為五十個階層。剛成為菩薩中初學菩薩，逐漸修行開悟到第五十層的偉大菩薩為止。完成每一個階級的修行，達到第五十個階級，才可成為最上位的佛，這就稱為等覺、妙覺。一一越過那些階層，到了最高的佛位之後，古德就稱為「百尺竿頭坐底人」。

　　所謂古德是指紀元十世紀左右的人物──長沙景岑禪師。《傳燈錄》的長沙景岑那章的偈中寫著「百丈竿頭不動的人，雖然得入未為真。百丈竿頭須進步，十方世界是全身」。由此可知在此列出的古德，當然就是長

沙景岑。

得入表示得悟之意。即使得開悟的世界進入佛位，仍不可稱為真正的佛的世界。

「百尺竿頭須進步十方世界現金身」，百尺竿頭表示再進一步，在十方世界能自由實現自己的全體。十方世界即指東西南北的四方，也就是四維，四方的中間位置。例如：東南或西南。再加上下共計為十方，意謂全部的空間。

從最上位的佛位再進一步，全身呈現於十方世界中，如第四十五則所敍述般，如同釋迦與彌勒般成為一切眾生的僕人，在十字街頭努力，這樣才可稱為真實。

臨濟以大膽的言詞來表現。如《臨濟錄》中所記載的「逢佛殺佛，逢祖殺祖」。所以創價學會的人們稱臨濟禪師為「禪天魔」，表示他們並未理解這句話的意思。只安定於佛界中真正的佛，加以否定佛後才是真正的佛。即無佛才是真佛，還一直安定於開悟的世界中，則非真實的開悟。

百尺竿頭更進一步的話情形會變得如何呢？除了落於大地之外無其餘的路，能落於大地才是好的，才會有超越的說法出現。例如：要越山時，登上山頂，若只是站在山頂上，不可稱為真正的越過山。登爬上山，然後走下坡路，才是真正的越過山，這就是超越的意思。為了使弟子們了解這個道理，石霜和尚才問修行者「百尺竿頭如何進步」。

前則中說明過，能將釋迦和彌勒做為僕人的主人，

就是本來的自己。像這樣的世界稱為佛界，但是假使只滯留於這種境地，沒有再往前進的佛非真佛。

臨濟說過「赤肉團上有一無位真人。常從汝等諸人面門出入」。表示你們的肉體中有一位真實的人物，時常出入於你們的眼、耳、鼻。接著他又問「何是無位真人」，意謂無位的真人是何人呢？但是無人可答，於是他說：「無位的真人，是什麼的乾屎橛。」表示無位的真人如糞一般而已，說完此話後他就回房去，《臨濟錄》中如此記載。

如同錯覺為無位的真人在自己的心中鎮坐般。本來語言就常誘導錯覺，為了排除錯覺，於是又使用另一語句來表達，因此才以乾屎橛為譬喻。

我們生於無常的世界，以為存在的不久就會消失，若執著於一切皆無，則會產生迷妄。《般若心經》主張一切皆空、無，是為了解除對有的執著心才使用空來表現。由於如此，又會有人對空產生誤解。若只理解世上一切皆虛無，那麼佛教就變成虛無主義了，以為佛教主張虛無主義的說法。

《般若心經》中說空、說無禪，只不過是方便上的稱呼而已。假若有人說一切皆無，我們可盡情敲他的頭，然後問他痛不痛，當然他會說痛。其實無禪並非意謂一切皆無。山是高聳的，河是向低流的，柳樹為綠色，花為紅色，這些情景都存在於現實中。由於恐懼執著於這些情景意象，因此才使用空來突破其執著心。但又會執著於空的想法，所以又用妙有來表現。

　　讓自己穩定於一切皆無、皆空的境界，表示坐在百尺竿頭上的人，能突破對有的執著，從突破執著的境地，再恢復於執著的境界，將這些執著加以一一排除，就是釋迦、彌勒和佛教徒的使命，這才是真實。因此能徹底於空的人，只可先假定稱為佛，迨超越佛界之後，才可稱為真實的佛。表示無佛才是真佛。

　　臨濟禪師稱此境地為「逢佛殺佛，逢祖殺祖」，亦即百尺竿頭更進一步的意思。因此爬到最高的境界後，須降落於現實的泥濘中，即降臨到十方世界的迷妄煩惱中，進而與一切的人共同苦惱，將苦惱排除並發誓願的人，則稱為菩薩。

　　菩薩有二種意思。如前所說，菩薩有五十層階級，本來菩薩是菩提薩埵的簡稱。菩提（Bodhi）是梵文，意謂開悟。薩埵的梵文為Sattva，代表眾生。表示開悟的眾生與語言合為一體，而被翻譯為菩提薩埵，簡稱為菩薩。菩薩有二個意思，一為朝向開悟努力精進的眾生。二為能開悟，且不僅止於開悟的境界，又能以眾生的形態呈現在現實世界中的人。表示菩薩具有朝向眾生和由開悟走回眾生的意思。

　　釋尊所創立的佛教，在釋尊圓寂後百年分為二派。其一為廣布到印度南方的南方佛教，另一為傳至北方的北方佛教。

　　北方佛教十分重視理論，因此稱為大乘佛教，將南方佛教稱為小乘佛教。本來並無此區別，南方佛教的人根本不知有大乘小乘之分，只是北方的人如此使用，以

主張自己所信奉的佛教為真實的佛教。大乘佛教的思想中心是菩薩而不是佛。菩薩的五十層階級中，於迷妄中決意想開悟而剃頭勉勵修行的人是最初級的菩薩。最終的菩薩為——一旦進入佛界後，能百尺竿頭更進一步，並恢復眾生的形態，此即彌勒菩薩、文殊菩薩、普賢菩薩等人物。最高位的菩薩才是真正的大乘佛教，這就是本則的目的。

無門曰：「進得步翻得身。更嫌何處不稱尊。」無門評論說「能比竿頭再進一步，全身投入於十方世界的人，在任何場所中，都可說已成為世尊了。」

接心為坐禪期間在禪堂持續坐禪一週的意思。但是第八天就得休假而外出，其所見所聞既新鮮又有美感。離開世間一週，以一個問題集中於心，進入寂靜的世界，再從寂靜的世界回到現實世界，一切的山峰河流看起來都充滿光輝燦爛。蜜蜂和蜘蛛等，也能如佛般的尊貴存在，以如此心境處世，人生將多麼幸福，同時也能得到真正的自由。

「然雖如是。且道百尺竿頭如何進步。嘎。」表示雖然這麼說，從佛界中突然再回到佛界，就能降臨於自由的世界嗎？

一直坐於佛界中不動，稱為佛縛。在修行中坐禪一週，全身會如水晶般透明，這時就能深深體會《般若心經》所說的一切皆空的意義。但是假如只執著於此心境，認為一切皆空，則稱為「頑空之見」，以此心境無法處世。應從這樣的世界回到柳綠花紅的世界，過著不

為一切拘束的生活，才可獲至真正的自由。

「嗄」是沙啞的聲音。無法發聲時，發出哽咽的聲音則為「嗄」。嗄表示怎麼辦、如何是好，有鬱悶的意思。

「百尺竿頭如何進步」是說，哎！怎樣才能更進一步呢？無門慧開和尚看見弟子們無法從百尺竿頭更進一步，於是發出納悶的聲音，即「嗄」。

但是最近不論多麼認真坐禪，皆無法前進到百尺竿頭的地步。據說古人坐在百尺竿頭上，而「憂死而不活」，即進入佛位、一切皆空的世界，結果無法跳脫出來，怎麼辦好呢，大家都如此擔心著。但是現在的人卻「憂活而不死」。即無法入一切皆空的世界，但為得到一切皆空的體驗才坐禪。結果仍然無法切斷苦惱，不能大死一番。

有句話說「大死一番甦於絕後」，表示真正的死必然還會復活。例如：墮入河中時，若拼命掙扎只會更下沉而已。假使身體放鬆、沉入河底之後必會再浮上來。像這樣放鬆沉入河底，必再浮現於十方世界。若在未沉入河底之前拼命掙扎，無法沉入河底，而在中央沉浮，這就是半途而廢，現在的修行者多如此。

當時，石霜楚圓禪師或無門慧開在世時，有不少人努力修行，結果因太過努力而墮入空見，如何才能突破空見呢？師父為了使弟子突破而辛勞，故而嘆息說：「百尺竿頭如何進步。嗄。」

頌曰：「瞎卻頂門眼。錯認定盤星。拼身能捨命。

一盲引眾盲。」頂門是頭頂。頂門之眼又被稱為第三隻眼，即開悟之眼。瞎是眼睛看不見，卻字無意義，其為加強語氣的字。表示辛苦開悟之後又變成瞎子的意思。將非真悟錯覺為開悟，反而會使真正的開悟之眼變瞎，這意謂安坐於百尺竿頭的人。

定盤星為中間用線掛起來，兩端皆有盛物的器皿，一端放物品，一端放稱陀，看中間的刻度是什麼的秤稱。因此錯認定盤星，表示看錯稱的刻度。

錯看了開悟之稱的人多。理由是，只坐在百尺竿頭上，不會再進一步。百尺竿頭更進一步，而落入大地之意，其實是進入佛位後又回到凡夫世界的意謂。這種境界則為「拼身能捨命」。

「一盲引眾盲」，意謂一位眼睛不自由的人，帶領了許多眼睛不自由的人。

捨身現於世，可自由自在活動者。可當凡夫，亦可當佛。由於佛凡一體，因此只進入佛界不行，只滯留於凡夫世界也不行。

捨棄八萬四千迷妄的凡夫世界，進入開悟的世界才是正確的。但是只安於開悟的世界太不自由，會被開悟所縛束，稱為悟縛。自由自在進入開悟的世界，又自由自在進入凡夫的世界，開悟與迷妄合而為一時，才是佛教中理想的自由世界。

第四十五則曾說過，主人即僕人，僕人即主人的境地，主人與僕人成為一體，人才能得到自由，這是第四十五和四十六則的宗旨。

第四十七則　兜率三關

　　兜率悅和尚。設三關問學者。撥草參玄只圖見性。即今上人性在甚處。識得自性。方脫生死。眼光落時。作麼生脫。脫得生死。便知去處。四大分離。向甚處去。

【無門曰】

　　若能下得此三轉語。便以隨處作主。遇緣即宗。其或未然。鹿湌易飽。細嚼難飢。

【頌曰】

　　一念普觀無量劫。無量劫事即如今。
　　如今覷破箇一念。覷破如今覷底人。

【譯解】

　　兜率悅和尚即兜率從悅和尚（西元1044～1091年），宋代虔州（江西贛縣）人，俗姓熊。十五歲出家，十六歲受具足戒。前則中出現的石霜楚圓禪師，其弟子為黃龍慧南禪師與楊岐方會禪師，臨濟禪又分為黃龍派與楊岐派。黃龍慧南禪師的弟子寶峰克文禪師，其弟子即為兜率悅和尚，是《無門關》中所出現的僧侶中較年輕的一代。

　　從古來臨濟禪就非常重視本則的問題，聽說許多禪

僧依此問題而可以脫卻生死。三關即三個關卡，當禪僧修行者必須通過的關卡稱為關。所謂學者，即現在大學教授或學術研究者，但是本則中的學者是學生的意思。

「兜率悅和尚。設三關問學者。撥草參玄只圖見性。即今上人性在甚處。」兜率和尚設定了三個問題試驗修行者。第一為「遍歷諸方參究禪的真實，目的在於達到見性成佛。現在你的本性在何處？」所謂撥草參玄，本意為撥開草根，尋找名師學真理。但在禪中將草喻為煩惱、迷妄。撥草是撥開迷妄，參是參入，玄是黑或暗的意思。

本則說無法用眼睛看清楚、無法以耳聽清楚的最中心世界為玄界。因此參玄意謂溶入佛法上的中心。

見性這二字是著名的禪的標語。成語「直指人心見性成佛」被認為是達摩所說的。但是見性是比較古的說法，《涅槃經》中已有記錄。見性是徹見自己的心性。在佛教學方面，性與相為對語。性是本性、本體。出現本體的世界為相。唯識學派又被稱為相宗，因為研究迷妄的根本的八個意識，因此這八識也就是相的世界，即性所呈現的八識。想見本體、本性的世界為唯識佛教學的特質。

在禪界中，並無見相，將直接見其相的根本的本性世界稱為見性。見字並非單指以肉眼見，因為性、本體的世界是無法以肉眼見到的，因此欲見無法見的本性，則稱為不見之見，若能清楚見到自己的本性，則稱為成佛。

六祖慧能的語錄《六祖壇經》常出現見性二字。在六祖之後的臨濟禪界中，特別常對修行者提及。與其說了解自己本來的面目，不如說能醒覺自己本來的面目，這種情形在社會上稱為開悟，即見性。

那麼所謂的撥草參玄，即說明想得見性的人，須撥開迷妄之草而訪名師，參悟禪的真理，必須以見自己的本性為目的。

他接著說「即今上人性」。即今是現在，上人意謂修行中的僧侶。

「在甚處」是在那裡。表示既然以本性為目的，那麼現在的本性在何處呢？這是第一個問題。

兜率悅和尚有位著名的弟子張無盡，他雖是在家之人，但對佛教的修行卻很有成就。此人本來非常嫌棄佛教，只閱讀儒教或道教的書，認為佛教都是騙人的，而想反駁佛教。當他寫「無佛論」時，已皈依佛門的妻子勸他說：「好，你想寫無佛論，先看看《維摩經》吧。」《維摩經》中記載「病非四大又不離四大」，表示我們的肉體是由地水火風四大要素形成的。得病時並非只有肉體得病而已，但也不離肉體。

張無盡看到《維摩經》中的話非常感動，於是止筆，不再寫無佛論，而入了佛門。

即今上人的本性究竟在何處呢？說明並非存在於附近的草中。因為本性無法依普通的感覺器官來見聞，以此看來，非佛即無佛。在無佛的地方，無法見本性。像這樣見到無性之性，稱為見性。

　　第二個問題為「識得自性。方脫生死。眼光落時作麼生脫。」表示若真正知道自己本來的性，那麼就能解決人生死的問題。那麼死時要如何脫離生死的問題呢？

　　眼光落時即眼落入大地，意謂死時。

　　釋尊初創佛教時說明「諸行無常、諸法無我、涅槃寂靜」，代表佛教的三法印。同時人又被認為是痛苦的存在，釋尊將此苦分為生、老、病、死四苦。且合上愛別離苦、怨憎會苦、求不得苦、五陰盛苦四種，稱為四苦八苦。生、老、病、死才是人間實存的本來的苦。這四種苦，不論科學多麼發達，也無法從人世間解除，因此人為了避免遭受這四種苦而努力研究，對生做計略，即所謂的生計、生業。我們每天皆是如此，在工作單位努力賺得生活費，即生計。

　　老，凡生為人對自己的老都會感到不安，但是我們也無法青春永駐。歲月流失如梭，年輕時認為四、五十歲距離自己很遙遠，但是過了三十歲以後每天的時光都過得很快。尤其是四、五十歲後日子會加速度的流逝，不久之後就到了六十還曆之年。過還曆即近晚年，不知何時會死。確實對年老的人而言，一步一步接近死亡，是相當痛苦不安的存在。因此對老的問題做種種計，稱為老計。

　　現在的老計都由國家單位和社會單位來進行。例如：老人福祉問題、養老院、老人復健、健康檢查。過了六十五歲之後，可領退休金，以此為基礎過第二人生，以計略老計。

至於病，現在學校或工作單位皆以社會單位為病計。一年到醫院一至二次，量血壓、照胃和胸的 X 光，依靠血液檢查或尿液檢查，調查是否患有內臟疾病，接受醫生的指導。這就是所謂的病計。

對於生計、老計、病計，現代社會使用高超的自然科學、精密的現代醫學，做各種計的策略。

但是對於最後的死計無法可施。對應死之計無法以國家或社會單位加以計策。因為死是個人的問題，不論情感多麼深厚的夫妻，也不會同日同時死。因此個人的問題不能以團體生活、社會或國家加以解決。但是，以往在宗教中，尤其是佛教，特別重視死計的問題。

禪僧應要疑慮生死的問題，而做種種修行、下很深的功夫而脫得生死。可說和人間實存的最根本問題勇敢的加以對應，這才是禪的目的。一般人都只停留在生、老、病，有關死的問題都故意視而不見。可是這是一種欺騙，實際上任何人都會死，所以應該認真凝視，對應最根本的問題。

古來禪僧的死法各式各樣。有稱為坐脫立亡的方式，以坐禪而脫得，或以立姿停止氣息，順從自己的意志而死，這是禪僧死的方法。

道元禪師在《正法眼藏》的「生死卷」中記載，勿將生死視為由生移為死，即不可以由生流到死的想法來看生死。應當生存於不生不滅的佛的生命，像這樣的不生不滅的佛的生命稱為上人之性或本性，假使我們能清楚掌握這點，才可稱為見性。

　　既然如此，能真實見性的人，正能脫得生死。那麼要如何死才好呢？

　　「脫得生死。便知去處。四大分離。向甚處去。」表示能脫得生死輪迴的世界，應會知曉死後會至何處。當構成我們肉體的地水火風四大要素離散時，我們會到何方去呢？

　　所謂四大，在印度、希臘的古代自然科學中，認為一切萬物皆由地、水、火、風四要素所形成。大意謂要素，不是只有肉體如此，我們的精神也是由四大要素形成的，因此死時四大會分離，那麼肉體滅亡後，真實的自己到底去那裡呢？這是很不可思議的事。我們從何而生，又死往何處呢？

　　所謂六道輪迴，認為人死後會輪迴到地獄、餓鬼、畜生、人間、天上、阿修羅這六個世界。但是沒有人知道死後的世界如何。

　　能清楚見自己的本性的人，才能回歸於本性。究竟本性是如何呢？能知悉本性就能知道死後去向何處。第三個問題即為「人死後到底去向何方呢？」這個問題相當艱難。

　　無門曰：「若能下得此三轉語。便以隨處作主。遇緣即宗。」轉語是轉換人生的語言或轉返對方的疑問，即回答的意思。

　　隨處作主這句話臨濟禪師也說過。記載於《臨濟錄》，他說：「隨處作主，立處皆真也。」能成為一切的主人公，即使死也不會受死影響，雖然生也不會被生所

拘束。自生自死，生存於不生不滅的佛的生命而後死，就是隨處作主。

遇緣即宗意謂，遇諸緣所產生的作用，一切皆與佛法上的宗旨一致。無門說，不論做何事，皆應和佛教、禪、宗教的主旨相同。

兜率悅和尚的三個問題，涵蓋了《大藏經》五千四十餘卷經典的根本原理。

不僅談到佛教而已，為了使自己的人生過的有意義，生存為何意？死為何意？這些根本的意義必須明確化。這才是有生命的人最崇高的義務，可是大多數的人卻忽略了這個義務。

何脫得生死呢？一旦對生死產生疑問就必須解決，想解決又無法解決時就會產生苦惱，諸如此類的宗教苦惱應如何解決呢？

「其或未然。鹿湌易飽。細嚼難飢。」表示可是無法解答的話，應研究體會才對。粗食很快就吃飽，仔細加以細嚼慢嚥就不會飢餓。

若對於問題沒有恰當的解答，不要只大略看問題，應仔細檢查、細心疑慮，再尋找正確的答案，這就是「鹿湌易飽，細嚼難飢」的意思。

最近社會上的食物愈來愈豐富。聽說以三十個人為檢查單位，其中百分之八十患糖尿病，這種情形表示現在的食物富庶，絕不會有飢餓產生。例如：昨天吃牛排、今天吃清淡的素食、明天吃中華料理。想什麼有什麼是現今社會的飲食狀況，確實是鹿湌易飽。但在物質

缺乏的時代，往往被教誨說，食物雖少若細嚼慢嚥肚子就會飽。但是現在的年輕人沒有這種經歷，因此不知這種情形。想真正獲得好答案，必須如細嚼食物般，將問題一一加以探討、小心求證，透過解答的痛苦才能得到好的答案。

頌曰：「一念普觀無量劫。無量劫事即如今。」劫是無限的單位，無量劫是無限、永遠，即《華嚴經》中的「一念普觀無量劫」。一念為九十剎那，一剎那為眨眼的時間那麼迅速，九十次為一念，意謂一瞬即永遠。

一瞬廣泛的觀永遠，表示永遠的事象包括於一念。仔細思考可知，一瞬即刻轉變為過去，能使一瞬一瞬充實，才能與永遠連貫。於現在想未來的事，或在現在後悔過去的事、緬懷過去，那麼現在的一念就無法充實。唯有使每天都充實，才能永遠的充實。

以在一瞬之中見永遠。究竟永遠是什麼呢？為「即今只今」的意思。累積每一個瞬間才能造成永遠，因此不可區別一瞬與永遠。充實每個日子，造就充實的永遠，就是「一念普觀無量劫。無量劫事即如今」的意思。

「如今覷破箇一念，覷破如今覷底人。」覷破為視穿的意思。只今之一瞬到底是什麼？能看破了現在的人，就能徹底的看破一切。能清楚知悉看破的人的本性是什麼，則稱為見性。可看破本性的人才是見性的人，這種人才能了解上人的本性是如何？

第四十八則　乾峰一路

乾峰和尚因僧問。十方薄伽梵。一路涅槃門。未審路頭在甚麼處。峰拈起拄杖。劃一劃云。在者裏。後僧請益雲門。門拈起扇子云。扇子踍跳。上三十三天。築著帝釋鼻孔。東海鯉魚打一棒。雨似盆傾。

【無門曰】

一人向深深海底。行簸土揚塵。一人於高高山頂。立白浪滔天。把定放行各出一隻手。扶豎宗乘。大似兩箇馳子相撞著。世上應無直底人。正眼觀來。二大老總未識路頭在。

【頌曰】

未舉步時先已到。未動舌時先說了。
直饒著著在機先。更須知有向上竅。

【譯解】

乾峰和尚，即指越州乾峰禪師，被認為是南部（現在的越南）人，其生死年代不詳。為曹洞宗始祖洞山良價的法嗣，即曹山本寂的師兄，為唐代的僧侶。

「乾峰和尚因僧問。十方薄伽梵。一路涅槃門。」表示有一天僧侶問乾峰和尚說「據聞十方諸佛諸尊入涅槃時有同一種道」。十方指東西南北的四方與四維、並

合上下為十方，全部空間的意思。

薄伽梵是梵文的譯音，為世尊的意思，佛的十號之一。涅槃亦為梵文的譯音，譯為寂靜。不吹熄迷妄之風的開悟世界稱為涅槃。一路涅槃門是進入涅槃之門。

涵蓋全部空間，任何一個方向皆可成為入悟之道，意謂全部可通達涅槃的入口。「十方薄伽梵，一路涅槃門」，這句話引用於《首楞嚴經》。

「未審路頭在甚麼處」，表示雖說到處皆有入涅槃的入口，可是究竟道在何處呢？僧侶如此詢問。

「峰拈起拄杖。劃一劃云。在者裏。」表示乾峰手持拄杖，在空中一劃，然後說「在這裡」。當然理論上是如此，到處皆是可入涅槃之道。

禪界中常說「平常心是道」，日常的心態、即日常的生活都是禪。禪僧常言，平常有心理準備，到了緊要關頭就不須準備。不僅坐禪如此，散步、吃飯時也應有禪的態度。因此乾峰和尚將拄杖於在自己面前，告訴弟子說：「你們所尋找的方向──涅槃至道就在這裡。」

「後僧請益雲門」，後來有位僧侶參禪雲門，繼續詢問這個問題。

「門拈起扇子云。扇子𨁝跳。上三十三天。築著帝釋鼻孔。」表示雲門和尚手持扇子說：「扇子一躍昇到達三十三天頂端，碰到天神帝釋神的鼻頭。」三十三天意謂須彌山上最高位的天界。

我們凡夫的世界稱為慾界，依靠坐禪冥想可脫卻了慾望的世界，慾望消失的世界則為色界。再進而使冥想

禪定的世界進展到無色界。此慾界、色界、無色界分為三十三層，其最頂端稱為三十三天。帝釋是三十三天的天主，本來是印度的天神，但佛教認為他是有能力制伏阿修羅軍隊，以及歸依佛法的人們的守護神，屬於天部之神。

「東海鯉魚打一棒。雨似盆傾。」東海是現在的日本海，日本海中其實並無鯉魚居住，但是這個問題讓學者去研究就好，我們暫且不談。這句話表示「居住在東海的鯉魚被打一棒後，馬上會降臨大雨」。

雲門的意思是，前一句為最高處的境地，後一句為最低處的意思。此處以上端已無更上端，下層已無更下層表示已絕上下的世界。

無門曰：「一人向深深海底。行簸土揚塵。」無門評論說，一個人步行至深深的海底，揚起大砂塵。簸土揚塵是揚起塵灰的意思。本來步行大地時才會有砂塵，但是卻有人步行海底引起砂塵。

「一人於高高山頂。立白浪滔天」。滔天是水可達天的樣子。一個人站在高高的山頂上，揚起的白色波浪可沖到天。前面是海底與大地合為一體，接下來是山與海合而為一。本來，有天才有地，有地才有天。如此看來，天地相同，天地一枚。既然如此，無天亦無地。雲門在本則中以扇子為譬喻，而無門以詩作答。

「把定放行各出一隻手。扶豎宗乘。」把定是制伏的意思，放行表示解放。意謂一個人緊緊掌握住要點，一個人將一切解放，這二者各伸出一隻手，扶住禪的宗

旨並發揚宗風。

　　乾峰劃一字，表示無上無下、無過去無未來，隔絕時間空間的世界就是把定。雲門和尚將納入為一的世界加以無限度的開展，也就是各出一隻手扶起禪的宗旨。

　　「大似兩箇馳子相撞著」，馳子指駱駝。表示好比兩頭駱駝正面相撞般。撞著是相撞。中國有駱駝的相撲，以二匹駱駝相撞比喻太危險不可接近、無法對應。

　　「世上應無直底人」，表示能正面對抗的人世間難找。以往認為直底人的「直」字就是「真」，表示「真底人」即真人、知真實的人，其實這種解釋完全曲解了本意。「底」與「抵」相通，意謂抵敵、抵抗。「直底」是正面對抗的意思，表示即使面對二頭駱駝相撞也能勇敢應對。

　　乾峰將法性的世界描成一字，雲門卻將其一擴展為無限高和無限低。乾峰與雲門正如二頭相撞的駱駝般，他者無法對應。無門如此的讚美，接下來指責說：

　　「正眼觀來。二大老總未識路頭在。」表示以無門的正眼看來，乾峰和雲門這二大老皆不知涅槃之路在何處，無門如此批評他們。為何無門這麼說呢？其實在禪界中、讚美和批評的意義相同，都是一種方便而已。這麼說來，將前面的話視為讚美，將後面的話看成是批評，這都是錯誤的。

　　那麼，他為何如此說呢？其實要走向涅槃之道，這道雖存在但卻看不見。要至涅槃之道無絕對的路線。本來道是如高速公路般有一定的道路，沿其路可到達目的

地,才是道的使命。例如要到高雄,必往南下的道路,若往北上則無法到達。

　　禪界有涅槃之道存在。原始佛教中認為八正道,即正見、正思惟、正語、正業、正命、正精進、正念、正定這八道,但並不只是行這八個道就足夠。八正道的最後一道正定,稱為正禪定的世界,意謂修行正禪定,這是一種道而已。

　　為達成此目的才遵守戒律。遵守戒律就能入禪定的世界嗎?尚不足夠,須到達達摩的境界才行。如此看來,八正道也不過是為得正確智慧的一道罷了。因此進入正確智慧的終極世界之後已無道存在。將無道之道的世界稱為「二大老總未識路頭在」,無門和尚以別的說法來表現。無門慧開於頌中說:

　　「未舉步時已先到。未動舌時先說了。」表示未曾邁步已經先達到了,未動舌頭先說出來了。這是非常有趣的說法。所謂未走一步已達目的地,表示西方十萬億土的遙遠之處就在這裡,因此不必特別搭乘交通工具。例如:乘《阿彌陀經》或南無彌陀佛的工具到十萬億土的遠方極樂淨土。

　　最近由於自然科學發達、交通工具急速進步,以往須一個月以上的路程,火車發明後交通便利,則八小時可到達,子彈型列車通車後只要三小時,飛機一小時就能到達,也許更發達後只須三十分鐘就可到達。如果時間更縮短的話不去也好,這種環境若出現,即屬於佛國土的世界。未舉步時已先到,未動舌時先說了是自然科

學的終極目標。

《碧巖錄》中記載著這樣的故事，文明的傅大士拜訪梁武帝時，皇帝說：「請你解說《金剛般若經》的講義。」傅大士揮桌子一下，然後敲桌邊從講台上下來。帝說：「你快點講義好不好。」傅大士回答：「我已經講完了。」「你還沒說啊」、「我已經說完了」。他們如此對答著，這就是未動舌時先說了意思，表示不須多說，如果傅大士做講義，那就是傅大士說他自己開悟的情形，並不是說梁武帝得悟的情形，因此沒什麼意義。

醒覺本來的自己，不須文字與語言，可是沒有語言則無法知，為了使對方了解而費盡語言或文章來說明，仍無法百分之百的仔細說明，因此認為這種方式不好，又改為另一種說明方式，如此累積造就了佛教文學。

「直饒著著在機先。更須知有向上竅。」表示一步一步的制機先，還須知其上還有最高級的要訣。

所謂著著是圍棋一步一步之意，盤面上放棋子稱為著。一步一步、一層一層，制對方的機先，奪對方的陣地。所謂決勝負，必須以攻擊為中心，若一直在防禦的狀態，不久後勝負就決定了。有句話說「防禦就是攻擊」，只是守不行，須常攻擊，此稱為制機先。

竅為萬物出入之處，最大詰的部位。向上是上進的意思。

佛教哲學中有向上與向下二種。凡夫朝向佛的方向努力修行，稱為向上的世界。佛降臨於地上，拯救一切眾生的世界稱為向下的世界。像這樣分向上、向下，但

是在禪界中稱向上時，這種說法就不適用。而以無限前進的世界稱為向上。若稱得悟結果會被悟所迷。得悟須加以捨棄，像這樣無限的捨棄，才可得無限前進的世界。建造一種境地時，要加以捨棄再努力追求新世界，這種世界才是真正自由的世界，即向上之竅。

當然，我們依靠禪的修行先了解禪的基本，得悟之後將基本加以運用才行。

禪堂生活與一般生活好比基本與應用問題的關係。處於應用問題的世界中，一直至死為止，會無限度的產生各種問題，呈現在我們眼前，這就是現成公案。

從古來就認為人們擁有一千七百則問題。因為一千七百位偉大的僧侶都各留一個問題。

在禪的專門道場中一一加以訓練，這是屬於基本的世界，一旦入世每天都會產生無限的問題，因此可能不只一千七百個問題而已，至死都會不斷的出現問題，必須一一解決這些問題。不可滯留於基本的世界，應要先建立好基本的力量，進而對應每天產生的新問題。這就是所謂的「更須知有向上竅」的世界。

前所敘述的「一人向深深海底。一人於高高山頂。」表示上達三十三天、下至東海底層下方，合而為一。這個句子意謂基本的世界。將此世界加以擴展可達到無限大，加以收縮可變成「一」字，以這樣的世界對應人世間的問題，雖然問題無限卻可一一解決，邁向前進的大道。

歡迎至本公司購買書籍

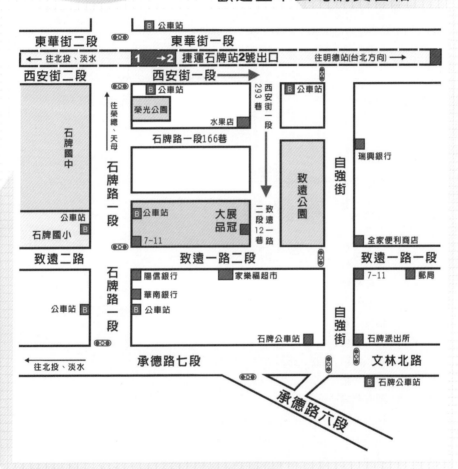

建議路線

1. 搭乘捷運·公車

　　淡水線石牌捷運站下車，由石牌捷運站 2 號出口出站(出站後靠右邊)，沿著捷運高架往台北方向走(往明德站方向)，其街名為西安街，約走100公尺(勿超過紅綠燈)，由西安街一段293巷進來(巷口有一公車站牌，站名為自強街口)，本公司位於致遠公園對面。搭公車者請於石牌站(石牌派出所)下車，走進自強街，遇致遠路口左轉，右手邊第一條巷子即為本社位置。

2. 自行開車或騎車

　　由承德路接石牌路，看到陽信銀行右轉，此條即為致遠一路二段，在遇到自強街(紅綠燈)前的巷子(致遠公園)左轉，即可看到本公司招牌。

國家圖書館出版品預行編目資料

無門關譯解／宋‧無門慧開撰　王坤宏　譯
—初版—臺北市，大展出版社有限公司，2022[民111.03]
面；21公分—（佛學系列；1）
ISBN 978-986-346-358-0　（平裝）
1. CST：禪宗　　2. CST：佛教修持
226.65　　　　　　　　　　　　110022727

無門關譯解

撰　　者／宋‧無門慧開
譯　　解／王　坤　宏
責任編輯／法　　　信
發 行 人／蔡　森　明
出 版 者／大展出版社有限公司
社　　址／台北市北投區（石牌）致遠一路2段12巷1號
電　　話／(02) 28236031‧28236033‧28233123
傳　　真／(02) 28272069
郵政劃撥／01669551
網　　址／www.dah-jaan.com.tw
E-mail／service@dah-jaan.com.tw
登 記 證／局版臺業字第2171號
承 印 者／傳興印刷有限公司
裝　　訂／佳昇興業有限公司
排 版 者／千兵企業有限公司
初版1刷／2022年（民111）3月

定　價／380元

大展好書　好書大展
品嘗好書　冠群可期